新媒体环境下高校教育教学与教学管理的实践研究

李俊 王利 潘灵 ◎ 著

吉林出版集团股份有限公司
全国百佳图书出版单位

图书在版编目（CIP）数据

新媒体环境下高校教育教学与教学管理的实践研究 / 李俊，王利，潘灵著 . -- 长春 : 吉林出版集团股份有限公司 , 2024.6.--SBN 978-7-5731-5362-3

Ⅰ . G647.3

中国国家版本馆 CIP 数据核字第 2024MP5175 号

XINMEITI HUANJING XIA GAOXIAO JIAOYU JIAOXUE YU JIAOXUE GUANLI DE SHIJIAN YANJIU

新媒体环境下高校教育教学与教学管理的实践研究

著　　者　李　俊　王　利　潘　灵

责任编辑　张婷婷

封面设计　姬　强

出　　版　吉林出版集团股份有限公司

发　　行　吉林出版集团青少年书刊发行有限公司

地　　址　长春市福祉大路 5788 号（130118）

电　　话　0431-81629808

印　　刷　安徽中皖佰朗印务有限公司

版　　次　2024 年 6 月第 1 版

印　　次　2024 年 6 月第 1 次印刷

开　　本　787 mm×1092 mm　1/16

印　　张　14.5

字　　数　335 千字

书　　号　ISBN 978-7-5731-5362-3

定　　价　58.00 元

PREFACE

前言

随着社会的飞速发展，高校教育管理模式要不断进行创新改革，以便适应新媒体时代的教育要求，摒弃传统教育管理模式的不足和弊端。在进行教育管理过程中融入新理念、新目标，利用与时俱进的现代化技术手段进行教育管理，制定科学合理的管理制度，不断创新教学形式，为高校学生创造良好的学习环境，有效促进各高校教育的良性发展。

高校作为社会人才培养的重要场所，应当顺应时代进步的潮流，有效运用新媒体技术开展教育管理工作，提高教育质量。本书深入浅出地对新媒体环境下高校教育教学与教学管理进行分析，适合高校教育者及其他相关人员阅读。本书针对新媒体对高校的影响做了详细的介绍，让读者对新媒体技术有初步的认知；对高校师资、学生管理、教材教法改革以及教学空间构建、教育综合大平台等内容进行了深入的分析，让读者对新媒体环境下高校教育教学有进一步的了解；着重强调了新媒体环境下高校翻转课堂、慕课、微课理论与实践相结合的方式。希望本书能够给从事相关行业的读者们带来一些有益的参考和借鉴。

笔者在本书的策划和写作过程中，曾参阅了国内外相关的文献资料，从中得到启示，同时也得到了有关领导、同事、朋友及学生的大力支持与帮助，在此致以衷心的感谢。另外，本书的选材和写作还有一些不尽如人意的地方，加上笔者学识水平和时间所限，书中难免存在不足或不妥之处，敬请同行、专家及读者指正，以便笔者加以完善。

目 录

第一章 新媒体及其对高校教育的影响

第一节 新媒体概述

一、媒体及新媒体的定义

新媒体，就其字面意义而言，是一个以"新"字修饰"媒体"的组合词，认识新媒体，必须先认识媒体。

（一）媒体

媒体是一个外来词，源于英文单词 media/medium，其原义可以解释为媒体，也可解释为媒介，在不少场合有所混用。但这两者在汉语中的意思相差很远，"媒体"是一种以传播信息为目的，以不同事物间产生联系为效果，借助种种技术手段、实现方法，具有一定复杂内部结构的机构的具体表现形式。也就是说，媒体至少有两层含义：第一层是具体的表现形式，比如印刷出版的报纸；第二层是维持并保证这一形式运行的机构组织，比如报社机构。二者合一才能被称为媒体。"媒介"则指第一层中的传播介质。

媒体是通过一定的载体或平台来承载相关信息，在限定的社会道德观念、所在国家的政策法规、所在社会的经营需求下，以一定的内部体制来保证信息的不断传播、更新与影响的机构，是现代社会中的一个有机组成部分。一旦提及媒体，人们关注的是它的组织机构的属性，强调它作为一个组织、一个机构，在国家与社会中所承担的义务与责任。

按照不同的划分标准，媒体便具有了各种不同的分类。

按照传播介质的不同，媒体分为：基于无线电技术的广播式媒体，包括电台、电视台等；基于纸质印刷出版的平面媒体，包括报纸、杂志等；基于互联网传播的网络媒体，包括网站、手机报、手机应用客户端等。

按照出现时间的先后顺序，媒体分为：旧式传播时期媒体，其中主要有各类公告告示、早期的报纸杂志；大众传播时期媒体，主要有现代报纸杂志、广播电台、电视台等；计算机网络时期媒体，这里除了我们熟知的互联网之外，还包括数字广播、数字电视、智能手机、无线终端等。

按照不同的表现形式，媒体又可以分为平面媒体、有声媒体、影音媒体以及多媒体。

（二）新媒体

新媒体（new media）的概念最早是在 1967 年，由美国哥伦比亚广播公司（CBS）技术研究所所长戈尔德马克（P.Goldmark）在 EVR（电视录像）的开发计划中提出的。

我国陈永东教授认为，新媒体是相对于传统媒体（主要指报刊、广播、电视等）新出现的传播形式，目前主要指互联网、手机、户外媒体。这种表述对新媒体的具体表现进行了归纳与集合，但缺乏科学定义所需要的总结归纳与提炼。

而有不少人认为，新媒体是一个在时间上的相对概念。清华大学的熊澄宇教授就指出："新媒体是一个相对的、动态的概念，每个时代都有所谓的新媒体，每一种新媒体也都终将成为旧媒体。"这种观点可以进一步表述为：报纸时代，广播是新媒体；电视时代，互联网就是新媒体。这种观点将新媒体引申到一个可发展、可变化的空间里，可以适应并解释所有的情况，但它无法解释为何"新媒体"的概念没有更早出现，而且这种相对论实际上回避了对新媒体的正式定义，对于新媒体学术研究并无益处。

联合国新闻委员会在 1998 年 5 月举行的年会上，秘书长安南在报告中正式提出把互联网看作相对于报纸、广播、电视之后的"第四媒体"的概念。而在此之后，手机、手持终端、加载于各类交通工具上的移动终端等新型平台不断出现，它们与之前的互联网一起，都具有一个显著的特点，就是数字化、网络化。这些观点将新媒体定义为以计算机、网络为载体的一种媒体表现形式，解决了其在技术层面的归纳问题，不过缺乏人文学科的分析。

还有的专家从社会发展的背景来分析，把传统媒体定义为工业化时代的产物，新媒体则是信息时代的骄子。联合国教科文组织非常直接地宣布：新媒体就是网络媒体。这一定义十分清晰地划出了传统媒体与新媒体之间的界限，只是欠缺一个系统的定义。

二、媒体的发展

新媒体与传统媒体的区分标准是什么？我们不妨从媒体发展的历程中去寻找答案。

（一）媒体的成长——告知阶段

媒体从诞生开始，经历了相当长的成长阶段。这个阶段虽然长，但作用很有限。这与媒体最初的功能有限、阅读对象有限不无关系。

中国最早的官方报纸是邸报。关于邸报的出现时间有三种说法：一说是周朝，一说是西汉初期，还有一说是唐朝。这些报纸都由官府主办，是封建王朝的机关报，被称为邸报。内容都是定期发布关于皇帝的谕旨、诏书以及大臣的一些奏议与官方文书，阅读者都是各地的郡守官员。正史一般支持唐朝说，因为唐朝的邸报已经确定使用了纸张。

在宋朝中叶开始出现民间的小报，专门报道朝廷内没有公开的机事以及官报不准备发表或尚未发表的官诏等，从而成为邸报的一种补充，阅读人群是各地的乡绅和生意人。当然，正是因为受到这些内容的影响，民间小报往往会遭到各种各样的查禁。直到 16 世纪中叶，明朝政府开始允许民间设立报房，选印从内阁抄录的谕旨、奏疏和官吏任免消息，被统称为《京报》。

西方最早的报纸是《每日纪闻》。公元前 59 年，古罗马的统治者恺撒就命人把帝国每天发生的大事要闻书写在白色的木板上，以告示罗马城的市民，并由书记抄写多份，传送到罗马各省加以张贴，有人把它称为世界上最古老的报纸。

在整个古代，报纸的发展一直被局限在王朝的统治与斗争需要之中，即使是民间流传的小报，内容也是以与朝廷、官方相关的事情为主，其内容的局限性注定了它们的读者只能是从官吏向士绅、商人发展，距离普通百姓十分遥远。因此，有专家把这一时期又称为媒体发展的"官办时代"。官办时代的媒体对普通百姓来说只是一个简单的存在、一种基本的告知。

（二）媒体的发展——诉求阶段

大约从 17 世纪开始，西方新兴的资产阶级看到了报纸的巨大潜力，于是致力于把这种小众化、贵族化的工具推广成为大众化、平民化的商品，并以此推广他们所倡导的自由、平等、公开、公正的理念，以尽可能多地争取社会民众，尤其是民众中的精英人士，通过报纸媒体来宣传他们的政治主张、争取他们的政治利益。在这一时期，各种各样的政党报纸开始流行，售价也基本上以本国货币的最小单位为计，不以营利为目的。到资产阶级全面掌权后，报纸更进一步平民化，并开始摆脱之前的新闻检查、党派控制，逐渐向独立化、中间化的方向发展，开始具有了较强的舆论监督能力。

随着资产阶级革命思想传入中国，中国最早的民族资产阶级成为现代报纸的最积极的创办人，报纸不仅仅是他们用以互通商情、促进经营的商业工具，更是他们用以宣传新兴的政治思想、接触并争取更多民众的政治工具。

中国早期办报人郑观应就认为，报纸应该是"通民意，达民情"的工具。梁启超更是通过创办各种报纸积极宣传变法强国的思想，"倡民权""衍哲理""明朝局""励国耻"，使报纸逐渐向民众普及。

这时的媒体是社会精英倡导其社会革命理念，争取社会大众，完善各种政治意图的重要工具，这一阶段一直延续到 20 世纪中期。广播电台出现后，节目内容广泛、包罗万象，迅速得到了当时社会上层人士的喜爱。

媒体的诉求虽然没能完全走进大众，但足够让大众了解自己，让他们逐渐从远眺开始走近，从"闻其名"渐渐"听其声"。媒体从单一的统治工具中逐渐分离出来，从广而告之发展到营销推广，开始从提升知名度转向有针对性地提高自身美誉度。媒体的社会作用在这一阶段开始得到发挥，开始进入"精英时代"，一大批先知先觉的精英认识到了媒体在社会发展中的作用，开始积极投身于推广媒体、展示媒体的工作中。

（三）媒体的成熟——影响阶段

当一个媒体的受众不再局限于社会中的某一特定阶层、特定人群时，表明这个媒体已经不再信赖于"精英"，而是开始关注"大众"了。

促使媒体进入大众时代的最伟大的技术成就莫过于广播和电视的先后发明，它们的问世，改变了媒体在报纸时代只能被有知识的人群所掌握与利用的状况。即使是目不识丁的农夫走卒，一样能听得懂新闻、看得懂内容。信息普及至千家万户，信息的影响也更加直接与普遍化。以积累发展到 5000 万用户为标准，报纸所花费的年数虽不可细考，至少也应该是百年。但广播仅花了 30 年，电视更是只花了 13 年。媒体从少数精英分子的思想武器开始成为普通民众了解世界、感知社会的重要途径。

大众化带给媒体的变化是空前的，它与受众之间的联系，不再是简单的告知、一般的诉求，而是紧紧关联的影响。更何况，这时的受众已不再是少数社会精英，而是整个社会最普遍的大众。由于可以获得非常普遍的受众认可与支持，媒体自身的价值得以完整形成，媒体从业者也成为现实中的"无冕之王"。可以说，没人不再重视媒体，又或者说，没人敢忽视媒体。不论是口碑还是市场价值，媒体在这一阶段都达到了空前的繁荣。

在商品经济日益繁盛的环境下，媒体利用自身强大的影响力与宣传效果，吸引了广泛、集中的公众注意力，并由此吸引了赞助商投放大量广告，从而给自己带来了丰厚的经济收益。这种经营模式一直影响到互联网发展之后，也由此形成了新词——眼球经济。而实际上，眼球经济正是在媒体成熟阶段的一种经济形式的表现。在这一阶段，人们不必像初识时那样陌生，广告商们充分相信媒体的作用，他们只需要媒体拿出相应的能证明自己影响力的数据或者凭证，比如说第三方认可的收视率、收听率、发行量，并直接以此计算出收视点成本、千人成本等，便可以得到可观的广告费与赞助费。所以，在成熟阶段，一个媒体的商业操作也变得非常简单直接。策划一个媒体栏目，宣传它、推广它，让更多的人知道它，拥有足够多的受众，也就因此获得足够强的影响力，然后自然会有足够的赞助费与广告费。

但蓬勃的媒体广告产业发展形势难以掩盖这一商业模式背后的危机：媒体广告价值的根本在于媒体的公信力，而公信力源于媒体对事实的追求与维护。可在媒体经营的过程中，一旦事实真相被广告商的利益所掩盖，媒体的"公信"与"权威"就势必会受到侵蚀，最终导致媒体价值的贬值。

更值得警惕的是，这种倾向如果从被动走向主动，便有可能突破政策法规及道德准则的底线，产生更为严重的灾难性后果。

无论是以收益至上进行虚假宣传，还是直接权钱交易进行新闻讹诈，这些现象的大量出现，与媒体对于自身继续发展的方向模糊不清有着根本关联。媒体产业的高速发展，导致这一行业的成本也在飞速上升，但其由影响力所交换回来的经济收益却并不能与之同步增长。广播电视行业经历过 20 世纪的发展高峰后，在全球范围都已经开始无可避免地面对受众老龄化、电视时段资源开发接近枯竭的局面。而报纸杂志更是在纸张印刷成本上涨、订户不断减少的双重压力下艰难生存。那么，媒体的出路何在？

（四）媒体的突破——感知阶段

以互联网为代表的新媒体悄悄进入了第四阶段，这是一个寻求突破的阶段，也是一个注重受众需要的阶段。回头审视，从告知、诉求阶段到影响阶段，媒体一直处于主动方。而在感知阶段，媒体首次成为被动方，受众的需要在先，媒体的感知反应在后。这种主被动关系的转变带来了媒体发展的根本性革命。

技术的更新不再只是媒体发布手段、传播方法的进步，还有受众信息终端的进步，因为受众需要；信息的传播不再只是媒体点对面的单一发布模式，而是融合了面对点、点对点甚至面对面的多种复合式的全面发布模式，因为受众需要。

此外，报纸杂志印刷量、发行量之所以持续下降，广播电视的收听、收视率之所以长时间停滞不前，这是因为人们可以不需要。作为一个媒体，其最大的危机并不在于不受重视，而是被忽视，忽视即表示被放弃，这才是传统媒体面临的最大危机。

因此，媒体要向前发展，要走过"重视"的阶段，绝不只是"更重视""非常重视"这些非本质化的改变，而是要坚定不移地跨入"需要"的新阶段。只要让受众感觉到自己真的需要，这个媒体的价值才将是真实的、有效的。

于是，人们开始明白：媒体的第四阶段所呈现出来的，恰恰就是新媒体的真实形态。它之所以与前面三个阶段中的所有传统媒体有所区别，也正是因为它成了受众真正需要的媒体。从细节来讲，新媒体更加注重受众的感受，它是第一个把受众与用户等同起来的媒体，也是第一个真正重视受众反馈的媒体。在互联网的发展过程中，由于技术的突破，收集并听取用户的意见与反馈并不是什么困难的事，反而成为一件应该的事。投票、留言、评论，这些手段都成为互联网媒体最基础的配置，它们的存在也因为符合用户在表达情感、表达观点等方面的需求，而从根本上深受用户欢迎。

当然，我们也要更清楚地看到，新媒体绝不是空中楼阁，不是凭空就从第四个阶段突然出现的。它是媒体发展历程中的一部分，是所有媒体经历阶段性发展之后的更高阶段的体现。它必须遵循所有媒体发展的规律，也必须认认真真地经历成长、发展、成熟三个培育阶段。然后通过技术的革新、理念的突破，进入第四阶段，从而真正以新媒体的面目展现在大家的眼前。

三、新媒体的本质

（一）"需要"是区别新旧媒体的最根本点

传统媒体一直发展的是媒体自身，这种发展存在着可见的尽头、明显的限制。而新媒体则把媒体与受众打通，相互之间实现了融合，在有限的空间里开辟出一片全新的天地。

新媒体所考虑的问题不仅仅是媒体自身需要什么、媒体的发展需要什么，它更多考虑的是受众需要什么，以及媒体为了满足受众的这种需要必须做什么。由于受众的群体无限，受众的需求也可能无限，它带给了新媒体以无限的发展潜力。确切的理解是：传统媒体时代，媒体带动着受众前进，发展到什么阶段，受众就得接受什么样的状态，受众没有选择，更不会有什么要求。

更明确的说法就是，看一个新媒体是否称得上是新媒体，要看它是否以用户为中心，是否以创造需要、适应需要为目的。其区分的标准就是这么简单。一切表现手段、表现方法都是为中心目的服务的，只要理念能够向前发展，技术能够突破，哪怕是曾经传统的报纸、广播、电视，都可以与互联网一样成为新媒体的某种表现手段。

（二）"需要"是现代营销的最核心价值体现

现代营销学首次摆正了企业与消费者的关系，鲜明地提出了"以消费者需求为中心""以市场为出发点"及"用户至上"的口号，认为实现组织各种目标的关键在于，正确地确定目标市场的需求和欲望，并比竞争对手更有效、更有力地传送目标市场所期望得到满足的东西。可以看出，应需而生，是其根本性的思想。

在新媒体发展阶段，媒体营销及营销媒体的理念也在形成。媒体就是一种产品、一种在市场上进行竞争与运营的产品，在经营管理媒体的过程中，对于用户或受众需求的重视，对于市场需求的重视，成为新媒体发展的源动力，也成为新媒体之所以被社会接受的根本性价值。可以说，新媒体是整个传媒产业中首先考虑用户需求，思考自己与用户之间的相互关系，并着重考虑用户的感受与需求的特殊产品。它最根本的目的，就是希望将自己推销出去，推销到用户的面前，并且能够成为最成功的产品。

新媒体同时也是现代产业营销最为关注的媒体领域，因为现代企业希望对外传播的不仅仅是自己的产品，更有自己的信息动态、发展方向以及企业理念。现代企业尤其重视对目标客户的抓取，而利用新媒体的人际关系网络能够获得来自客户的各种信息与反馈，并在这种传播中占据更为主动的地位。这已经不是传统媒体所能够提供得了的，只能依赖于新媒体的即时与互动特性。对于新媒体来说，企业同样也是用户，也是新媒体兑现"适应需要""满足需要"的一个努力方向。也只有新媒体才能如此深入地参与企业营销，实现与传播同步扩展影响的终极目的。

同样，在媒体范畴之内的广告业更是对这一规律颇有心得。看看四周我们就可以发现，但凡成功的广告作品，都必然有着定位准确的优点。何谓"定位准确"？那就是在合适的阶段强化合适的目的。一个全新的产品或品牌刚刚投放市场时，是它的成长阶段，最合适的广告表现点就是对它的"告知"：用最简洁、最直观的介绍用语，介绍出自己最显著的特点。产品一旦成熟，必然转向感知用户的需求、迎合用户的需要，从而创造出最能打动用户的宣传用语。

（三）"需要"是现代产业发展的重要转折点

人类社会在农业文明之后经历了蒸汽机发明、电力应用、原子能应用这三次工业化的大革命，能源、动力的飞跃升级直接带来生产力的大幅提升，从而引发了生产关系与上层建筑的显著变化。之后，计算机的发明、网络的诞生以及移动通信产业的覆盖引发了三次信息技术的大革命，这三次革命已经不再只是表面可见的物质生产力的提升，更多的是意识上的飞跃。最终作用于所有现有生产力与生产关系的一次新革命，主力军就是新媒体的产业化发展。它不再像传统媒体那样，只做一个客观的观察者、报道者，或至多是评论者，而实质上成了现代社会不可缺少的全面参与者。新媒体的信息传播过程，也是现代产业发展过程的一部分，是现代产业快速增长不可或缺的重要内容。

而在产业发展中，为了追求局部经济效益的最大化，企业往往以牺牲个性需求为代价换取满足大众需求所带来的批量化好处。这种现象在工业化大生产时代表现得尤为突出。但久而久之，便出现了过分关注企业利益而忽视用户利益、过分追求现有市场而忽视潜在市场、过分讲究保守策略而回避风险战略的重大弊端，成为现代产业发展中的阻力点。

而新媒体会充分考虑到用户需要，并围绕受众需要，合理配置、有效整合自身资源，从而协助有需要的企业进行产品包装、宣传策划直至市场营销、网络布局、产品维护和品牌战略规划，为它们提供一条龙的产业链服务，使自身以及与之进行合作的企业获得双赢的效果。现代社会已经不再只是小农经济下十分简单的产业结构关系，各行各业之间的联系千丝万缕，相互之间的影响难以估计。这些关系的理顺与影响，往往正是新媒体操作的擅长之处。

由于可以最大限度地挖掘到用户的需要，新媒体恰恰可以帮助现代产业摆脱自身发展的瓶颈，寻求新的发展。更为重要的是，借助新媒体独到的机制，企业可以更加敏锐地捕捉到用户的真实想法与需求，深层次地解决用户的潜在需求，从而开拓出更为广阔的市场空间，从根本上再一次解放生产力、提升生产力，这方面最突出的代表就是电子商务的发展。由于依托了新媒体技术的发展与支持，电子商务完全解放了人们对消费和商品需求的限制，它的发展，并不是对传统商务市场的硬性切割，而是深度激发，从而促进整体市场的共同繁荣。

而且，新媒体本身的产业化发展趋势越来越明显，这不仅符合新闻媒体发展的基本规律，是市场经济条件下媒体生存和发展的必由之路，同时也是整个社会的经济形式与经济结构发展变化的必然过程。信息在产业经济中的地位得到了高度的认可，其价值不断提高，这也是最根本的受众需要、用户需要。

因需要而生，为需要而发展，这就是新媒体的本质。

第二节　新媒体传播

一、传播及传播学

（一）传播

传，一对一之间的事物传递；播，由点至面、由一至众地大面积散布。两字连词，在科技领域，指波在固定介质中的转移；在意识领域，固定介质可以引申为媒体介质，波可以看成信息，这个词义即表示信息在社会各领域运行的不同活动状态。

人类之所以为万灵之长，在于知识的不断积累；而文明之所以源远流长，在于信息的广泛传播。没有传播，信息的积累只能是简单堆砌。正是由于信息的共享、影响与互动，传播才成为科学与文明的载体，成为媒体在社会中最主要的活动。

（二）传播学

传播学在 20 世纪 30 年代开始兴起，主要研究人与人之间如何借助社会符号进行信息交流而建立起相应的各种关系。可以说，它是建立在其他众多学科的基础上的，专门研究游离于众多学科边缘的问题，它所关心的是信息的流动性及其在流动过程中对社会产生的作用与影响。因此，它与其他学科有着种种密不可分的关联，但又鲜明地表现出自己独有的特点。

在与社会学、新闻学的关联中，有三种容易混淆或似是而非的概念：新闻、宣传与舆论。认识这三者的区别将有助于我们接受传播学的基本理念。

新闻指对事实的报道。新闻是对新近发生的事实的报道。"新近"表明信息的时效性，"事实"表明信息的真实性，"报道"表明信息的客观性。从传播学的角度来看，新闻就是突出时效、真实和客观三大要素的信息传播。因此，严格的新闻概念更加强调对事实本身的传播，并尽可能地排斥由其他原因所导致的主观观念的干扰与渗入。

宣传指对观点的营销。在这里，"营销"一词不能单纯地理解为商业上的推销。事实上，信息传播者基于自身主观观点的表达也是一种营销。观点表明了一定的立场，营销表明了其具有一定的目的。立场与目的合在一起，则说明存在着内在利益的驱动。宣传注定带有一定的主观性与倾向性，这是与新闻最大的不同。

宣传同样是对信息的传播，但传播的内容除了信息本身之外，还有着传播者的主观倾向，而带有主观倾向的信息则难以真正还原事实的真相。从实践中我们可以知道，即使是针对同一件事实本身，不同的宣传方法也会带上不同的、强烈的观点倾向。

舆论指观念的碰撞。观念来自相关的人群，它带有一定的滞后性，是人们对传播的信息的一种反馈。碰撞则表示这种反馈的不确定性，它们甚至会针锋相对。如果在信息的传播过程中，社会大众、团队群体没有产生相左的看法，大家观点一致，那么这就不能被称为舆论，而是宣传所追求的理想效果。只有当两种及两种以上的观点发生碰撞、激烈争辩的时候，新观点才会不断地产生，而这种过程也可以被称为新闻的深化发展。只有在一定的条件下，或者由于经历了逻辑的辩证、多个信息的验证以及带有目的与倾向的引导力介入，个体意见的差异被逐渐消灭或削弱，最终某一方的观念与意见占据上风或主流，从而成为这一阶段对某个事件相对稳定的看法时，这些观念和意见的集合才能被称为舆论。正是因为经历了这些复杂而激烈的过程，舆论往往会对人的行动与事件的局势产生至关重要的影响，在造成或转移社会风气、左右人心向背方面具有不可替代的作用。同样借用那个"屡战屡败"的成语故事，代表前句的"新闻"与代表后句的"宣传"，各自表达了不同的立场，具有不同的影响效果，实际上形成了两种不同观点的碰撞。在这场观点的碰撞中，双方都通过各种方法竭尽全力地去影响最终的裁决者——皇帝，整个过程则可以被称为"舆论"。

由此可以看出，影响信息传播过程的要素众多，不同的人、不同的群体、不同的社会环境，都会对信息的传播效果产生不同的影响，传播学与人类学、心理学之间也有着千丝万缕的关系，值得我们细细研究。

二、人际传播与大众传播

传播主要有两大形态，即人际传播与大众传播，实际上在词语解析中，可以把前面的"传"对应人际传播，把后面的"播"对应大众传播，由它们二者共同构成整个传播的主体。

（一）人际传播

人际传播，指人们在交往中相互传递、交换信息，从而产生人与人之间相互吸引、认知与作用的社会关系网络，可以简单地将它概括为一对一的信息传播。人际传播古已有之，作为社会中的一分子，每个人都有着与其他人进行信息沟通交流的直接需要，也相互分享这种传播给自己带来的益处。在缺乏媒介的时代，信息传播方式绝大多数是直接式的人际传播，即传播者与接收者面对面的语言、动作、表情这些信息的交流。

为了突破直接式人际传播的时间、地域限制，人们发明了文字，用以记载信息来辅助传播。同时，文字与承载文字的龟甲、竹简、布帛、纸张也就成为实现这一目的的工具。这些工具提升了信息传播的效率，但依旧没能突破简单、少数的人与人之间的活动范围，只能被称为"间接式的人际传播"。

不论是直接式的还是间接式的，人际传播都是人类最常用的信息传播方式，它也是日常生活中应用最为广泛的传播方式。其在传播的直接效果、信息反馈的及时性与丰富程度上都具有难以替代的优势。

人际传播对于人体感觉器官的调动也非常强烈、非常全面。对于信息传递出去的效果有着最直接的反馈，可以随时修正传播的偏差，同时也能有效地激发接收者的反馈意向。

此外，人际传播也是使用传播符号最丰富的传播方式，不仅有抽象的文字、语言，而且会有各种形象的肢体动作、表情、语气、语调，以及大量个性化的信息传递。这些综合性优势保证了人际传播在传播信息时的可信度，以及单位信息到达的准确性。

人际传播的优势还在于传播者与接收者的地位平等，这有利于调动大家的积极性，增强彼此的信任度，传播者与接收者之间随时可以开展各种样式的交流互动，非常适合解决比较复杂的问题。受众参与传播的过程，相互沟通、相互反馈，这样能够让事实得到最大限度的解读。从理论上讲，这样的传播更加接近事实的真相，更加接近事物的本质。

当然，人际传播也存在着信息量有限、传播速度慢、影响范围小、信息丢失率高、错误率高等缺点。上海电视台曾经的王牌栏目"智力大冲浪"就来源于海外引进的一个叫作"拷贝不走样"的游戏节目，先让第一个人看一个词，这个人不能讲话，而要通过做形体动作给下一个人看。这样传递了三四个人后，最终结果往往是千奇百怪、笑料百出的。其实这就是日常生活中所说的"以讹传讹"，是众多生活谣言产生的最主要原因。

由于人际传播过于随意，在信息的标准化、准确化方面都存在天然的缺陷，任何一个意外的因素都有可能导致信息在传播过程中失真，有时甚至还会出现集体误读，最终演化为谣言，对整个社会产生较严重的负面影响。

此外，人际传播中相互平等的地位虽然有利于传受者之间进行交流，但交流的标准与时效则缺乏统一的规范与制约，因此话题、兴趣点极易转变，这使得沟通的效率降低，导致人际传播往往容易失去方向，不利于事情的最终解决。

（二）大众传播

造纸术与印刷术的发明，不仅是报纸诞生的两大必要条件，同时也成了大众传播真正开始的标志。造纸使得廉价的传播工具普及成为可能，印刷使得利用工具大规模迅速复制信息成为可能，而迅速地、大量地复制信息，让尽可能多的受众接收这一信息的传播过程，就被称为"大众传播"。在西方，一般都以公元1450年德国的 J. 古登堡发明金属活字印刷术作为大众传播开始的标志。而在东方，大众传播的历史更为久远，从公元600年前后隋唐开始兴盛雕版印刷，再到公元1041年至1048年北宋毕昇发明活字印刷，以信息为主体的思想、文化开始随着印刷的图书大量地传播。在这些活动中，已经开始出现职业的传播者，比如文学家、思想家，他们利用图书印刷，开始有意识地、有目的地、广泛地、迅速地（相对过去而言）、持续地传播信息，目的就是让为数众多、结构复杂的民众群体开始接受统一的、标准的思想表达。直至近代，职业的传播者开始分化，专业的媒体工作者从中出现。出于传播动力的因素，他们当中的绝大多数与当时的社会革命都有着密不可分的联系。最初的南洋系列报纸，将西方殖民文化传入中国，接下来的维新报纸，又将君主立宪、工业革命等相对先进的思想带入中国，再接下来就是资产阶级革命思想、马克思主义先进思想。革命者无一不在革命初期身体力行地战斗在大众传播的最前线，通过报纸、期刊，不遗余力地向社会大众宣传进步思想。

电台与电视台的出现，更是强化了"广而播之"的大众传播概念。有形的书信、报纸、刊物对于信息传播内容，在数量、远近、时效方面的限制障碍不再存在。无线电波可以承载更多、更丰富的信息内容，其更加快速甚至同步到达（现场直播）的即时性，极大地推动大众传播的发展。同一信息，可以在一瞬间被难以预估的受众同时听见或看见，有形的复制不再重要，使无形的覆盖成为衡量传播面与传播效果的标准之一。

大众传播有利于迅速直接地传播信息，提高领导力与执行力，有利于解决简单问题或在短时间内解决眼前的问题。但大众传播的缺点也是显而易见的。

首先，没有或极少有接收反馈的渠道。大众传播往往是由上而下地逐级传递，在信息下达时非常迅速及时，但在接收反馈时显得僵化与烦琐。真正的反馈信息往往无法及时、准确地上传。

其次，大众传播的工具在大规模复制的优势下也隐藏着迅速扩大错误的风险，而且极难校正。众所周知，一份报纸一旦发出，一段视频一旦播出，往往就无法收回、难以更正。正是由于这个原因，对于许多敏感事件的处理，传统媒体会显得谨慎有余、及时补足，往往要进行再三核实、反复校对之后才能发布。

再次，大众传播的传播源相对比较集中，比较容易被社会的强势阶层所影响或控制，也容易在产业化的进程中过多地考虑经营收入，从而被广告商与投资者左右，这将会严重削弱媒体的公信力与信誉基础。如果在长远发展中逐渐失去公众的信任，那么媒体日后的传播效果与传播影响力将会大打折扣。

最后，由于面对着最为广泛的受众群体，大众传播在具体表现上也显得手段单一、形式简单，过多地追求统一的标准，缺乏个性化与有针对性的传播影响。在抓住了表面上的大众群体之后，将不可避免地丧失实际价值更大的众多小众市场。

三、新媒体的传播

互联网、手机、无线终端设备这些新媒体的技术应用，正在打破原有的传播区别，越来越多的信息传播过程已经无法让人们再把大众传播与人际传播明确地区分开来。这样的现状，一方面是由于在实践活动中，两种传播方式往往会同步进行，甚至交织进行；另一方面是由于不同的传播方式之间还会相互影响。新媒体的特性正在使这两种传播方式发生融合，形成全新的混合传播方式，目的就是利用它们各自的优势，扬长避短，发挥传播的最大作用。

（一）人际化的大众传播

大众传播实现了信息的即时复制、瞬间传播与海量影响，但忽视了受众对信息的接收度与反馈，其实质是一种自说自话的单向传播思维。而以反馈互动见长的人际传播理念重新回来，开始影响大众传播。

新媒体的崛起，起步于计算机技术、互联网技术在大众传播手段中的全面应用，但是真正引起社会重视的是它对人际传播特点的重视和吸收。因此，这种具有"人际传播"特点的"大众传播"发展新阶段，就自然而然地成为"人际化的大众传播"。人际化的大众传播就是指在借助新媒体工具更大量复制、更迅速传播的过程中，更加注重利用人际关系中的种种模式，达到信息的复合性传播，使其更加具有广泛性与有效性。

人际传播的各种目的无一例外地与大众的需求息息相关，而新媒体最大的特点与核心就在于以人们的需求为中心，呈现出百花齐放、百家争鸣的个性化媒体面孔。同时，市场竞争的存在，让每一个新媒体都不得不追求自己的个性特征，不得不与其他媒体、其他组织通过传播建立起社会协作关系，也需要自我认知与相互认知，更需要建立起自己的媒体圈子。从这个角度来看，新媒体时代，受众即媒体，媒体也可等同于一个同样从人际传播中获得需要的特殊受众。

人际化大众传播的最显著的变化就是更加注重互动。传统的大众传播只关注发布的信息内容、范围以及数量，很少关心受众对该传播会有什么样的反应、什么样的意见。而实际上，受众的评价、感受、态度，往往是决定一个新媒体是否真正适合传播、适合市场需要的重要标准。发展中的大众传播必须要考虑受众的人际化需求。

同时，对于往市场化方向发展的新媒体来说，营销理念的更新也非常重要。一个新媒体要懂得如何营销自己，就必须及时掌握社会、受众的种种信息，从这一点来看，人际传播手段的植入应用显得相当重要。现代营销学恰恰将人际传播中的"口碑"概念提升到了一个新的高度，这种借助于消费者自身再传播模式与新媒体的技术优势相结合，促成了新型的、威力巨大的"病毒式营销"方式的产生，口口相传的传统方式通过与新媒体的融合，在短时间之内收到了惊人的传播效果。

因此，有传播行业专家指出，口碑营销虽然并不排斥适当的虚构与模拟，但其中的设计总原则是：①虚构不等于胡编乱造，过程须合乎逻辑，基础须符合现实。②虚构中不涉及对任何现实人物、单位及实体的影射、歪曲与影响。③口碑故事可以有相对集中的服务对象（含赞助厂家及媒体自身），但必须保持积极向上的社会风气导向（例如：反对拜金、懒惰、各种歧视，赞扬真诚、善良与勤劳等）。④口碑营销重在良好感受的自然转移，即通过营造"温馨美好"的感受，而在最终时刻成功地将其转移至最终服务及映射的主体形象之上。

口碑传播与口碑营销在"口碑"的塑造方面没有太大的区别，重点只在于后半部分：传播只是简单地重复信息，而营销则有更多的创作与加工。在这种新型的人际化大众传播实践中，一次成功的口碑营销必须符合或具备以下几个基本要素：①较强的故事性，故事是进行口碑传播的最佳载体，是引导相关人士进行传播的源动力。200字以上的散文让人难以背诵，而数万字的故事容易被人不断复述，并且可最大限度地规避传统人际传播中的易谬性。②非同寻常的起因与不断强化的冲突过程，是引起受众广泛关注的根本。人际传播最担心的就是不可控制的传播链断裂，而断裂的最常见原因就是事实的过程缺乏足够的关注度，因而不断强化或增加冲突点无疑是一个好的解决方法。③真善美的大结局。营销的重点在过程，而不是简单的结尾。具有"真善美"特点的结局可以激发被传播对象的美好感受，从而让他们去不断回想、强化记忆，从而对营销过程中所植入的服务品牌、服务理念产生深刻的印象。所以，口碑营销的故事性不能将受众引向对社会问题的研究与探讨，它更适合于童话性质的意境营造，对美感的追求远远大于对真实感的追求，要保证受众最终在被传播之后能够保持良好的心情，因而对完美结局的营造就显得非常重要。④口碑营销的目的在于树立品牌，因此一定要打消短期内提高营业量、销售额的冲动想法。否则在执行中会出现目的性过强，被公众看穿企图，结果欲速则不达的问题，甚至导致赔了夫人又折兵的失败结果。

（二）大众化的人际传播

与"人际化的大众传播"同时兴起的，恰恰是与之表述相对应的"大众化的人际传播"。

哲学上的"否定之否定"不是简单、表象的反复，而是一种螺旋式的再度提升。在互联网时代，借助新兴的技术工具，人际传播获得了前所未有的普及与兴盛。基于无线电语音传播技术的电话、手机普及，电子邮件、网络即时通信软件等成为装机必备。这种传播样式在微观上似乎与过去的人际传播别无二致，但从宏观上却带有非常显著的大众传播因素。可以感觉到，在我们身边，存在着这么一个巨大的无形网络，虽然网络中的每一个人都只是与自己关联的一个或少数几个人进行着相关点对点的信息交换，但这庞大的规模促使这些看似封闭的人际交流圈存在隐含的、自然的同时相互作用的联动与影响。用以表述这种相关点联动与影响的最著名的理论，莫过于"六度空间"理论。

"六度空间"理论也被称为六度分割（Six Degrees of Separation）理论或六度分隔理论，它可以简单表述为："世界上任何两个互不相识的人之间所间隔的相识的人不会超过六个。可以这么说，最多通过六个人，你就可以认识这个星球上的任何一个陌生人。"这一理论最早于1967年由哈佛大学心理学教授米尔格兰姆（Stanley Milgram）提出。在哈佛大学时他曾进行"小世界实验"，他指定了波士顿的一个股票经纪人，要求随机的实验者通过自己认为最可能接近这位经纪人的朋友向他转交一份信件。最终发现，凡是正常送到该股票经纪人手中的信件，大多数都只经过了五六个人的转手。

"六度空间"的理论基础实际上源于数学领域的一个猜想，涉及数字的倍增原理。

"六度空间"实质上揭示了社会中普遍存在的"弱链接"关系，这种"弱链接"古已有之，长期存在，但因为其"弱"而一直难以被人们发现并利用。随着互联网的诞生，借助于现代通信技术的放大作用，这种"弱链接"开始发挥其功效，使人与人之间的距离变得非常"相近"，"地球村"的概念在此基础上真正形成。

"六度空间"是"大众式的人际传播"的重要理论基础。一旦应用这种理论基础的微信、微博工具开始出现，它们就会以不可思议的速度逐步地、稳定地蚕食大众传播的市场与地位。

大众化的人际传播产生，必须存在两个重要的条件：

首先是技术上关联性的实现。传统的人际传播都是点对点的单一联系，无法形成关联。网络技术正是将这些从前没有的关联或者很弱的关联，悄悄地放大、积攒与累加，引起最终的质变。

正是由于新媒体通信技术具有四通八达的特点，因而任何一个简单的人际交流行为都有可能成为"蝴蝶效应"中的一个触发因子，迅速地演化成大众传播的惊人效果。

然后是"意见领袖"的催化剂作用。意见领袖的产生与大众传播无关，他是在人际传播的过程中，在特定小圈子内的话题权威。意见领袖不是为了成为"意见领袖"而产生的，其本意只是为其他用户提供更多、更有效的信息，并由于这一目的的成功实现而可以产生对他人的种种影响。因此，意见领袖就在这些众多的、散落的人际交流海洋里形成一个个的话题中心、信息中心，成为各种隐形的类大众传播式的中心。当然，意见领袖自身并不掌握传播、复制信息的工具，他与其他每一个信息受众一样，都处于平等的地位，只是通过自己相对优秀的能力获知信息，提前加以判断、甄别，再传播给周围的其他受众。不过，对于意见领袖传播的信息，其他受众更容易主动接收甚至无条件地接受。同时，意见领袖还具有一种"单一领域性"的特点，即在某一个领域他是权威，但可能在另一领域他就只是一个普通人。

大众化的人际传播，实际上提供了一个重新评估人际传播作用的新角度。人际传播从此不再是落后的象征，也不是影响力小的代名词，反而成为有效性高、影响力大的全新代表。

但是，普通人际传播中存在的误传、谣传等弊端，在新媒体环境下也进一步发酵，并产生出特殊的网络谣言的概念。

网络谣言的传播范围广、渠道复杂。它不像传统的谣言那样，往往是在具有相同生活环境的熟人之间流传，而是借助新媒体的传播能力，迅速扩大影响，因此它们必然会有一些与众不同的特性：

第一，谣言大多以完美的表述作为首要特征，比如在非常巧合的时间里、地点上，发生了非常巧合的事情，事件往往呈现出"极端"的特点。这与口碑营销里过于完美、过于戏剧性不相符，从而露出破绽。

第二，网络谣言缺乏熟人的直接引证，既要让网友相信，又要注意排除或推卸自己的责任，中间常常会使用"据说""据知情人反映""据权威人士披露"等语句，有时为了突出其真实性，还会编造一些看起来具有权威性的相关部门与单位名称，如公安部、某某全国行业协会、联合国某某署等，而事实是一经查证就会发现这些内容纯属子虚乌有。

第三，网络谣言要制造轰动效应，常会利用社会的公众情绪，通过调动公众热情，设置陷阱让最初接收信息的人迅速掉进去且盲目相信。这样一来，即使偶尔有人在其中发现了某些破绽，也会被迅速而至的冲动与热情覆盖，从而让公众自觉或不自觉地成了传言的帮凶。

第三节 新媒体理念

一、新媒体的特性

新媒体的新，绝不是简单的、时间概念上的新，而是表现在观念新、技术新、手段新、效果新四个方面。

（一）观念新

观念是人们在实践当中形成的各种认识的集合体。这种集合体很容易产生一种惯性，并形成人们平常所说的思维定式。观念新即要求打破思维定式，对传统传播观念进行根本性的突破与革新。

传统媒体在不断总结、进步的过程中日益成熟、完善，但仍缺乏创新与开拓，出现了发展僵化与死板的弊端。

新媒体完全从"用户的需要"出发，探索一切可能的尝试和突破。其实质就是对传统观念进行反思，不断寻求新的答案。

（二）技术新

新观念的实现必须依靠新技术的应用。媒体对技术的依赖与生俱来：没有造纸术与印刷术的进步，就不会有报纸的今天；没有无线电技术的发展，广播便会"长葆青春"；没有微波、卫星传播技术的成熟以及视频处理设备的日益精良，电视更无法成为时下的传媒之王。

技术的发展与期望是永无止境的，对现有条件的不满足，是人类不断追求技术进步的根源。互联网技术日新月异，如今已经毫不夸张地达到了"没有做不到，只有想不到"的地步。

在此之前，从互联网开始，HTML、AJAX、JAVA 等新技术层出不穷，IM、BBS、BLOG、SNS 这些新应用的前赴后继，使得信息内容的生产成本不断降低，信息内容的传播速度与广度在惊人地扩展，信息内容的展现方式也在向着越来越丰富、越来越科幻的方向发展。

（三）手段新

传统媒体在发展过程中的权威化、中心化，使得其与传播效果、受众覆盖面以及传播强度简单相关，而在传播手段的应用上，只有版面、时段与频次这三个法宝，于是传统媒体逐渐失去了在手段上创新的想法与动力。

新媒体却没有先天的影响力，为了能够在现有媒体市场中占有份额，唯有在手段上进行创新与突破。如果说新的观念是动力，新的技术是基础，那么新的手段则是新媒体实践操作的根本。

实际上，在电视诞生后，新的科技就迅速推动着传播手段的更新。而随着电脑、互联网的发展，这种论断开始被反思，新的信息时代并非一个单纯的视觉传播替代文字传播的时代，而是一个各种传播形式方方面面的力量重组。这种重组恰恰就是对手段更新的需求，它要求所有的传播主体思考如何改进信息传播的方式与效果，将传播中的所有元素，包括文字、图像、声音以及各种符号都有机地统一在一起。

互联网从一开始就努力提升用户或受众评论、留言的重要性，并辅以各种投票与民意调查，让受众参与进来甚至让他们成为主角。新媒体中许多信息的提供不再过分依赖于记者、编辑，而直接选用受众或用户的观点、想法及意见，让它们成为新闻报道的主体。随后在论坛 BBS、博客以及微博这样以用户为核心的新应用中发布，内容全部来自用户，媒体已经退居为技术手段与平台，通过话题、圈子以及标签来实现内容的聚合，从而呈现出一个完全不同的媒体形态。这些新手段的广泛使用，推动了新媒体的全新发展。

（四）效果新

效果是检验价值的最终标准。新媒体的首要效果就是成为信息的主要聚集地。相对于传统媒体，新媒体能够更快、更全、更丰富地提供各类新闻与资讯。

另外，立体化、组合化的新媒体传播提升了人们对信息的兴趣度与关注度。在新媒体时代，人们更加乐于关注新闻与时事，更加乐于接受大容量、高频率的信息轰炸，这与新媒体灵活、丰富的表现手段不无关系。

信息在新媒体上传播的效果变得新奇而富有力量，受众乐于通过新媒体去感知信息，更愿意通过新媒体去分享信息。灵活多变的手法、丰富多彩的元素，正逐渐让新媒体成为最有影响力、最有效的媒体。

二、新媒体的核心特征

新媒体不是某一种孤立的、静态的媒体表现形式，而是处于不断变化与发展之中，它的核心突出特征表现在及时与互动这两方面。

（一）及时

首先，新媒体的及时表现在新闻发布上。新闻是一个通用的概念。新闻既可以发布于传统媒体中，也可以发布于新媒体中，新闻所追求的及时同样被新媒体所看重。而且，为了最大限度地表现这种及时，新媒体正动用一切可能的技术创新，前所未有地加快着新闻传播的速度。像报纸的出版周期、电台电视的栏目时段，这些曾经非常难以突破的障碍，在新媒体中都不再存在，即时采访、即时传播，便能让网民及时看到。

其次，新媒体追求的及时，已经不仅仅是发布得及时，而是在整个新闻发展过程中的动态及时。新闻所面对的社会现状复杂而多变，所涉及的时事发展立体而动态。一个消息被报道出去以后，在长时间的跨度中，形势很有可能瞬息万变，媒体必须针对这种发展变化不断地即时更新、即时发布与即时追踪。在这一点上，无论是插播广播电视快讯还是发布号外，传统媒体有限的时段与有限的版面显得有些力不从心。而新媒体则没有空间的束缚，更无版面的限制，可随时采用视频、动画等多媒体手段，不断深化主题，跟进报道。更为重要的是，新媒体的新闻报道还善于在事件的发展中不断挖掘各种背景资料，不断深入丰富事件的报道内涵，这是另一种层面上的及时。

再次，传统媒体虽然也在不断加强及时性，但基本局限在报道重大事件上。而是否重大的标准往往掌握在少数人手中，缺乏足够的公开与公平，事件的重要与否常常也会因时而变。新媒体则完成了信息平等化的革命，完成了从传播手段、传播理念以及传播方式上的革命，不论事件大小，都会有人关注、有人发表。只要有足够多的关注，有足够多的认可，传播自然就会开始，价值也随之产生。在这种机制下，无所不在的受众便成了新媒体无所不在的信息来源，而他们的关注又回过头来刺激了大量新鲜、及时信息的全新发布。

最后，新媒体所追求的及时也远远突破了新闻的狭隘范畴，包含了一切流动着的、传播着的信息、数据与概念，全面地推广到生活、商务甚至金融、生产领域。通过网络游戏，人们可以与全球的网友在同一款游戏中协同作战、及时娱乐；通过即时通信软件，人们可以与地球任何一个角落的网友直接聊天、对话以及交换文件，进行即时交流；通过网上银行系统，人们可以实现各种远程商务交易，跨地区、跨银行地支付货币，而且毫无障碍地享受即时到账等服务；通过电子商务平台，人们可以更加自由地进行商务谈判、合同签订、发货派单。这种全方位、全时态的及时已经彻底地改变了现代人的生活方式。

（二）互动

新媒体提及的互动，当然并不只是传统媒体时代的简单的阅读反馈，或者说，阅读反馈仅仅是互动概念的起点。针对反馈的反馈，以及这种相互反馈所形成的有机的、自发的、良性的循环，才是新媒体时代的真正互动。而这种互动，恰恰构成了新媒体的第二大核心特征。

为何在传统媒体时代，反馈往往只能浅尝辄止，未能形成良性循环呢？这是由传统媒体与受众之间的强弱不平等地位所决定的。传媒从业者一贯认为：从信息流动的角度来看，自己是布道者、发布者，处于信息的绝对控制地位，而受众只是单纯的接收者，发布者收到接收者的反馈天经地义，而接收者期望得到发布者的反馈是奢望。

而且，传媒从业者向来被冠以"无冕之王"的头衔，只愿意接受与自己意愿相符的反馈，不愿意接受不一致的观点，这严重削弱了他们自身对信息反馈的接收能力。

新媒体的互动不重形式，而重在内心。因此，一定要弥合传播者与受众之间的界限，弱化两者之间的区别，让媒体人真正做到与受众心灵平等，仔细考虑并归纳总结来自受众的意见与建议，然后通过技术手段认真接收并管理好来自受众的任何一条反馈信息。把这种反馈看成受众与媒体之间最直接的信息交流，让反馈成为新媒体不可缺少的信息来源之一，让反馈推动事件信息进一步明晰化，让反馈促成更进一步的信息整合。这样的互动才是有来有回、相辅相成的良性互动，才是新媒体的互动。

三、新媒体与传统媒体的相互融合

（一）新媒体的传统化

新媒体的传统化是一个绕不开的阶段。作为媒体中的一员，无论它拥有如何高端的网络技术，无论它注入了多少新锐的运营理念，只要进入市场、面对受众，就必然会受到各种传播规律、社会环境的制约与影响。

为了保证各类信息的及时、快速采集，新媒体必须认真学习各种信息内容的采访编辑技巧；为了让网页内容编排既丰富多彩又重点突出，新媒体必须认真学习版面编排与设计规律；为了确立自身的权威性与公信力，新媒体必须认真学习如何处理与政府机构乃至企业的公共关系。

在新媒体机构中，依旧有着平常熟悉的新闻部、编辑部、专题部、技术部、行政部或类似的部门划分；新媒体在内容建设上依旧有着编前策划、快速采访、后期编辑、专题深化等传统的模式；新媒体在推广方面依旧是口号、形象与活动这三板斧。但是，新媒体的生命力与优越性就表现在，它能在短短几年内迅速走过传统媒体曾经需要几十年甚至上百年才能走完的发展之路。这段路，可以抄近路走，可以一路带跑地快步走，但不管怎么说，绝对不能不走，这就是新媒体的传统化阶段。

事实上，在超过百年的发展史中，为了适应最基本的信息传播规律，传统媒体积累了大量有益的经验与心得，其中的绝大多数并不会是即将被淘汰与失效的东西，反而是新媒体在发展之初最宝贵的财富，也是新媒体可以借力飞跃的最佳跳板。

（二）传统媒体的新媒体化

面对新媒体蒸蒸日上的发展态势，传统媒体怎么办？是扎紧篱笆守住门，全力遏制新媒体，谨防"教会了徒弟饿死师父"？还是顺其自然，得过且过，"数数好日子还能过个几年"？其实这两种思想都不正确，它们不仅把新媒体划分到自己的对立面，还把自身完全排除在了新媒体发展的可能之外。

新媒体并不是一个孤立的概念，也不是一个静态的发展状态。既存在着基于互联网、移动通信等高新技术基础而生的技术派新媒体，也完全可能存在着创新理念、突破自身，从传统媒体中羽化成蝶的实力派新媒体。

传统媒体的新媒体化是媒体在发展过程中的自我需要。任何一个媒体在成熟阶段都面临着同样的困惑：如何在实现"让别人重视你"之后产生新的追求？如何解决"高处不胜寒"下的种种危机？面对充满活力的新媒体，"不耻下问"是一种良好的学习态度，"师夷长技以制夷"更是传统事物在面对新竞争者带来的挑战时逆转局面的最好办法。

传统媒体的新媒体化更是媒体发展的必由之路。不进行新媒体化，传统媒体就有可能到此为止、至此而亡。只有进行新媒体化，传统媒体才有可能如凤凰涅槃一般，脱胎换骨、重获新生。

四、新媒体的社会化影响

新媒体正以其独特的信息传播方式，承担起大众媒体的职责，更为文化产品和内容的传播提供了新的空间与途径。人们学习与接收信息方式的改变，也带来了他们生活方式的改变。

越来越多的人开始接受、适应乃至迷恋网络化的虚拟社会化交往方式，不但通过手机、互联网等即时通信工具进行人际交往，还借助它们获取新闻信息，进行娱乐活动，更通过它们直接实现电子商务、电子银行等实实在在的生活应用。现实中原有的这些关系以及其中的平衡关系被打破，社会结构被重新分割。现实中社交、户外活动的减少，使得区域性社会团体的影响不断减弱，而基于互联网的虚拟联系则逐渐增强。在工作中，许多新兴的行业不再要求员工集中到公司或统一的场所办公，而是允许他们借助网络在家中完成工作，这一方式被称为SOHO（Small Office Home Office）。SOHO不仅以自由、浪漫的工作方式吸引了大量的年轻人，更以其开放、积极的心态，保证了从业者个人才华与能力的提升。而电子商务的普及，使开网店、网上购物成了新媒体时代最自然的生活方式。应有尽有的商品种类、送货上门的周到服务，更重要的是由于网络强大的搜索功能与比对功能，网上购物更是有着货比三家的省钱优势。电子政务的发展也使得普通老百姓得到了接近政府工作、开始监督政府部门、深入了解各级机构与官员的机会。

当然，最为重要的是：在新媒体环境下，受众可以更方便、更快捷地接收信息与知识，而且这些信息与知识的来源极其广泛与丰富。接收信息与知识的人群同时也以高度的热情，直接参与这场全民互动的信息知识共享浪潮，人人在接受影响，人人又在影响他人。这不可避免地会影响并改变现代社会的价值取向。

长期以来人们有一种观念，认为新媒体的出现完全冲击并替代了传统的价值观念，其实这是一种误解。新媒体的平台本身是完全开放的，既对新观念开放，又对传统观念开放。它所改变的，是一种只有声音的僵化局面，带来的却是一个承载着多元化价值取向的社会环境。人们对于美丑、真假、高低、善恶都开始有了完全不同的判断标准。其中，判断成功的标准，除了事业、财富、地位之外，更多地出现了对于自由、个性以及尊严等往常容易被忽视的内容的衡量。在新媒体时代，新潮、前卫的比基尼可以获得追捧，严谨、庄重的中山装同样也可以获得由衷的掌声和尊重。这就是新媒体所带来的多元化的社会价值取向。

第四节 新媒体对高校教育的影响

互联网技术的进步将人类带入空前的文明进程中，信息技术的高速发展对我国经济社会产生了巨大影响，甚至有着划时代的意义。随着新兴媒体如雨后春笋般涌现，信息传播内容和速度都呈现指数型增长，信息爆炸时代已经到来。新的社交、生产方式，对人的各方面行为都产生了间接或直接的影响，由此人们的行为观念、价值取向甚至出现翻天覆地的变化。

一、新媒体时代高校价值观教育迎来新机遇

在新媒体影响下，高校价值观教育步入新的阶段。运用新媒体技术手段，高校价值观教育更加灵活，内容和形式更加丰富。相较于传统枯燥单一的说教式价值观教育模式，新媒体技术的运用极大改变了这种状况，合理利用抖音、微博等新媒体技术平台，能让学生切身体验到舆论、道德尺度的影响，切身改变自身的谬误观点。

（一）新媒体让价值观教育实现了信息交流双向化

新媒体时代，传播者和受传者双方的地位开始平等，信息不只是单一地从传播者流向受传者，传播互动性增强。参与者不仅仅是信息的浏览者，更是信息的生产者。随着新媒体技术的深入发展，信息的交互开始不再局限于文本之上，图片、视频、声频、超链接等都可以成为信息本身，人的编码和译码能力都在增强，信息传播过程中失真现象减少。网络新媒体正式成为现代舆论的重要组成部分，也是最重要的组成部分。网络舆论甚至成为文化集散和热点事件的放大镜。当代大学生通过网络媒体及时有效地关注热点事件，并通过网络发表意见、阐述观点，积极参与社会发展，并通过参与公共事务给社会带来巨大的正面影响。这一切都和新媒体的交互性有关，没有交互功能，新媒体教育会大打折扣，网络舆论也会变得软弱无力。

（二）新媒体丰富了价值观教育的内容和手段

传统说教式的价值观教育往往采用读报、作报告、做演讲的形式，教师需要收集大量信息，耗费的精力、物力极大。这种单一的教育模式对培养学生来说是极为不利的。

随着网络的发达，价值观教育的效率极大提高，这是其优于传统教育重要的一面。通过新媒体技术的加持，教育者在信息收集、资料分析等前置环节可以大大减少时间，有利于教育合力的形成。在实际教学方面，多媒体技术应用可以给学生感官上带来更好的体验，情感上得到更好的抚慰，最终的学习效果优于单一的教育模式。随着AR、VR技术应用，学生的学习体验从现实向虚拟转变，最大限度地提升学生学习效率。在新媒体环境下，高校价值观教育者必须学习先进技术理念，改变传统的教学思维，充分利用现代技术和手段，提高价值观教育的实践效果。

（三）新媒体拓宽了价值观教育的空间

新媒体是一种新兴技术，创新是新兴技术的动力，价值观教育同样离不开创新精神，因此价值观教育可以有效地借助新媒体技术发展中的意识和思想，依托新媒体，顺应新时代，爆发出新的活力。价值观教育工作者在高校价值观教育中，需要能立足实践、坚定创新，这样才能极大提高学生对价值观的理解和将其内化吸收。

网络技术本身就是开放式的技术，在人们交流过程中打破了时空上的限制，变得自由便捷。随着互联网技术民用化程度提高，互联网基础设施不断完善，世界仿佛成为一个"地球村"。人们足不出户便可查阅讯息，这极大地拓宽了人们的眼界。而新媒体作为价值观教育的一种形式载体，不仅丰富了教育的形式，还拓宽了教育的空间，受教育人数从有限向无限发展，为我国传播社会主义核心价值观创造了有利的条件。

新媒体技术带动了远程教育和在线教育的发展，为高校价值观教育的传播提供了更宽泛的基础。互联网教育新模式突破了校园的"围墙"，对教育公平有着十分显著的促进作用，无论处于什么位置的学生，都可以在互联网的帮助下，实现教育的共享。互联网也强化了教育监督机制，不管是校方还是家长，都能看到学生接受教育的情况，学校和家长之间也可以保持密切的联系。远程教育模式的进步在很大程度上拓宽了价值观教育的范围，有利于全民价值观涵养的提升。

新媒体教育模式也为学生提供了一个更加宽阔的空间，互联网连接世界，学生可以快速地查询到世界各地的思想观点、风俗习惯和文化思潮等。而且打破了学校和社会的限制，学生不再只是生活在象牙塔中，还可以通过网络联结社会，为进入社会打下思想基础。

（四）新媒体为价值观教育创造了动力条件

新媒体创造了虚拟和现实共存的环境，其具有的开放性和共享性为价值观教育提供了动力条件。新媒体的虚拟性虽然存在一定的限制，但是其也是建立在现实的基础上去反映现实的。高校应充分利用这一特性，更好利用校内资源对学生开展价值观教育，并积极探索高校价值观教育的特点，开发与大学生身心健康相适应的教学模式，使思想价值观教育更具备时代意义。

综上所述，大学生价值观教育离不开新媒体技术的加持，新媒体的发展也在影响着学生观念的变革。同时，新媒体信息量庞大、交互性强等特点也为高校开展价值观教育的工作提供了丰富的渠道和方法。作为高校价值观培育者，必须利用这一系列技术特点，正确引导学生树立合适的人才观和职业观，为学生进入社会做好铺垫。

二、新媒体背景下高校教育管理优化路径

（一）更新教育管理理念

在当前时代背景下，高校需要将以人为本作为教育管理工作的原则，尊重学生，将教育管理工作逐渐转向人性化。高校教育管理工作机制的确定，需要依据学生的实际需求以及年龄特点，与此同时，还要与当前的社会环境、学生未来的发展方向相结合，制定更加科学合理的管理机制。做到切实为学生着想，尊重他们的感受，突出人性化管理，以学生可以接受的方式进行管理，进而使高校的教育管理效率得以提高。除此之外，还应当对高校的安全教育管理理念进行完善，为学校做好后勤保障工作，为教师与学生提供可靠的后勤服务，这不仅能够成为高校教育管理工作的坚强后盾，还能够使教师与学生更好地适应高校环境，从而给予师生一种归属感，通过良好的学习环境与学习氛围为学生建立正确的思想意识。

（二）利用网络技术创新教育管理方法

高校可以在教学排课时运用智能排课软件，通过自动化的编程来优化课表，在使用时只需要把相关课程的数据输入软件中，便可自动生成课表，如此一来，在减轻教务处工作压力的同时还能够有效提高排课效率，有效推动高校管理的智能化。高校还可以鼓励教师利用现代化的通信软件，如微博、微信、钉钉等。运用这些新媒体软件不仅能够提高沟通效率，还可以及时获取学生的反馈和其他教师的建议，结合具体情况，及时地对教育管理工作进行调整与优化，促进高校管理水平的提高。与此同时，高校还可以根据学生喜爱的活动以及他们的社交平台，为学生创造更多的校园交流窗口，例如，可以创立高校的微信公众号，通过这个平台发布一些活动的通知信息。此类平台的构建，除了能够帮助师生及时了解学校的实时事件外，对培养学生正确的思想也具有一定的导向作用。

（三）构建基于新媒体的管理机制

首先，学校需要构建对网络信息的管理机制，增强对信息传播的监管，需要通过对监管技术进行不断优化增强监管力度。由于新媒体的信息传播速度较快，包含的信息量较大，为了能够提高监管机构工作的有效性还需构建相应的审查机制，利用网络查询的方式，将网络上不良信息进行清除。其次，学校还应对教育管理制度以及管理体系进行优化。一是高校需要依据当前的实际管理情况与新媒体对学生造成的影响构建相对完善的教育管理体系，保证高校在实施教育管理工作时能够有所依据，确保教育管理的全面性与完善性。二是高校需要明确各个管理部门的管理范围、管理内容以及需要承担的职责，保证各部门与各岗位可以做到各司其职、相互合作。最后，在新媒体背景下，更高效的教育管理方式是无法将信息网络技术和新媒体加以割裂的，所以高校在建立相应的

教育管理体系时，就必须将互联网与新媒体元素纳入其中，而在对管理人员实施工作安排时，也可以积极利用信息网络技术，对每位管理人员的工作内容进行智能分类，让工作人员可以通过手机或笔记本电脑随时掌握自身的工作内容，从而保证管理工作执行的时效性。

（四）将柔性教育引入高校教育管理

高校在实施教育管理时，必须做到刚柔并济，站在学生的角度，以柔性的教育管理方式对学生的思想和心理进行不断的影响与引导，避免运用强硬的管理方式，防止学生出现逆反心理，否则会阻碍高校教育管理工作的推进，甚至可能出现适得其反的现象。由此，在新媒体背景下，高校的教育管理工作必须遵循人性化的原则，将柔性的管理方式融入其中，潜移默化地影响学生的思想。例如，高校可以借助集体活动对学生的思想进行引导，促使他们构建正确的价值观，逐渐养成良好的道德素养，可以将学生的兴趣作为活动的主题。此外，高校在实施教育管理时，需要保持良好的态度，对学生多理解、多尊重，要以夸奖和鼓励为主，减少责骂。高校还应为教师创建良好的教学环境，在尊重与理解教师的同时，给他们一定的自由发挥空间，激发他们的教学潜能与工作责任感。

（五）健全教育管理的评价体系

在构建相关的评价体系时，要坚持以人为本的人性化管理的构建。首先，高校需要了解当前新媒体的发展现状与新媒体技术应用于教育管理工作的重要意义，进而制定出更加完善的管理评价指标，其指标需要科学合理、明确细致，突出人性化特点。评估体系的建立必须具备包容性，在互联网信息技术的帮助下，评估体系不但要包括所有参与者，还要涵盖全方位的工作内容，在具有行政性功能的同时，还要向多样化的目标进一步发展，从而达到对高校教育管理的全方位评估。其次，在完善教育评价制度过程中，还必须将对学习者的具体要求与教育目标进行充分融合，对高等教育管理的具体实践与教学服务能力做出全方位的评估和研究，明确高校的教育管理是否真正做到为学生创造良好的学习环境，能否为学生提供展现自我的平台，是否将人性化的管理制度融入其中。最后，在构建相关的评价体系时，应当与新媒体进行有效结合，构建现代化的评价平台，将新媒体技术运用到教育管理工作中，并充分发挥其作用。

第二章 新媒体分类

第一节 聚合类媒体

一、搜索引擎

（一）搜索引擎的分类

搜索引擎是一个以技术安身立命的行业，不同的搜索技术会产生不同的查询结果，从初期的分类目录式查找和页面关键词搜索，到页面链接等级搜索，再到互动式个性化搜索，搜索引擎试图去了解用户的需求，努力提供大范围、更新迅速的精准信息，不断朝着智能化、人性化方向发展。

1. 目录式搜索引擎

目录式搜索引擎是最早的一种搜索方式，它将互联网中资源服务器的地址收集起来，按照类型的不同划分成不同的目录，在大的目录下再一层层地细分出更加具体的类目，就像一棵倒置的大树，根部是抽象的类型划分，叶子则是具体的页面信息。目录式搜索主要以人工或半自动的方式收集信息，手动完成信息摘要，再置于不同的类目下。

目录式搜索引擎的优势在于搜索的站点面广、量大，由人工编制的目录信息准确度高且导航质量高。但相应的缺点亦是显而易见的，人工的介入是以低速度换取高质量，故而难以做到实时的信息更新。

2. 全文搜索引擎

全文搜索引擎与目录式搜索引擎采用完全不同的搜索方法，它通过大规模的程序运行，如网络蜘蛛程序或网络爬虫程序等，按照某种策略主动地在互联网中收集和发现信息，建立起索引数据库。用户查询的关键词可以在数据库中进行匹配，从而得出相应的结果。

3. 元搜索引擎

元搜索引擎也称为"搜索引擎的搜索引擎"，它并没有自己的索引数据库，而是处于其他多个搜索引擎之上。元搜索引擎将用户的查询请求同时发送到多个独立搜索引擎上，然后将它们返回的结果进行重复排序，然后反馈给用户。

4. 垂直搜索引擎

垂直搜索引擎是一种专业的搜索引擎，是全文搜索引擎的细分和延伸，它将注意力集中在某一特定领域和特定的用户需求上。垂直搜索引擎工作时首先像全文搜索引擎一样利用网络蜘蛛程序在互联网中不间断地收集页面,之后对这些页面中所包含的信息依对象的不同进行区分,如要分辨出一个网页的内容是学术论文还是商品广告,然后分门别类地将内容信息集成到对象信息库中。在网络抓取、对象分类和内容集成之后,垂直搜索引擎就可以利用这些结构化的对象信息,为用户的特定需求提供全面、专业、有深度的服务。垂直搜索引擎的应用范围很广,如房产搜索、求职搜索、音乐搜索、图片搜索、旅游搜索等。

5.移动搜索引擎

移动搜索引擎是基于移动网络、服务于手机终端的搜索技术。移动搜索引擎的最大优势就是可以打破空间的限制,使用户可在任何地方通过移动终端搜索自己需要的信息。比起 PC 端搜索位置的固定,移动搜索更适合搜索即时信息、日常生活信息和区域信息。

如今,"移动搜索 +"模式雏形显现,移动搜索逐步向多行业、多领域渗透,搜索框逐步变成 App 应用内嵌的功能模块之一,依托 App 开发应用内小程序也成为移动搜索引擎企业发展的重要方向。同时,基于地理位置的搜索服务检索和用户个性化需求、兴趣点信息推荐模式快速发展,应用场景不断拓宽,搜索平台载体日益丰富。百度加速连接服务战略落地,移动搜索与本地生活深度融合,逐步向提供服务模式转型;搜狗与腾讯系的基于微信、QQ、新闻、QQ 浏览器等合作模式得以全面发展,促使移动搜索引擎的内容生态建设变得更加紧迫。

(二)搜索引擎的传播特征

搜索引擎在实际运作中,已经从一项网络技术和一个信息提供的大平台发展成一种新型且有影响力的媒介公器,能够控制信息的流动,起到舆论引导作用,直接影响人们认知世界的方式,它具有如下特征:

其一,搜索引擎本身不生产内容,却是信息的集大成者。搜索引擎后台程序的不间断运行,为其数据库积累了大量的分类资料,提供给用户查询,搜索引擎上有着巨大的信息流动。从大众搜索关键词的集中度排名上可以追踪到社会情态变化的轨迹,搜索已成为大众生活趣味和关注焦点的探测器。

其二,搜索引擎不能控制信息的内容,却能够控制信息的传播。传统媒体和网络媒体在内容的采集上和议题的设置上有着绝对优势,决定了传播的内容。但内容的价值却正在被创造海量信息的网络本身所削减,内容的有效挖掘才是其价值得以展现的前提。搜索引擎可以帮助用户与他们最感兴趣的内容建立直接的联系,实现高度集中、有效的信息获取。

其三,搜索引擎作为人们日常生活中的一个重要信息来源,其社会效益和经济利益之间的平衡,会对社会产生潜移默化而又深远的影响。例如,搜索引擎中的竞价排名业务,网站或信息在搜索结果中排序越靠前,被消费者发现、点击和了解的概率就越大。搜索公司作为既得利益者,理应承担更大的责任,保障受众具有知晓与自身利益相关的事实真相的权利,保障受众在竞价排名的搜索结果中获取真实信息。

（三）搜索引擎的智能化发展趋势

目前的搜索引擎主要依靠计算机的程序搜索来完成对海量信息的筛选，但是人工智能技术的不完善常常导致搜索引擎答非所问，搜索结果离用户的需求相去甚远，还需要用户自己进行二次筛选。正如维基百科的创始人威尼斯所言："如果你使用谷歌搜索引擎，的确可以获得很多有用的搜索结果，但同时也会得到大量垃圾信息。"因此，单纯依靠数学公式无法产生始终相关的搜索结果，人类的智慧将成为搜索的重要组成部分。

实际上，搜索引擎正在试着让机器更懂人、更理解人们的需求，国内外的搜索引擎正做着各式各样的努力，包括整合搜索、语义搜索、社会化搜索、垂直搜索等。整合搜索是指将不同类型和不同内容的信息进行整合，当输入一个关键词时，会呈现相关的新闻、视频、图片等信息。语义搜索是指通过分析用户的关键词意图来搜索结果。社会化搜索是指信息的聚拢、组织与精确定位，用社会化的形式为某一类特定信息量体裁衣。此外，人工智能和算法技术的进步，也使得搜索引擎变得更加个性化，不仅可以跟踪用户搜索痕迹和检索历史，把握每个用户的信息偏好和搜索习惯，还可以根据每个用户的特殊需求和偏好，为其提供个性化的搜索服务，不同的搜索引擎公司也在尝试建立特色搜索体系，以满足各行各业、各种场景下用户的不同搜索需求。

搜索引擎的技术门槛很高，涉及信息检索、人工智能、计算机网络、分布式处理、数据库、数据挖掘、数字图书馆、自然语言处理等多领域的理论和技术。搜索引擎智能化的发展需要依托扎实的技术力量，它努力的方向一直就是更加智能和人性化。

二、知识聚合媒体

（一）知识聚合媒体的种类

基于搜索引擎的知识聚合平台一般可以分为两类：传统全功能型知识聚合平台和社会化知识聚合社区。

传统全功能型知识聚合平台凭借搜索引擎的优势，在用户搜索的第一时间反馈问题答案。其内容包罗万象，由零散的问答组成，用户以关键字进行搜索，查看他人的回答，或是自行创建新的提问。

社会化知识聚合社区更加强调社交功能。根据平台定位和涉及的内容范围，社会化知识聚合社区又可分为全品类知识聚合社区和垂直类知识聚合社区。垂直类知识聚合社区涉及的内容范围较窄，通常集中在某一具体垂直领域中。

（二）社会化知识聚合社区的传播特性

从本质来说，传统全功能型知识聚合平台以搜索引擎和网上论坛技术为依托，通过用户提问和回答问题的方式创建知识交流平台，从而实现知识交流与共享。但早期问答平台只是一种远程交流的技术实现，止步于问答，问答过程不受社会关系影响，因而此类问答社区被认为是第一代网络问答社区。客观来说，问答服务为搜索引擎内容扩充发挥了一定作用，但其只是借助群体智慧来强化了搜索，没有用户之间真正的交互，用户的关系网络并未形成。

社会化知识聚合社区不同于传统全功能型知识聚合平台，其社交特性给传播过程带来了新的特征与变化，而以专业和理性讨论为导向的平台价值取向，通过算法和互动机制设置影响了内容传播的全过程，社会化知识聚合社区相较于传统全功能型知识聚合平台具有更高的活跃度和影响力。

1. 传受双方：身份合一

在社会化知识聚合平台中，提问者和回答者建立起双向传播关系，用户既是受众，同时也是传播者，传播者与受众的身份相互转化、合二为一。社交基因在知识社区中的注入构建了知识传播的关系网，使在社交关系影响下的信息传播更为通畅，用户愿意和有相同兴趣或相同专业的人来交流问题。

2. 传播过程：意见领袖占据关键地位

社会化知识聚合类媒体的 UGC（User Generated Content，用户生产内容）模式、关注与互动机制决定了以下特征：当内容的质量越高、生产的内容越多时，就越能吸引用户的持续关注。通过用户的投票行为，如点赞、收藏和评论等，优质内容能获得更多曝光机会。内容生产者也有机会将用户对内容的关注转化为自身的粉丝基础，通过其专业知识和相关技能的输出，逐渐发展为知识聚合媒体中的意见领袖，其发布、点赞或是关注的内容得以向其粉丝群体扩散传播，进而成为影响某个话题圈子的重要言论力量。

意见领袖作为主导者，能从网络知识分享行为中获得更多的人际关系、声誉、信任甚至直接获得现实利益。值得注意的是，当意见领袖拥有巨大的影响力后，双向交流的平台难免有变为个人表演和单向输出的自媒体的倾向，知识聚合类媒体自身的互动性和未来成长亦将受到影响。

3. 社区构建：用户贡献和内容架构

用户的身份不仅仅是参与者，更是整个社区生态的组织构建者，这一特征在问答类社区中最为典型。

（三）知识聚合媒体的内容特征

1. 专业与通俗并存

社会化知识聚合媒体中用户生产的内容，由于大多专注于某一专业领域或细分领域，因此其中的内容往往具有较高的专业性。同时，随着用户规模不断扩大和水平的参差不齐，通俗内容也大量涌现。在科普类内容中，这一专业与通俗并存的特征体现得更为明显。但由于平台本身发布内容的门槛不高，也会导致社区中存在着大量"抖机灵"或是无甚意义的内容。

2. 议题面向社会，具有一定时效性

社会化知识聚合媒体的"时事"属性比较强烈，其中讨论的话题通常会关切到当下的社会现象或是社会问题，甚至会成为舆情的发源地。

（四）知识聚合媒体的经营特点

1.创收方式：广告与知识付费

广告和知识付费是社会化知识聚合社区的两大创收途径。

在社会化知识聚合媒体中，广告往往表现为整合PC端网站和移动端App的原生广告，这类广告被巧妙地插入用户信息流，进而获得点击率和转化率。

在信息大爆炸时代，庞大的信息量与时间的有限性之间的矛盾提升了人们对高质量信息的需求，也催化了知识付费产品的诞生。延长产品线成为知识聚合媒体在发展中普遍采取的策略之一。

2.核心用户：精英群体

知识聚合媒体作为一种相对小众的平台，其在诞生之初往往将核心用户群体定位于精英人群之中。

（1）线上线下联动：用户维系、扩大影响

社会化知识聚合媒体并不局限于将业务停留在线上范畴。举办线上线下联动的活动，充分发挥平台的社交功能，为用户创造更多价值和机遇，成为一种维系用户关系和扩大社会影响的方式。

（2）品牌调性：用户群体的扩大与小众平台之间的矛盾

知识聚合媒体的小众特性与用户群体不断地扩张充满着矛盾与冲突。在用户数量呈几何倍数增长的同时，网站和App不可避免地成了用户灌水、娱乐的场所，老用户的"怨声载道"屡见不鲜。如何解决这一矛盾，把握知识聚合媒体的未来方向是经营中的难点。

三、新闻聚合媒体

（一）新闻聚合网站

为了满足人们快速、便捷、高效地浏览最新热点新闻的需求，新闻聚合网站通过大数据挖掘与分析用户的阅读需求和习惯，为用户精准画像，从而为网站精准定位；通过网络抓取技术聚合新闻内容，利用计算机算法精准推送；通过设置用户反馈机制，不断修正用户画像和算法体系，提升网站的品牌价值，增强用户的黏性。

1.新闻聚合网站的传播特性

新闻聚合网站是互联网上原生的新闻媒体，它的传播特性与传统媒体有着巨大不同。其传播理念带有明显的互联网色彩，一些传播理念影响了后来的新媒体。

（1）病毒式传播

病毒式传播是指在受众主动接受数字化信息的同时对其进行加工，并向基于相似信息获取和分享需求的人进行发布和转发，进而形成信息迅速地以人际圈席卷大众群体的无偿复制、几何倍增的传播形式。也就是说，病毒式传播是指通过将信息进行包装和改造的方式，使之通过用户的社会人际网络像病毒一样传播和扩散，并利用快速复制的方式传向数以千计、数以百万计受众的传播方式。

新闻聚合网站一般通过精准的用户分析，实现信息的病毒式传播。网站平台注重"内容的情感影响力"，通过算法分析了解用户为什么分享内容，用户愿意分享哪些内容，什么样的用户最乐于分享网站中的内容。乔纳·佩雷蒂说："当知道了分享的关键因素，我们就像取得了钥匙。"一方面，新闻聚合网站强调解决"为什么有些内容会传播"，因此网站会根据用户的爱好和阅读习惯提供新鲜的、能够增强用户好感度的内容，把内容当成送给用户的精心准备的礼物，使得用户乐于接受。另一方面，新闻聚合网站还会有一个电子内容分发系统，根据用户画像实现精准推送，主动将"礼物"送到用户面前，为用户接触信息提供最大便利。

（2）分享大于搜索

病毒式传播主要有三个环节：一是病毒制造环节，二是病毒网络的组建环节，三是病毒式传播效果的扩大环节。对病毒式传播而言，社交媒体就是最好的病毒式传播网络，能够接入的社交网络的规模决定了内容传播的规模。

（3）社交新闻的供应者

新闻聚合网站是一个"社交新闻的供应者"，着重提升用户的分享体验，通过提供适于分享与社交的内容，满足用户塑造自身社交形象的需求。

2. 新闻聚合网站的内容特性

（1）大体量的泛娱乐化内容

作为社交化的新闻媒体，新闻聚合网站迎合青年群体的阅读心理，以娱乐信息作为重要的内容部分加以发展。从此类网站的配色上可以看出，鲜艳的红、黄、蓝三色是最常用的色彩，整体上给人一种夸张、欢快、充满活力的气息，使得新闻聚合网站在整体气质上呈现出泛娱乐倾向。聚合新闻的内容具有极强的文化包容性，凡是青年人关心的事物无所不包，并且偏重于萌宠、排行榜、探秘解密、明星近况等休闲娱乐话题，挖掘年轻人的视觉兴趣点。

（2）不断加强严肃新闻报道

轻松娱乐的内容是新闻聚合网站得以发展起来的重要武器，但是，过度娱乐化会降低网站的可信度。所以，要不断加强严肃新闻报道。

（3）兼顾短视频与长视频

目前，媒体行业的大部分营收来自视频；新闻聚合网站也和其他媒体机构一样，需要通过更多的视频新闻实现营收。虽然早期的新闻聚合网站凭借娱乐类和生活方式类内容，在短视频平台上吸引了大量的受众群体，但新闻聚合媒体已经不满足于轻短快的短视频发展策略，而将目光投向长视频。

3. 新闻聚合网站的经营特点

（1）数据驱动

对当今的互联网媒体而言，数据是它们和用户建立联系、创造收益的重要武器，它不仅可以为高流量文章提供关键线索、丰富素材，还可以提升用户的活跃度和忠诚度。

数据对媒体经营的影响主要来自四个方面：第一，数据为内容的病毒式传播提供支撑。基于对"分享大于搜索"理念的追求，新闻聚合网站利用自身的技术优势，开发诸如病毒式传播指数等内部指标来量化内容传播的广度和速度，通过追踪内容在社交网络的不同分享者之间的传播路径，帮助网站更好地确定内容投放和传播策略。这种测量方法大大加强了网站对内容传播细节的把握，使得社会口碑传播规律有章可循，为内容生产者提供了"制造爆款"的理论支撑。第二，新闻聚合网站的开发团队尽力让数据民主化，利用数据工具对分析对象进行可视化呈现，使得分析结果以更加细致、丰富、易懂的方式在编辑团队中共享。第三，数据探测热点话题激发创作灵感。新闻聚合网站的编辑随时关注网络上的热点话题，以此作为内容制作的切入点，然后进行扩充和加工。内容发布后，编辑们紧跟用户反馈，分析哪些内容打动用户，以及用户愿意分享哪些内容。第四，新闻聚合网站运用基于链接点击上升速度的算法，能够精准地给用户推送其可能感兴趣的内容。

（2）原生广告

随着网络媒体的发展，广告越来越多地伪装成内容出现，并只能在单独平台付费投放，这就是原生广告。新闻聚合网站通常为客户打造专属广告内容，这种广告页面与其他的普通页面几乎没有差别，但会在页面中的重要位置不经意地嵌入广告信息，尽管不影响整篇文章的阅读，却对用户进行了广告暗示，让用户觉得似乎不是广告但又与某一品牌有一定联系。而且这类广告内容常常与"清单"和"测验"等内容结合，创造出更适合社交媒体平台的"原生广告"，将广告营销的内容巧妙"嵌入"新闻资讯中。这种广告模式降低了用户的心理抵触，不仅不会造成客户反感，反而会起到意想不到的作用。

（3）垂直频道

除了开设更多的新栏目，新闻聚合网站也在挖掘重点栏目的垂直内容价值，其部分垂直栏目的流量甚至已经超过网站主页的流量。这类垂直频道一般根植于其他社交媒体，拥有巨大的订阅用户或粉丝群体，浏览量也远远超过普通频道，相当于从网站主体中孵化出来的"独角兽"，具有独立发展的潜能和进一步壮大的前景。因此，部分新闻聚合网站开始尝试推出更多有独立身份标识的社交网站账号，以使力量强劲的垂直栏目获得更大的发展空间。

（4）多元经营

在受到 Google 等巨型公司的垄断威胁后，一些新闻聚合网站开始实施多元化的经营模式，避免把所有鸡蛋放在一个篮子里。一方面开启多元化的商业模式，降低直销广告占比，增加非直销广告收入；另一方面以生活方式新闻和服务新闻为导向，拓展栏目应用，如加强垂直栏目的力量，积极拓展新闻在影视方面的发展等。

（二）新闻客户端与新闻聚合客户端

新闻聚合客户端是在传统新闻客户端的基础上发展起来的形式，增加了精准推送的功能，因此要理解新闻聚合客户端首先要了解传统的新闻客户端。

1. 新闻客户端

新闻客户端又叫移动新闻客户端、内容阅读客户端或新闻 App，是随着智能手机、平板电脑的兴起而出现的适用于移动媒体终端的新闻资讯平台。新闻客户端由门户网站、传统媒体或其他内容提供商针对不同移动媒体的系统而开发，由用户自主选择下载、安装，并具备向用户推送新闻资讯、发布评论、定制新闻、即时微博短信分享等功能。

（1）新闻客户端的种类

新闻客户端可分为门户网站新闻客户端、搜索引擎新闻客户端、专业新闻网站客户端和传统报刊新闻客户端。

门户网站新闻客户端由门户网站开发制作，向用户提供该门户网站的新闻资讯、微博信息、评论发布等内容或服务。在我国，网易、搜狐、新浪、腾讯四大门户网站均已开发出自己的新闻客户端，并根据自身的定位和特点打造各具特色的移动信息终端。

搜索引擎新闻客户端即搜索引擎自主开发的新闻客户端。这类新闻客户端能利用搜索引擎的资源聚合优势，整合来自互联网的海量信息，并能根据用户的搜索热度决定资讯编排。

专业新闻网站客户端即由专业化的新闻站点开发的新闻客户端，如新华网、凤凰网等专业化的新闻网站都已经开发出自己的新闻客户端。这类新闻客户端在技术上并不占优势，但其拥有丰富且特色的独家内容资源及其在新闻聚合上的品牌优势，因此能在短时间内占据相当一部分市场。

传统报刊新闻客户端即由传统报纸或杂志开发的新闻客户端。这类新闻客户端依托传统报刊丰富而有深度的内容资源，能够有效弥补移动终端由于移动性和屏幕制约而造成的内容深度缺失问题。在媒介融合的时代背景下，传统报刊要想获得新生，就必须主动同新媒体相融合。新闻客户端便是继网络报纸杂志、手机报、手机杂志之后，传统报刊同新媒体又一次融合的结晶。

（2）新闻客户端的特点

第一，短小精悍且信息量大。一方面，新闻客户端依托手机、平板电脑等移动终端，因此其内容长度必然受屏幕大小及移动媒体碎片化使用特点的限制，表现出短小精悍的特点。另一方面，尽管新闻客户端同其他移动媒体应用一样受内容长度的限制，但由于它在技术上的优势，其信息承载量相对来说要大得多。相对于手机报等"第一代"资讯类移动应用，新闻客户端不但拥有包括新闻资讯、微博信息、用户评论、天气预报等更多栏目或服务，而且能呈现从文字、图片到声音、影像、超链接的多媒体内容，能为用户提供更多、更丰富的资讯信息。

第二，杂志式的阅读模式。新闻客户端与互联网网页的发散式阅读结构不同，它是一种"准线性"的阅读结构，用户在使用新闻客户端时，会像翻书或杂志那样按顺序一行行、一页页地阅读。这种封闭式、结构化的阅读模式，既能够在很大程度上让用户避免在阅读时分散注意力，从而最大限度地抵消移动化、碎片化阅读带来的内容深度上的缺陷，也可以提升其广告效果和广告价值，为新闻客户端带来更多的广告客户及其关注。

第三，交互性强。相对于传统报刊乃至手机报刊，新闻客户端在交互性上具有无可比拟的优势。传统报刊属于大众传媒，采用传统的大众传播方式，与读者的互动只能局限于少量的读者来信；短信或彩信手机报除了订阅环节之外，几乎与用户没有实质互动，即便是网页版的手机报刊，也很少将用户反馈或评论放在较为重要的位置。相比之下，新闻客户端具有前所未有的交互性。一方面，它在功能上专门设置"用户评论"栏目，将用户评论及原创信息置于同新闻信息同等重要的位置；另一方面，智能手机、平板电脑等移动终端的技术优势为用户发表评论、反馈信息提供了支撑，移动互联网技术以及不断更新的输入法技术都能大幅提升用户在发表评论时的速度和体验。

第四，较强的社会性。移动媒体本身就具有社会属性，因此依托于此的新闻客户端也就天然地具备了社会化特质。新闻客户端是个人化的移动新闻终端，每一个新闻客户端背后都有一位个性化的用户，这就决定了新闻客户端并不是各自独立的，而是具有社会化的特点，用户的社会角色甚至社会关系都会影响到新闻客户端的内容构成。此外，越来越多的新闻客户端整合了微博等社会化媒介或社交媒体，这就更加强化了它的社会化属性。

第五，"付费墙"的应用。当前，"付费墙"越来越多地被用到移动新闻客户端中。内容付费市场的雏形在国内逐渐形成，从读者需求来说，线下的信息分层需求也会于线上出现，而这种超越大众性的需求本身即隐含着付费意愿。从供给层面来说，新闻内容质量的下降已经显性化，引发了各相关方的高度关注。从市场背景来说，知乎、得到、喜马拉雅等新兴平台，以知识付费名义打造的各种实用性、功能性课程，拓宽了付费阅读的用户基础。

2. 新闻聚合客户端

新闻聚合客户端也称聚合新闻客户端，就是各类媒体机构聚合传统媒体为主的新闻信息，以及自媒体平台热点信息源，结合受众兴趣爱好及浏览历史，基于受众主动搜索、个性订阅等操作，对全平台新闻信息展开精准推送的产品形式。

新闻聚合客户端形成了一种全新的网络传播模式，它既不同于门户时代的传播特点，又不同于其他类型的移动客户端传播形态。可以说，新闻聚合客户端的个性化推荐机制、机器算法与编辑互动的双重运营模式，不仅符合移动互联网的发展逻辑，而且开创了媒体信息生产与传播的新潮流，并逐步进入常态化发展阶段。

（1）新闻聚合客户端的兴起原因

新闻聚合客户端兴起于技术推动下的媒介变革。我们已经进入了大数据时代，大数据使得信息在数量和种类上都急剧增长，人们的生活与信息获取方式发生了巨大改变。通过大数据，媒体能够收集和分析不同场景中高度个性化的行为信息。基于此，算法推荐技术被应用于媒体产品当中，推荐系统能有效地帮助用户快速发现感兴趣和高质量的信息，提升用户体验，增加用户使用产品时间，并有效地减少用户浏览到重复或者厌恶的信息带来的不利影响。

一般情况下，推荐系统越精准，用户体验就越好，用户停留时间也会越长，也越容易留住用户。

用户对内容价值的需求提升是新闻聚合客户端出现的另一原因。在移动互联网时代，技术的便利性和易操作性大大降低了网民媒介接触的难度，传播渠道在时间和空间上加速了信息的爆炸式增长。但与此同时，用户越来越难以在海量的信息中发现自己感兴趣的内容。

一方面，人们开始排斥新闻信息，避免其过度侵入生活空间；另一方面，对于选择被动接收新闻信息的人来说，也已经在新闻的"教化"下变得更加浮躁不安。部分媒体在利益的驱使下，用大量边缘性内容充斥信息流。网络媒介让用户获取内容资讯的入口变得更加丰富，但生活节奏日益加快的人们并没有时间去——阅读，人们急需一种帮他们筛选、分析价值内容的新媒介手段。

科技巨头抢占入口的市场背景助推了新闻聚合客户端的兴起。大量商业资本、技术和人才等资源不断地向新媒体倾斜，许多得到了充分注资的科技公司，强势进军媒体领域，甚至也在以科技之名改造着媒体，革新着传统新闻生产方式的各个环节，这些新产生的科技产品成为新闻分发的新渠道。在广泛集中了所有可利用资源的前提下，新闻聚合客户端成为自媒体和传统媒体机构共同参与其中的新闻大平台，获得人们的一致喜爱，并积累了越来越多的用户群体。

传统媒体的转型在一定程度上推动了新闻聚合客户端的兴起，传统新闻传播渠道以大众为目标受众，关注批量生产忽视了对个体用户的真正需求，在迎合移动用户追求多样化新闻的环境中有些力不从心。传统媒体的新闻客户端由于技术薄弱，导致内容阅读体验单调，并且其在多媒体呈现方式和操作方式上均有待提高。多元的内容、单一的传播成了阻碍媒体转型融合发展的绊脚石。面对互联网行业的强势扩张，传统媒体在媒介融合过程中呈现出颓势。用户喜欢的是能够提供更多内容的融合性新闻产品，于是个性化推荐的新闻聚合客户端受到追捧。

（2）新闻聚合客户端的传播模式

从新闻生产视角看，新闻聚合客户端是新闻资讯分发平台，而非新闻生产平台，它分离了传统新闻内容的生产和分发，主要负责新闻内容的聚合和个性化的分发。在内容聚合方面，新闻聚合客户端会将新闻网站、公众号、传统新闻客户端和社交媒体的内容不断进行抓取，并通过整合、转码等方式加载到平台上；在个性化分发方面，基于用户画像推荐、协同推荐或标签推荐，系统会将用户可能感兴趣的内容推送到用户查看的信息流或通知栏内。

从交互性来说，新闻聚合客户端的信息交互方式更多样，社交性增强。与传统的新闻客户端相比，新闻聚合客户端的信息交互途径更加丰富。传统新闻客户端的交互方式只是简单地点赞和评论，而新闻聚合客户端增加了多种方式的互动。以"今日头条"为例，在新闻信息流页，用户可以通过下拉的方式刷新内容；在新闻内容页，用户可以用文字、图片、表情、GIF 动图等进行评论，还可以点击"不喜欢"按钮，从而不再接收某作者或某个领域的推荐。此外，"今日头条"聚合了微头条、图文、短视频、长视频、问答等功能。用户传播行为参与还包括用户提供资讯爆料、发起热门话题讨论、发起问答等，能够使用户实时化地参与社交互动和信息反馈，提升了话题讨论的互动程度，也逐步让新闻聚合客户端社交属性增强。

从用户理念层面来说，精准推荐和 UGC（用户生产内容）模式是其主要特征。这一理念指的是，新闻聚合客户端在为用户提供个性化、定制化的精准推荐时，还为媒体机构、自媒体提供信息发布平台，媒体机构或个人能够在这个发布平台上推送自身生成的信息内容，该平台根据相应的技术功能，将推送的信息内容有选择性地精准分发至其他有需求的用户。在"今日头条"上，很多组织、媒体、明星、普通用户都入驻其中，为平台提供源源不断的内容。

从新闻把关层面来说，智能把关模式贯穿新闻生产与分发。智能把关模式逐渐"入驻"新闻生产与分发过程，体现在新闻聚合类平台中的新闻内容创作、新闻内容审核、新闻内容分发三个环节，表现出算法式指导、精准化识别、个性化推荐三种不同的把关形态。但值得注意的是，新闻内容审核如果过于倚重"人工智能"，易增加决策失误的风险。尤其在初审阶段，智能算法依据"内容库"中的内容来对海量稿件进行审核，看似公正，实际上难以涵盖更全面客观的状况，人工审核在一定程度上能弥补这一缺陷。

（3）新闻聚合客户端面临的问题

其一，用户长期接收"过滤泡"信息。过滤泡指的是机器推荐算法技术正使用户获取的信息日益个性化、窄化和固化，接收到的信息往往会受到其固有行为记录的影响，并容易被机器算法操控。新闻聚合客户端实质就是一个过滤泡，用户只能收到经由过滤泡的信息，而其他信息都被排除在外，久而久之，信息的价值偏向也会被固化。用户由于受到机器算法的操控，真正的需求信息难以获得，而得到的信息可能是其本不需要的。部分媒体意识到"过滤泡""信息茧房"的存在，开始通过技术手段发起"戳泡"运动，尝试在信息分发中摆脱思维定式的桎梏，开放、包容地帮助用户接纳全方位的声音。

其二，新闻聚合客户端面临着侵权问题。以新闻聚合客户端为代表的新媒介形式所引发的版权争议从未停止，目前，新闻聚合客户端的内容除了版权合作、入驻媒体或个人供稿外，仍有大量的内容是对互联网数据的大规模爬取。关于新闻聚合客户端内容是否侵权要根据具体情况来判别，但解决好侵权问题是新闻聚合客户端实现长远发展必须面对的问题。

其三，虚假信息、无聊信息、网上谩骂、人身攻击等内容严重污染了媒体平台的内容池，以公共利益为借口进行个体利益表达的文章层出不穷，同时个性化推荐机制诱发某些自媒体人为了换取关注选取大量不良信息撰写文不对题的文章。个性化推荐技术主要使用协同过滤算法，帮用户过滤掉不熟悉、不认同的信息，使得人们在不断重复中强化了固有偏见。身处信息茧房，接收渠道窄化，缺乏观点的交流碰撞，易在不同群体间树立阻碍沟通的高墙，用户更倾向于接受与自身立场、观点及态度一致的内容，对相悖的信息会有意无意地回避。与此同时，"今日头条"还提供了便捷的社交服务，用户会选择与自身爱好相似的人交流，继而形成网络社区。在该社区中，每个成员对同一件事情的看法基本一致，这极易造成群体极化。

第二节 社交类媒体

一、网络社区、博客与即时通信

网络社区是以现代信息技术为依托，由具有共同兴趣或需要的网民群体在互联网上组成的虚拟生活空间。它极大地扩展了网民的活动空间，并在发展中积极融入新鲜的、有益于信息交流的各种技术元素，一直占据网络媒体的主流地位，成为互联网精神的一个核心概念，也是社交媒体发展的重要源头。SNS 则是网络社区的发展变体，以"圈子"的构建、发展和"交往"的密切为目标，以娱乐类应用服务为拉动点，正在细分用户市场，努力拓展互联网的长尾需求。

（一）网络社区

当前，互联网上的网络社区种类繁多，形式多样，它们以各自不同的传播形态和服务方式聚集起一群具有共同兴趣和需求的网民。目前网络上主要存在四种社区：趣缘型网络社区、社交型网络社区、幻想型网络社区和交易型网络社区。

1. 网络社区的传播特性

从传播学角度看，网络社区作为虚拟社区的一种，除具备"社区"的基本特征，如人群的聚集活动、共同的行为规范外，还具有互联网赋予的独特的传播特征。

（1）非线性的互动传播模式

在传统网络社区中有大量的参与者，每个参与者都可以自由地搜索自己感兴趣的信息，还可以把自己的信息放到系统中，与他人共享，这种"一对一"或"一对多"的交流形成了一种发散型的网状传播模式。

（2）主客体同一的传播方式

传统网络社区中的传播是传授主客体同一的传播。由于网络社区的开放性和互动性，任何人都可以发布自己需要的信息成为传播者，也可以接受别人发布的信息而成为受者。值得注意的是，在传统网络社区中，把关人并没有消失，意见领袖也依旧存在。

（3）社区建设的自组织性

人们之所以能够在网络社区中交往，是基于相同或相近的兴趣爱好，以及互补的利益需求，不需要任何专门的行政机构来规划，而是其"居民"自组织的结果。一个网络社区的存在，不仅要求网络管理员为其提供技术保证，更需要社区成员的参与和投入。在网络社区中，"居民"不再是信息的被动接受者，而是信息的主动提供者；不只是社区设施的使用者，更是社区设施建设的参与者。网络社区所有成员共同建构了这个空间的社会秩序，同时又被这个社区所影响。

2. 网络社区的社会影响

网络社区中的信息公开透明、气氛自由民主，这些特质也深刻地影响着现实社会。一些主流社区，如强国论坛、天涯社区、百度贴吧等都积聚了大量的人气，对现实社会中的重要现象和事件进行热烈的探讨。在共同探讨相同和相似主题的过程中，网络社区加强了社会阶层间的凝聚力，这种凝聚力不仅体现为地区、人群、阶层的汇聚，有时甚至反映了民族情结的聚合。

新一代社交网络社区，符合现代人的生活节奏，具有明显的人际传播优势和爆发式传播的特点，能够在很短时间内聚集大量的关注。由于社区用户参与性和分享性都比较高，社区热点事件往往能够借助各种渠道和方式来扩大传播范围。

（二）博客

博客是继 E-mail、BBS 等之后出现的重要网络交流方式。这种传播方式为个体提供了信息生产、积累、共享、传播的独立空间，可以从事面向多数人的、内容兼具私密性和公开性的信息传播，因此又被称为"自媒体"（We Media）或"个人媒体"。

博客主要的特点是：更新频繁、信息即时流动，逆时序排列文章，优先呈现最新信息；博客的内容由个性化的"帖子"组成，体现个体的思想与智慧；各个"帖子"的内容以"超链接"的形式表现，并与其他网页或者博客实现超链接；博客第一次实现了自我传播、人际传播、组织传播和大众传播等多层次传播方式的集合。

（三）即时通信

即时通信是指通过专门的网络即时讯息软件，依靠互联网和移动通信技术，在用户之间建立起来的直接联系和实时交流的通信系统。随着互联网的迅速发展，即时通信已成为人际传播中最重要的沟通工具之一，也是中国社会化网络的重要联结点。

1. 即时通信的特征

即时通信作为互联网上最重要的人际传播工具，在数字环境中最大限度地模拟了"面谈"，传播与接收几乎是同步进行的。与面对面交流相比，即时通信交流具有较强的可控性。用户可以自主选择交流对象，控制交流的节奏，一旦用户想要终止交流，很容易就能找到各种借口，而不像面对面交流那样碍于情面维持交谈。

即时通信将身份、地位、阶层有差异的人带到同一传播情境之中，以虚拟、非直接的交流环境能在一定程度上消除差异、降低紧张感，使人们得以更自由地表达，从而表达了行动者的参与诉求。

即时通信工具实现了多媒体信息的交互传播，用户可以自由地通过文字、语音、视频等多媒体手段进行交流。即时通信工具中加入的表情符号、网络语言等新兴交流方式，使得整个交流过程更加丰富、生动、有趣味。

2. 即时通信的发展趋势

（1）移动即时通信

传统即时通信工具已经实现从 PC 端向移动端发展，手机 QQ、微信等即时通信软件已成为人们日常生活和工作离不开的工具。

（2）视频化拓展内容呈现形式

长期以来，文字、图片和声频作为即时通信内容的主要呈现形式，面临着内容丰富程度不足等问题。短视频作为内容传播的新形式，为上述问题提供了良好的解决方案。很多即时通信平台推出"视频号"功能，这一功能上线半年后日活跃用户就突破了两亿人次。

（3）即时通信从大众化服务转向垂直细分

随着移动技术的发展和场景化的到来，细分场景显示出了对即时通信的更大需求，即时通信厂商也在不断寻找特殊使用场景或特定行业的细分市场机会。如腾讯针对驾驶场景，推出生态车联网解决方案，帮助用户实现语音交互、方向盘按键唤起微信等功能；一些大型科技公司推出企业即时通信产品，将企业即时通信与云服务进行融合，使其成为连接企业需求和云端能力的中间节点；钉钉、微信等即时通信产品面向学生和儿童群体开发定制版产品，为未成年人提供简单、纯净、有效的学习工具。未来各个场景与即时通信的使用联系将更加紧密。

二、微博

（一）微博的传播特性

1. 信息传播的碎片化

微博的信息传播具有碎片化特点主要体现在两个方面：一是用户使用时间的碎片化。书写终端的多样性和移动性，使得微博用户可以利用任何碎片化的时间来完成信息传播。二是微博内容的碎片化。微博的内容主要是文字、图片以及视频三种形式，虽然取消了 140 字的字数限制，但为了传播效果，我们看到的大部分博文还是比较短的，视频也基本以短视频为主，并且其信息内容有较强的随意性和无组织性。

微博的这种碎片化特点不但契合了当今人们快节奏的生活方式，更在深层次反映出后现代的时代特征。后现代的不确定性、零散化、无中心、弥散性、多元性等特点，集中表现为微博信息传播的碎片化。

2. 传播过程的草根性和平等性

相对于博客来说，微博的信息传播更具草根性，用户在信息传播过程中的地位更加平等。这种草根性和平等性最主要是由微博自身的特性所决定的，与微信、QQ 相比，微博的媒体属性更强，能承载更多的 UGC，用户在这里可以相对自由地生产内容，限制较少，门槛也比较低，只要你的内容够新、够有吸引力，你就能获得关注，这也是微博上有很多"草根博主"的原因。在微博中，任何人都可以平等地表达，任何人都有机会被关注。

3. 传播内容的原创性和现场感

相对于其他自媒体，微博的内容更具原创性。这一原创性特征在很大程度上源自它的即时性和移动性，用户可以通过手机或即时通信工具实时记录各种见闻和观点、感想等，其内容摆脱了对专业写作者或传统媒介的过度依赖，任何用户都能成为微博原创者，并充分享受信息传播和互动的快感，而其他跟随者的实时互动更能激发用户的表达欲和创作欲。

微博内容的原创性加上即时性和互动性，为用户带来强烈的现场感。尤其是在一些突发事件或重大事件发生过程中，微博用户可以利用移动媒体实时发布信息并与跟随者进行互动，这就使得所有关注这一事件的用户有了身临其境的现场感。

4. "背对脸"式的信息交互方式

与博客中面对面的"表演"不同，用户在微博上的交流是一种"背对脸"的信息交互方式，就好比你在电脑前打游戏，路过的人从你背后看着你怎么玩，而你并不需要主动和背后的人交流。这种"背对脸"的信息交互可以是"一点对多点"，也可以是"点对点"。微博的这种"背对脸"的信息交互方式，在很大程度上是对现实社交网络中人际传播机制的复制和拓展。相对于博客来说，微博的信息交互更接近于现实中的人际交互，加上网络的匿名性和高效互动，使得微博用户的黏性日趋增强。

（二）新浪微博的经营策略

1. 结合内容模式与产品功能，构建社交传播媒介

微博凭借内容和功能特性成为我国公共议题中心和最佳社交传播媒介之一。内容上，用户在使用微博时，可以使用多种表达形式，让每一位微博用户拥有了"发声"的机会，共同构成了 UGC 的内容生产模式。同时微博的表达形式也在随着用户的使用而不断升级，从最初的有长度限制的文字表达到能满足深度阅读的头条文章，从最初的图像传播到短视频传播，微博及时把握用户的使用需求，跟进新媒体的最新发展动态，逐步完善其产品迭代。微博有两种重要的社交功能，包括以"转、赞、评"为主的基本互动功能，和以微博热搜与热门话题为主的舆情汇聚功能。微博广场式的社交属性使得微博成为公共议题的讨论中心，一度引起了学界对"微博是否能够成为中国互联网上的公共领域"的讨论。

2. 媒体机构与政务机构入驻，构建移动政务平台

微博对政府的政务公开、网络舆论和民意反馈都具有重要的意义。媒体机构与政务机构的入驻，实现了媒体信息与政务信息的公开，打通了官方和民间的两个舆论场。

三、微信

（一）微信的生态圈

微信以"熟人社交"的姿态进入公众视野，将传统手机媒体的核心信息与移动社交应用联结起来，为其构建微信生态圈奠定了基础。

微信的早期竞争者是新浪微博。微博从一个广场式的社交媒体发展为"弱连带关系社交＋强媒体"的模式，原因在于：一方面，微博的"全民观看式"社交让参与者难以和朋友进行深度社交，社交的意愿和隐私泄露的风险相冲突；另一方面，当下转型期中国的社会矛盾让公众对微博滋生了"媒体期许"，大家在众声喧哗中形成网络舆论，网民都积极参与社会治理。这样的期许同样投射到微信上，微信朋友圈中有大量的时政新闻及评论，使用者以小范围公开讨论的方式发表自己的意见，不论是长篇大论还是三言两语，汇合起来都能形成网络舆论。微信在产品设计上刻意避开过度的"媒体属性"开发，以免"媒体属性"冲淡"社交属性"。

（二）微信中的三类传播模式

1. 朋友圈中的人际互动

微信朋友圈的诞生形塑了一种崭新的在线社交形态，即"晒与观看"的网络对话模式，这种无须特定话题的静默型在线社交方式构成了日常生活内容的"流瀑式"景观，让"身体不在场"的熟人朋友可以通过网络来观看或观察彼此的生活。微信朋友圈的这种独特社交方式吸纳了众多网络用户。

社会学家戈夫曼在《日常生活中的自我呈现》中早已提出，日常生活是一个表演的舞台，人们依据既有的社会规范来"扮演"各自在不同场合中的角色，管理好自己的形象，给他人留下好的印象。朋友圈中的"自我呈现"则更具选择性，人人都试图展示出更具个性化的生活，这种修饰之后的网络表达有时会与真实的日常生活状态形成巨大的偏差。

2. 微信群中的群体传播

参照腾讯早期最重要的社交产品 QQ 的人际交流模式，微信也设有"群"传播。最初对群的规模有限制，控制在数十人左右；随后不断扩大，直至 500 人大群。微信群内的人际交流也从小群体的熟人社群演变为大群体的"半熟"社群，群体交流的内容和群体间的亲疏程度也随之发生改变。小规模的熟人群体往往是现实社交联结的网络映射，如同学群、同事群等，依托微信群进行日常的信息交流、事务协作等，使个体的群内信息交流较为均衡。

"半熟"模式的微信大群则和小群差异较大，在群规模不断扩大的过程中，群内结点的紧密度被稀释了，不少人都会有陌生的感觉，不认识群内的大多数人，直接导致了更多群内个体的失语。微信中的大群以及数百人的超大群一般是围绕特定议题构建起来的，群内成员以"滚雪球"的方式聚集起来，群主是绝对的言论领袖，群中也有一小部分的言论积极者，但他们贡献了绝大多数的群内信息。

3. 微信公众平台的广播式推送

微信公众平台上有两种面向普通用户的信息推送方式：一是广为熟知的订阅号，用户可以从中获得大量的自媒体内容；二是帮助企业、政府机构等组织有效地服务普通用户的服务号。这两类公众号都是以广播的方式向用户推送信息，用户自由选取。由于这类信息不具有即时互动性，不具备"非看不可"的迫切性，会导致大量的冗余信息堆砌在手机上而不被阅读。

如果说朋友圈和微信群属于人际互动空间，那么聚集了大量自媒体的微信公众号和用户之间的互动属于人信互动。缺乏人际中介的人信互动往往动力不足、互动迟缓，造成了自媒体内容海量生产和鲜被阅读的两极化倾向。公众号中有不少文章获得了极高的阅读量和转发量，但基本是通过朋友圈的转发与传播得到的，足见人际传播的巨大黏性与紧密度。微信的多层级传播模式综合了熟人群体与半熟群体，打通了人际传播与信任传播，形成了巨大且开放的传播、服务与媒体平台，成为人手一份的重要移动应用工具。

四、小程序

小程序的发展与网页程序和轻应用密切相关。网页程序，顾名思义就是在网页上运行应用程序，这种探索主要在桌面互联网时代进行，网页程序有较大的不稳定性，功能也没有完整版的电脑软件完善，最终没有形成成熟的使用媒介样态。

轻应用是一种无须下载、即搜即用的全功能 App，既包含了原生应用的用户体验，又具备移动终端网页程序的可被检索与分发的特性，力图解决应用和服务与移动用户需求对接的问题。

（一）小程序的场景需求

移动互联网时代的"小需求"，指的是用户个性化、专门化的小众需求。从长远来看，这些"小需求"市场是一个有巨大开发潜力和巨大用户需求的差异化场景。小程序具有的产品特征正好可以满足用户特定的碎片化"小需求"场景。

1. 低频需求场景

从用户角度来说，为了满足低频度需求或者基于某种情景的临时性需求，用户往往不想再下载一个客户端。小程序无须下载，具有即搜即用的"轻"的特点，加之微信巨大的用户规模，使小程序获得了海量用户关注度，庞大的用户基数使之很好地适用互联网低频需求的场景。

2. 个性需求场景

小程序与功能强大、通吃一方的 App 不同，它面对的是一个极度细分化的、差异较大的市场，很难形成"规模经济"，但是在互联网的用户需求中，95% 的需求是个性化的、情景化的低频使用的"小需求"，这些"小需求"被一个无限连接且连接成本几乎为零的巨大网络联结在一起时也会产生不可限量的活力和价值，小程序恰恰做到了这一点。

3. 平台需求场景

形形色色的 App 已经占据了互联网服务平台，这个时候微信只能出其不意，从 App 的使用痛点出发，开发出更为优质便捷的联结，方可激活更多线下服务和商业价值变现的场景。对小程序来说，首先要建立场景关联认知，让用户在一个特定需求下想到相应的小程序。在既有场景下，把原本需要下载 App 才能完成的动作，以更简单的形式、降低用户成本来完成。小程序的出现是对微信"平台级应用"属性的进一步升级与完善，同时也极大地增强了微信用户活跃度。

（二）小程序的发展趋势

第一，差异化。小程序不能复制 App、公众号的内容和模式，而是应基于小程序平台特色走差异化发展之路，在平台格局中找准自身所处的位置。小程序的优势在于内存小、逻辑简单、页面简洁、操作便利，在这个追求快速高效的时代里，轻量化的内容和形式应该是小程序保持的状态，与其做大而全的应用，不如做小而精的特色应用，填补各类平台发展的空白，形成与其他类型平台共同发展的态势。互联网头部平台百度、支付宝和腾讯的小程序应用也各有差异。百度小程序以"搜索＋信息流"双引擎为驱动，锁定用户的精准需求，提供对应的智能小程序以满足用户的进阶服务；阿里以支付入口为优势，积淀零售生态和布局本地服务，使得支付宝小程序的生态伙伴与服务客户更多地集中在近场服务范畴；腾讯小程序则以微信和 QQ 为基础，具有熟人社群服务的优势。独特的社交性成就了不同的商业价值，如购物小程序服务社区等。

第二，社交化。"社交＋"已是媒体升级其传播价值的重要路径。在社交关系较为成熟的移动平台做小程序为使用者提供了巨大的便利，可以根据不同的社交场景开展不同的社交活动，在微信群聊、朋友圈、好友聊天等界面拓展交流和互动方式，重点在游戏互动、创意分享和实用工具等方面，满足用户的社交化需求。

第三，智能化。利用算法技术个性化推荐和分发内容已经是普遍采用的手段，小程序要依靠移动平台的大数据，完善自己的算法模型。小程序的个性化甚至可以更加自由，根据用户的喜好，模块式推荐内容，还可以利用多个不同的小程序实现关联性推荐。由于小程序的本质是应用程序，很多智能技术都可以加载到上面，如 VR/AR、人工智能、传感器等技术为基础内容和服务都可以用小程序来呈现。

第四，生态化。一个轻量化的小程序力量可能微小，但一个个小程序靠一定的逻辑关联起来形成的小程序集群，构建出的小程序生态，便可爆发强大的影响力。目前小程序已经形成了十大体系，包括腾讯系、阿里系、百度开源联盟、字节跳动系、手机厂商联合、京东系、360 系、美团系、网易系以及快手系。要发挥原有品牌力量在小程序中的影响力，打造小程序品牌，争取在小程序市场中占领先机。要布局小程序与其他应用、产品的对接，利用小程序延长产业链。2020 年小程序生态链已经趋于完善，生态边界基本成型。小程序的整体生态由平台方、服务商、开发者以及外部机构四大板块组成。服务商可以分为开发服务商、小程序商店、营销服务、数据服务、代运营服务以及 MCN 机构等，开发者根据其内容可以分为网络购物、生活服务、游戏、政务、内容资讯、视频、工具、社区团购、线下零售、餐饮、旅游、教育、图片摄影以及社交等多个种类，外部机构则是由媒体以及投资者两部分构成。这四个板块在小程序互联网生态中也有自己的功能与作用。服务商为平台方提供支持，为开发者提供运营方法、数据支持等，为外部机构实现投资回报；平台方为服务商提供资源，为开发者创造商业赋能；开发者为平台方实现商业、社会价值以及完成用户沉淀、为外部机构生产内容以及产生投资回报；而外部机构则为开发者宣传、投资以及进行资源整合，对服务商投资，并为其实现资源的对接以及服务提供保证。

五、移动办公平台

（一）移动办公的概念

OA（Office Automation，办公自动化），即办公人员可在任何时间（Anytime）、任何地点（Anywhere）处理与业务相关的任何事情（Anything），是一种新型的办公模式。通过移动办公，办公人员不但可以突破时间和空间的限制，而且能提高工作效率和协同办公强度，轻松地处理紧急事务。

移动办公平台是建立在以手机等便携终端为载体实现的移动信息化系统基础上的平台，该平台将智能手机、无线网络、OA 系统三者有机结合，开发出移动办公系统，实现任何办公地点和办公时间的无缝接入。它可以连接客户原有的各种 IT 系统，包括 OA、邮件等各类个性业务系统，使手机可以用以操作、浏览、管理公司的全部工作事务，也提供了一些无线环境下的新特性功能。

（二）移动办公平台的发展及典型案例

办公平台最初广泛应用于 PC 端，而随着移动设备技术和网络通信技术的发展，移动办公平台发展势如破竹。概括来看，移动办公自动化系统建设主要经历了以下三个阶段：

1. 离线式移动办公

20 世纪 90 年代出现的笔记本电脑为移动办公需求提供了首次技术上的支持，于是人们可以通过笔记本电脑在任何地方工作，但由于通信技术的局限性，访问公司内部网络基本上无法实现。此时，信息交换是通过回到办公室后的同步来实现的，也就是邮件同步、日程同步技术出现的时期。

2. 有线移动办公

随着 VPN 技术的出现，为移动办公带来重要的契机，于是人们借助 VPN 提供的安全通道，可以安全地通过通信接入提供商和运营商提供的网络，在酒店或国际会议现场接入公司内部网，实现有线的移动办公。

3. 无线移动办公

移动通信技术的出现为移动办公带来了质的飞跃，移动办公才正式进入了无线时代。移动办公平台主要服务于企业，旨在推进办公协作。而大量规模较小的企业，没有开发自主移动办公平台的能力，或是考虑到投入与产出的价值匹配问题，于是选择了借助第三方平台。阿里钉钉、企业微信、企业 QQ 等移动办公平台的市场便由此打开。

钉钉是阿里巴巴旗下的移动办公平台，主要定位于中小企业市场。阿里云、淘宝、天猫等阿里系产品为钉钉引流大量客户，凭借着初期的免费电话功能和中期猛烈的营销攻势，钉钉用户数量快速增长。钉钉主要涵盖了日志、审批、公告、智能报表、视频会议、安心工资条、有成会务、阿里商旅、天猫企业购、金牌团队等模块功能。

在钉钉的移动办公生态模式下，钉钉与 ISV（Independent Software Vendors，独立软件开发商）及硬件厂商联合，共同为企业用户提供应用、服务和硬件的组合。目前，钉钉的智能办公硬件涵盖智能前台、智能通信中心和智能投屏三大品类。除自主研发的产品外，钉钉也将硬件标准和底层技术开放给其他硬件厂商。企业可以使用钉钉连接软件和硬件，实现场景化的智能管理与远程交互。钉钉的服务不仅面向企业本身，更通过接入商旅、订餐、打车等企业级服务商，向员工提供多维度服务。

（三）移动办公平台的发展趋势与挑战

当前，移动办公用户需求集中爆发，市场正处于较快增长阶段，市场规模迅猛扩大，移动办公应用正在向平台生态化的方向发展。为满足企业使用需求，移动办公平台应把专业化、个性化、智能化引入服务体系，将各种业务加以融合，既可以提升用户的体验满意度，又能在巨量的数据中挖掘价值，为企业发展决策部署提供参考。移动办公同时也助力了"新就业形态"的形成和完善，通过增加全社会就业弹性、提升劳动参与率，为"新就业形态"发展提供保证，在保就业、稳就业方面发挥了重要作用。

虽然移动办公平台已经在很大程度上为办公效率的提升提供了便利，但也带来了一定的问题：由移动办公导致的信息安全隐患不可小觑，手机、平板等移动手持设备造成的数据丢失和泄密事件层出不穷。如何保证企业数据的安全性、一旦设备丢失该如何处理、如何监控员工个人设备的使用、如何限制这些设备的访问权限，这些都是企业不得不面对的现实问题。

应用个人移动设备进行移动办公将使商务办公和私人活动的界限越来越模糊，这种趋势将直接导致企业在管理移动设备的安全，以及避免重要数据外泄方面面临更大的困难。因此在这种情况下，如何管理复杂的移动设备应用环境、如何将这些移动设备与现有企业系统平台进行整合，从而保证个人移动设备的数据安全问题，便成为企业最为迫切的需求，也是移动办公平台面临的最大挑战。

第三节　智能媒体

一、智能可穿戴设备

数学家和人工智能先驱西摩尔·帕伯特认为："计算机是像海神普罗透斯一样多变的机器。"普罗透斯是希腊神话中能任意改变自己外形的海神，市场的膨胀和新技术的涌现将推动智能设备诞生新的形态和新的应用场景，譬如形态各异的可穿戴设备。

智能可穿戴设备可以被简单理解为佩戴在用户身体上，或整合在衣物中的终端设备。但目前学界对智能可穿戴设备的概念尚未有权威定义。可穿戴设备之父史蒂夫·曼恩认为，这类设备是"可穿戴在身上外出进行活动的微型电子设备"。麻省理工学院媒体实验室认为：智能可穿戴设备是计算机技术结合多媒体和无线传播技术，以不凸显异物感的输入或输出仪器（如首饰、眼镜或衣服），实现连接个人局域网络、侦测特定情境功能或成为私人智慧助理，进而成为使用者在行进动作中处理信息的工具。

国内也有学者将这类设备定义为："综合运用各类识别、传感、连接和云服务等交互及储存技术，以代替手持设备或其他器械，实现用户互动交互、生活娱乐、人体监测等功能的新型日常穿戴移动智能终端。"综上所述，这里认为智能可穿戴设备是能够穿戴于体表，具备强大的信息收集与分析功能的微型智能终端，并且具备与用户和其他设备交互的能力，可作为其他智能设备功能的延伸、人体感官的延伸，或作为用户新的电子器官。

（一）智能可穿戴设备的发展概况

1972年汉密尔顿手表（Hamilton watch）正式发布了世界首款数字腕表Pulsar，被众多学者认为是可穿戴设备的第一次正式亮相。20世纪70年代到80年代，诞生了有显示屏的可穿戴设备。进入21世纪，网络技术和无线传输技术的发展、微型处理器计算能力的提升和能耗的下降，使可穿戴设备智能化的设想成为现实，多家大型科技公司凭借自身强大的研发能力，已经推出多款针对不同感官的智能可穿戴设备。当下越来越多的科技公司看重可穿戴设备的广阔市场前景和应用空间，将其视为当前主流智能移动设备手机的替代者，也是沉浸式传播的载体。

1.智能头戴设备

智能头戴设备以智能眼镜和智能头盔目镜为主，目前分为AR/MR（增强现实／混合现实）、VR（虚拟现实）等种类。智能眼镜的显示方式被称为近眼显示，即NED（Near-eye display），将显示器上的像素，通过一组光学成像元件形成远处虚像并投射至人眼中。

其中AR眼镜需要使用户透视到现实世界信息，故成像系统需通过额外的一个或一组光学组合器以避开视线，将虚拟信息层叠至真实场景，融合并互相"增强"，产生新的可视化环境；同AR有所区别的是，MR眼镜是在虚拟中保留现实，借助ToF（飞行时间）传感器和SLAM（同步定位与建图）等技术，建立同现实空间结构一致的虚拟空间，并与虚拟信息进行交互，由于MR设备直接向视网膜投射整个四维光场，所以用户看到的虚拟物体和真实物体几乎是无法区分的。当下AR/MR设备的光学显示系统主要分为光波导和激光全息显示等技术，AR/MR二者并无明显界限。VR眼镜则是通过数字建模与拟真、隔绝现实环境的设备，利用头部和眼动追踪、动作捕捉等传感器和手柄、手套等外设，营造可交互的三维虚拟环境，向用户提供视觉、听觉、触觉等感官模拟，使用户的意识沉浸于无限的数字视野之中。

2.智能腕表和智能手环

1972年Pulsar问世后，其后几十年间IBM、三星、微软等厂商均做过智能腕表的尝试，都未突破实验性质。直到2013年和2014年，三星、苹果等厂商发布真正具有智能移动设备性质的腕表，这类设备才开始走向消费市场。厂商给智能腕表增加了运动、健康、安全、通信、娱乐等附加属性，伴随着智能手机的普及和自身性能的进步，实用性和功能性不断提高。智能手环市场也在 2010 年开始增长，但功能更基础，显示面积更小，价格定位也更低。目前苹果、三星、华为、小米、出门问问等厂商已经推出了通过内置 eSIM（嵌入式 SIM 卡）联结蜂窝数据的智能腕表，这意味着该设备具备了独立于智能手机的全天候在线能力，且安装有完整的操作系统，内置多种生命体征传感器和卫星定位、环境光、湿度、高度、加速度等传感器，支持扩展应用和第三方应用程序，发展成可以与其他设备直接交互的智能终端，同时还具有较为明确的应用场景，这种小而强的设备是未来重要的媒介形态。

3. 智能耳机和身穿式设备

在新的无线耳机市场爆发后，各厂商在耳机中增加了自适应主动降噪、触控、生物识别、翻译等功能，整合了语音助手，推动智能耳机支持更多的场景化服务，同智能音频一样，成为一种伴随性媒介，是内容平台的新领域。智能蓝牙耳机主要分为头戴式、颈挂式和分体式（亦称"真·无线立体声"，TWS）等形态，其中 TWS 在良好的人体工程学设计下，可以做到近似无感佩戴的体验，将私人音频场景拓宽至各种场合之中。

身穿式智能设备则在运动装备市场先行发展，通过在服装中植入心率、呼吸、血氧饱和度等多种传感器与手机互联，检测用户各项生物数据状态，并通过专属的应用程序做出分析。

（二）智能可穿戴设备的主要特征

低功耗和人体工程学设计，能服务于体验的设计才是出色的设计。成功的可穿戴设备需具备穿戴的舒适性和使用的灵活性，与用户身体结合时不会增加负担，同时，在当下电池技术发展到瓶颈之时，为了保证无线化设备的续航能力，智能可穿戴设备需要具有先进的电池管理技术和出色的节能设计。

具有数据采集能力和一定的独立计算、自主学习能力。智能可穿戴设备是一种感知媒介，其使用价值的重要方面就是收集数据和分析数据得出的结果，以及与人和物产生的多场景交互。目前市面上的可穿戴设备可以具备以下几种输入方式：身体数据感应、肢体动作探测、眼动追踪、语音、肌肉生物电、环境数据探测等。人的状态、行为和需求及所处环境被全方位感知并数据化，人体也因此成为完全意义上的终端，人体数据被独立使用时是个性化服务的依据，被集合使用时则是了解群体或社会动向的大数据基础。

实时和自然交互。在智能可穿戴设备的协助下，用户可以随时随地保持在线的状态，持续向生产者发送反馈。在物联网时代，随着移动通信速率和带宽的不断提升，智能设备不仅可以与用户实时交互，也可以与在线的一切物品互动，还可以让用户与虚拟物品在线互动，打破现实与虚拟的界限。同时，智能可穿戴设备的去界面化交互方式能够使得人的主体性回归，人机交互逻辑以感知的、直接的和经验生成的方式呈现，如语音、手势、眼动甚至是脑机接口等。

（三）智能可穿戴设备的积极变化

智能可穿戴设备提升了新闻内容的品质和专业性，营造"升维空间"和"自定义现场"，使大众传播拥有更丰富的感官体验，生产临场化新闻、传感器新闻和分布式新闻。在新型主流媒体的数据抓取和分析、内容生产和编辑上，智能设备的传感器可与新媒体聚合平台实时交互，结合 AI 生成更客观全面的报道，及时精准匹配并推送至用户，这对第一时间主导网络舆论阵地十分重要。对 UGC 或 PGC（Primordial Germ Cell）而言，智能可穿戴音视频设备能以更真实自然的视角完成素材收集，即时传播，创作者得以提升效率和质量，改变自媒体与社交媒体的生产、传播和消费方式。

对信息接收者而言，信息获取成本骤减。高度定制化推送的资讯直接融入生活场景，简化了用户获取实时信息的程序、提升了用户感知信息的速度和数量。这是新兴媒介从"相加"到"相融"的重要一步，不仅与技术平台相融合，构成新的媒体生态系统；以人为中心的智能可穿戴设备极强的个体伴随性，还可以使智能设备与我们的身体相融合，成为我们的电子器官，即赛博格化。

无论是对新闻传播还是娱乐、教育、医疗等行业，智能可穿戴设备的重要意义之一在于开启了一个以沉浸式传播为特征的"第三媒介时代"，修正了时间的即时性、不可存储性，并使空间媒介化。以智能可穿戴设备等为代表的数字技术能还原身体的整体性，达到多维度感官的再造与重组，从而让身体以真实与虚拟交织的方式"在场参与"，实现具身传播。借助上文提到的各类智能可穿戴设备，人类已经获得了在虚拟空间中复制感官和数字身体的能力，亦可使现实的空间成为与虚拟叠加的复合空间，屏幕嵌入场景，人机互嵌的身体是知觉与环境互动的中介，人与物可以互相感知，共同作为泛媒社会的节点。

二、智能音频

广播作为一种重要的伴随性音频媒体，历经一个世纪的发展后，至今仍在流量平台和车载终端等渠道活跃。而智能音频是音频服务向智能化迈进的产物，随着语音识别、自然语言理解、生成和合成等语音交互技术的进步，依靠智能音频连接的全场景生态，将成为新的互联网接入界面之一。

（一）智能音频的基本特点

1. 多样的场景化服务

音频是依托场景的内容。共性化场景由时间、空间与情境以及行为共性等要素构成，个性化场景由空间情境、行为惯性、社交氛围和即时需求等要素组成，智能音频以语音控制为中介，以用户为中心，跨设备、全场景覆盖，提供对应的共性或个性场景化服务，主要分为四种：私人移动场景、私人固定场景、封闭公共场景和开放公共场景。智能音频在家庭场景还可作为智能家居的入口，其语音交互属性和各品牌的"云"连接技术使其成为智能家居的控制中心，较小的体积可以在相对固定的位置摆放于不同场景，提供通知、社交、娱乐等服务，以及购物、外卖、出行、缴费等生活服务，同时作为 AIoT 的控制中心，使未来生活更为智能、便利。

2. 智能语音交互

智能化体现在技术和功能两方面：技术上具备了无线连接、可语音交互甚至是声纹登录的能力；功能上可提供音乐、有声读物、新闻资讯等内容服务，以及信息查询、O2O 等互联网服务、AIoT 等物联网服务以及场景化服务等。智能音频通过声音传播内容，以即时语音指令为主要交互方式，使得智能音频成为一种非接触式的伴随性媒体，得以应用于更多场合。

智能时代的交互从图形用户界面（GUI）向自然用户界面（NUI）转变，减少人机接触的语音交互模式，可以增强用户在媒介接触中的参与感和同步性，不仅降低了操作难度，在主动争取用户注意力和适应其使用习惯的同时，还构筑了用户与智能音频共融的沉浸空间。

这种语音交互依赖厂商或自身系统的大数据支持和硬件上的强大运算能力，以及机器学习用户使用习惯和场景等。目前 AI（Adobe Illustrator）语音交互主要需要四个技术模块：自动语音识别（ASR）、自然语言理解（NLU）、自然语言生成（NLG）和文本转语音技术（TTS），智能音频与用户的交互越多，越能更多地积累用户意图数据，通过词法、句法、语义、语境解析，在云端服务器分析处理并组织、合成语言，提供更有针对性的内容和服务。随着在声学特征的选择提取、语音识别和语言模型、模型训练与模式匹配等流程上不断突破，智能音频将更加全面、快速地理解用户需求。

（二）智能音频的积极变化和展望

1. 积极变化

目前智能音箱处于"首次采用者"（拥有智能音箱设备一年以上的人）阶段向主流用户阶段延伸的时期，对媒体而言，智能音箱为其带来了一个千载难逢的机遇。

从商业角度来看，新的媒介载体意味着新的内容价值延伸与变现的平台，音频在时间连续性上使广告的到达率更高，内容的独占性也为新闻媒体开拓了新的盈利点，智能音频成了广告的下一个战场。语音营销团队有两种做法：一是利用分析结构系统算法，确保广告在用户进行特定搜索时弹出。二是向用户提供特定服务，提高品牌曝光率，建立和维持用户黏性。

从内容角度看，智能音频也为媒体开拓了新场景的产品载体。譬如在车载平台，媒体和流量平台部署车联网产业链，如苹果、谷歌推出手机映射的智能车载系统"CarPlay"和"Android Auto"，还有喜马拉雅、考拉 FM、QQ 音乐等流量平台与车载平台深度合作。在车机功能的不断完善下，原生车载应用程序将成为用车场景的主流。

互联网改变了传统媒体的生态环境，广播这种音频媒体应重新审视自身的转型，用户群体也已向互联网音频迭代升级。互联网音频既涵盖了广播媒体的属性及特征，又延展了广播媒体的内涵及外延。互联网音频依托互联网平台，以音频为核心优势，兼具图片、文字、视频、VR/AR 等多种媒介呈现形态，线性传播与非线性传播并存、时效性即时直播与留存性常态订制并存，构建消费与生产一体的终端用户收听、平台互动沉淀、线下用户导流、用户精准画像的新型广播。

智能化平台可实现对海量、全天候的信息流智能分发，跟踪用户反馈。聚合平台的内容供应和自主学习进化，形成新的传播模式和综合性服务生态，做到分布式和定制化的内容生产、传播和信息消费，并挖掘个性、社交环境和时空情境的个体匹配要素数据，以及族群画像、文化和分布模式的族群匹配要素数据，还有社会环境特征、社会热点和平台特点的公共匹配要素数据，打造适合不同场景需求的、覆盖生态链的智能体验和陪伴式社交。

2. 展望

智能音频未来发展趋势之一是以语音为入口，建立以物联网为基础的商业模式。语音交互的未来价值在于用户数据挖掘，以及背后内容、服务的打通，以语音作为入口的物联网时代将会产生新的商业模式。语音交互产品是端到端打通的产品，需打造统一于系统本身的服务模式，使用户得以根据场景在不同设备中迁移服务，提高用户黏性。智能音频市场的竞争已升级为"云 + 端"生态链的对抗，涉及智能音频终端品质、平台智能化能力、音频内容资源丰富程度，以及日常生活服务和智能家居等。各 IoT/AIoT 厂商也积极布局，在以智能音频为中心的场景化服务体系中，智能音频正成为"万物互联"时代重要的内容形式，具备传输、计算能力的 IoT/AIoT 硬件承担信息采集、控制、交互功能，智能物联硬件成为付费内容、第三方服务、电商等资源的数据与流量入口，是云端服务供应商重要的数据抓取渠道，海量用户数据被记录分析，厂商将服务应用到生活中不同的场景，服务更为人性化。

而面对当下物联网设备的庞大市场，联网设备的高可靠性、低成本、架构灵活性和扩展性、通信方式和传输协议、兼容性、云端对接等都成为必须考虑和解决的问题。基于此，针对低算力、低功耗的 MCU（微控制单元）的物联网操作系统（IoT OS）应运而生，这是一种"端—云"一体化的轻量级系统架构，通常面向物联网边缘设备。具有代表性的系统有 FreeRT OS、ARM Mbed、阿里的 Ali OS Things 等。以 Huawei Lite OS 为例，被称为统一的物联网操作系统和中间件软件平台，应用于智能家居、智能可穿戴、车联网、工业互联网等 IoT 硬件上，与 Lite OS 生态内的硬件互通，进一步扩展实现"物与物""人与物"之间的信息交换和共享。在物联网时代，我国有望发展出完全自主的 IoT OS，推动国产物联网芯片产业的繁荣，这对物联网产业的健康与安全可控至关重要。

5G 等高速互联技术的逐步普及也将拓展智能音频的使用场景，在高速率、低延迟和大带宽的连接条件下，智能音频将迎来功能、形态和用户体验的演变，例如音质提升、实时音频互动、更好的音画同步等。当前，在技术局限下，深度学习模型无法在用户终端上运行，但在新型互联网技术和多模态 AI 芯片等技术的赋能下，与云计算、人工智能的结合将产生更多的商业和娱乐价值，例如对机器语音的美化和情绪修饰、声音克隆、多模态语义理解等，甚至可以感知用户情绪，未来的语音助手，也许会以定制的虚拟或实体形态呈现，作为能够自我进化的全能信息处理者，可主动判断并预知需求，成为兼具情感性和工具性的成员。

第三章 高校教育教学与教学管理概述

第一节 高校教育教学的内涵、特点和创新性特征

一、高校教育教学的内涵

虽然教学是教育学的一个基本概念，但由于人们对教学的认识角度、认识方法等不同，对教学概念的解释也不尽相同。最广义的教学可以包括自学、科研甚至生活，而狭义的教学可以指在某时、某地发生的教学活动。

也有人解释为：教学乃是教师教、学生学的统一活动，在这个活动中，学生掌握一定的知识与技能，身心获得一定的发展，形成一定的思想品德。教学是教师的教和学生的学所组成的一种教育活动。通过教学，教师把人类长期实践积累起来的科学文化知识，有目的、有计划、系统地传授给学生，培养他们认识世界和改造世界的能力，使他们迅速成为有社会主义觉悟、有文化的劳动者。

以上这些观点主要强调了学校中形态多元的教学活动，都必须是教师教和学生学的统一，即教学是教与学统一的活动，不能将其只看作教或者只是学；强调了教师主导与学生主体的统一，教师不能代替学生成为学习的主体，学生的学也只有在教师的指导下才能更好地发展；强调了教学的全面性，教学不仅仅是知识和技能的传授，更重要的是学生情感的升华、品德的完善，强调教学生学会做人。

高校教育教学的基本形式是班级授课制，主要是教师和学生以课堂为主渠道，在教师的教和学生的学的统一活动中，通过教材，以交流、合作等方式，达到教学目标，促进学生发展。可以说，教学是一个动态完整的过程，从教学目标的设定、教学过程的实施到教学反馈的形成，成为一个整体系统。课堂教学作为一个复杂系统，结构要素有很多，主要有教学目标、教学内容、教学方法、教学环境、教学评价、教师和学生七大要素。其中，学生是教学的主体，所有的教学活动都围绕学生这一主体展开，学生既是教学活动的出发点，也是教学活动的落脚点；教师在教学中起着关键作用，所有的教学要素都通过教师发挥主动性调整，从而影响学生的学习活动，达到教学过程最优化，取得最大的教学效果。

二、高校教育教学的特点

（一）特殊的教学对象

和中小学相比，高校的教学对象有很大的不同。高校的教学对象大多是已经成年的青年，相较于中小学生而言，他们在生理和心理上都要成熟得多，包括认知能力在内的

各种能力都有了很大的提高，具有明显的特殊性。

首先，高校的教学对象各种知觉都较成熟。由于年龄的增长，大学生各种感觉器官都已发育成熟，对各种知识和技能的学习不仅仅停留在认识的层面，还会根据自己已有的经验和知识基础去深刻地理解和运用，并且可以对所学的知识进行加工和重组。此外，大学生除了可以快速地接受新知识外，还可以积极地将所学用于实践，拥有较灵敏的知觉和感觉系统。

其次，高校的教学对象可以有目的地去观察和认知。随着大学生知识和阅历的丰富，对周围事物的观察不再只是盲目进行，而是出于一定的目的，并且进行一系列较系统的观察。同时，他们还可以做出明确的观察结论和总结，并且在观察的过程中，也会根据需要适当地选择合适的工具，及时改变策略，合理预测结果，并做好充分解决可能出现问题的准备。

最后，高校的教学对象处于思维发展的过渡期。大学生的思维既有一直以来的形式逻辑思维的部分，也开始逐步进入辩证逻辑思维；既明确不同事物的确定界限，也开始接受辩证统一的认知，可以看到事物的对立统一面。同时，大学生的创造性思维也在飞速发展，他们总是有很多奇思异想，他们创新大胆。需要注意的是，大学生处于思维发展的过渡期，既表现出深刻性、批判性的一面，但由于大学生还不够成熟，也容易表现出一定的盲目和冲动。

（二）多维度的教学目标

正因为高校教学面对的教学对象特殊，所以高校教育教学的教学目标也更丰富，呈现出多维度性。

首先，高校要注重培养学生的想象力和创造力，让学生学会思考，学会探究未知。高校，除了是传授知识的教育场所之外，更重要的是作为一种研究机构。这就要求高校的教师除了要传授给学生书本上的静态的知识外，还要教会学生学会思考、学会探究，为以后漫长生活中的自我学习打下坚实的基础。同时教师还需要将知识与想象结合在一起，鼓励学生大胆想象，培养学生的想象力和创造力。因为书本上的知识都是经人组织、整合过的生活产物的结果，是一种不会跟随时代步伐和人的思维节奏变化的静态知识。即使再精细详尽、条理清晰、逻辑合理，它也是"死"的。如果教师只把这样的知识传授给学生，那么日积月累，学生可能就不会思考和探究了。

其次，高校要充分培养学生的实践能力。大学生在高校里学习了几年以后，除了成为一个拥有丰富学识的高学历人才之外，为了要充分适应当前社会，还需要很强的实践能力。在高校，教师必须充分调动学生学习的主动性，改变灌输性的教学方法，使学生也成为知识的探索者和研究者；需要给予学生亲自实践的机会，提高学生的实际动手能力，充分培养学生的实践能力。

最后，高校要注重学生精神世界的建设。大学生除了要学习知识、锻炼能力之外，还需要开拓精神世界，以高尚、丰富的精神世界充实自己。

综上所述，知识是人适应社会的前提；能力是以知识为基础的，能力的发展必须有丰富的知识作为前提；而精神则是人的核心，三者缺一不可。所以，高校教学必须做到传授知识、培养能力和丰富精神三者相统一。

（三）以探究学习为主的教学模式

从能力水平而言，大学生已经具备了相当成熟的感知能力，他们已不像中小学生那样需要手把手教授。高校的教师就需要适当引导学生自己去探索未知的东西，因而高校教学的教学过程主要是以探究学习为主进行的。

高校教学，虽然也有教材，但绝不是教师一板一眼地把教材上的东西原封不动地讲解给学生，而是需要学生在自己已有知识的基础上，在教师的指导下，用自己的方法去认识世界、探索未知。随着时代的发展，学生知识的增加，真理在学生眼里的表现形式就会不同。大学的使命是探索知识和追寻真理，而非认识真理。也就是说，高校教学应当是以探究学习为主的。只有培养学生的探究能力，使他们对知识有更为深刻的理解，并学会探究未知，对真理持批判态度，才算是真正地完成大学的使命。

（四）综合度高的教学内容

高校教学的教学内容是高度综合的，具体表现为以下两方面：

1.具体的教学内容综合度高

现代社会，由于科技的快速发展，社会生产和人们生活方面所产生的各种问题，都需要各行各业之间的相互合作去解决。这就促使社会需要既专业又全面的高级人才，也使得大学的教学内容往高度综合的方向发展。综合而言，高校必须以培养基础知识牢固、专业能力强，同时知识层面宽的人才标准进行教学。只有这样，高校培养出来的人才才能适应瞬息万变的科技和日新月异的社会。

2.教学内容的形式综合度较高

随着科技的发展，具体的教学内容不仅仅局限于由教育局编写印发的各种纸质教材，还有可以提供更多信息、更大信息量的电视、广播以及互联网等；具体的教学方法也不仅仅局限于课堂上教师的费尽唇舌和奋笔疾书，还多了可以随时随地学习的远程教学和可以省时省事的投影设备和多媒体等。纸质教材有可能存在内容过时、信息量有限等缺陷，配合以上科技工具辅助教学，使教学内容更加丰富、形象和开放，更加可以激发学生的学习兴趣，培养他们的发散思维和创造思维。

（五）多样化的教学方法

高校教育教学有多维度的教学目标和高综合度的教学内容的特点，决定了高校教学的教学方法也将呈现多样性。

首先，大学与中小学不同，存在许多相互独立的不同专业与学科，而面对不同专业的学生，教师应该采用不同的教学方法。教学方法的选择要符合学生的专业特点，力求利于学生迅速吸收新知识。因为即使面对同样的教学内容，不同专业的学生的接受程度也有所不同。所以，高校教学的教学方法是不能一成不变的。

其次，现代科技发展得很快，各种手段、方法被应用到了教学上，比如影视材料、互联网信息等的使用。高校教育教学要在使用一般性的教学方法之上，灵活结合各种教学手段，尤其要充分发挥计算机的辅助作用。

最后，即使使用同样的教学方法，使用教学方法的过程也存在不同，比如使用某种教学方法的前提条件不同、使用的步骤不同等以及面对大学生的心理素质和接受能力不同等。所以，即使同一种教学方法也呈现着多样性的特征。事实上，学生接受知识和内化知识的速度主要决定于教师是否使用了正确的教学方法，而正确的教学方法的选择可以使学生在理论和实践上共同进步、身心同时发展。所以，高校教育教学的教学方法一定是多样的，并且一定要是适合学生发展的。

（六）高层次的师生互动

高校教育教学的成效取决于课堂上师生之间的交流和互动。有效和良性的师生互动既可以促进学生情感和认知双方面的发展，也可以促进教师自身的发展，使师生双方都受惠，达到教学相长的目的。高校教育教学的师生互动与中小学又有所不同，因为高校教育教学的师生双方都具有特殊性，所以高校的师生互动表现出深入性和高层次性。

大学教师应该是知识的实质权威者，而不是传统的形式权威者，即教师应该具有高深的学问和高尚的情操以及崇高的人格魅力。随着现代科技的发展，知识更新速度之快让学生对教师的学识产生怀疑，他们害怕教师会把无用的、过时的东西传授给自己，既浪费时间又得不偿失。在此影响下，教师需要不断地迎接挑战，丰富自己。只有教师的学问深了、素质高了，才有可能成为知识的权威者，大学生对教师才会尊重和信赖，双方才能达到真正的良性互动，才能有效提高教学效果。

大学生也是特殊的群体。大学生处在特殊的年龄阶段，心理初步成熟，他们希望被教师当作课堂互动中的另一个主体，希望得到教师的尊重和关爱；希望教师能把他们当作自己的朋友；希望和教师建立一种平等、融洽的师生情感。角色的不同，互动的形式和内涵也就不同。高校教育教学的师生互动更加具有平等性和民主性，是更深层次的一种师生互动。

三、高校教育教学的创新性特征

（一）平等性

高校的学生来自不同的地方，由于遗传、教育环境等不同，智力水平存在差异，他们的家庭出身、社会地位和生理心理状态也不同。但在人格上，他们都是具有平等人格的主体，所以在教育教学中，首先，教师应一视同仁，使学生的基本权利得到保障。其次，教师在对课堂教学资源的分配上应平等地考虑每一个学生，包括课堂问题的设计、教师提问的对象等，都应该为学生的发展给予最合理的分配，不能存私心，歧视任何学生。然而，现实生活中，往往会存在很多不合理的差别对待：有的教师对成绩差的学生存在歧视；个别教师对家庭经济条件好的学生另眼相看；有的教师会有性别歧视。教师必须保证用同样的眼光去看待学生，给予他们同样的机会。最后，在师生的互动中，教师要充分理解学生的个人情感以及学生在发展过程中遇到的种种情感问题，并及时给予恰当的帮助。在传统教学中，教师大多以"教"和"管"为主，很少顾及学生的心理，学生只是被动地接受知识和技能，而教学公平则更多地注重学生的个体差异，充分尊重学生的自主发展，使学生充分感受到自己与别人真正在发展上的平等。

（二）差异性

差异性是针对平等性而言的。虽然教学要求教师平等对待学生，但所谓的平等对待并不等同于毫无差异，而是对教师提出的更高要求，即要求教师在平等中还要做到差别对待。这是因为每个学生都是具有不同特性的鲜活的个体，他们有不同的思想、意识和学习方法，他们都处于人格发展的敏感期，除了来自家庭的关爱和呵护之外，教师对他们的引导也相当重要。在现实的课堂中，有的教师习惯于用统一的标准去要求每一个学生，要求他们考试都要拿到什么样的分数，要求他们一样的优秀、一样的聪颖；有的教师用同样的方式和内容去教授全体学生，并不关心是不是所有的学生都能接受和理解，这将使得教学效果较差。在教育教学中，教师首先要承认学生的独特性和差异性，用心研究他们的学习习惯和思考方式，根据不同的学生制定不同的教学方法。然后，要积极与学生沟通、鼓励学生、引导学生，培养学生的创造精神和完整人格，不压抑学生的自主成长和发展，这样才能使每个学生都得到全面发展，才能为社会培养和输送不同类型的人才。

（三）发展性

高校教育教学的最终目的是促进受教育者的发展，也就是使每个个体都得到发展，而这种发展又不是以一个统一标准去要求的。个体的差异使得每个学生并不具有一样的基础，并不是都能够发展到同一个高度。著名教育学家赞可夫曾经提出著名的"教学与发展"教学理论。该理论提出了五条教学原则，其中一条就是使全体学生都得到一般发展的原则。事实上，在实际教学过程中，学生有好、中、差之分，教师不可能使这三类学生都发展到一样的高度。发展性就是要求教师在尽可能的情况下，使用一切方法使得他们都得到相对于自身来说最大的发展。不求一致发展，但能使全体学生都得到一般发展是可以做到的。总之，发展性是高校教育教学公平的最高要求，也是对教师最高的要求，在任何时候教师都应该谨记——教学的最终目的是要促进每个学生的发展。

第二节 高校教育教学模式

教育教学模式是反映特定教学理论，为实现相应的教学目标而采用的一系列教学形式和模式化的教学活动结构。简单划分，可将教育教学模式分为传统教学模式和混合式教学模式。但在现实教学中，因为教学目标、内容、学生情况、教师教授风格等诸多方面存在多样性，决定了教师教学采用的教育教学模式也是多种多样的，并且每一种模式都反映了一种或几种特定的教学理论。没有哪一种教育教学模式具有普适性，均要求教师根据实际情况随机选择最为适当的教学模式。

一、传统教学模式

（一）传统教学模式概念

高校教育教学模式为高校教学活动指明方向，教师在教学活动中也会参照相应的教学模式来教学，有些教师能选择恰当的教学模式，而有些教师所选择的教学模式就不那么科学。因此，在教师进行高校教育教学活动时，充分了解各种教学模式，能帮助他们在实际教学中选择一种适合本门课程的教学模式，有利于促进教学模式的科学发展。

传统教学模式这个定义本身是相对的，当新型的教学模式出现后，之前沿用的教学模式就会被归为传统的教学模式。现在大众所称的传统教育模式是以赫尔巴特的教育思想为主要理论基础，主张以教师为中心，通过教师的讲授、板书及教学媒体的辅助，把知识传递给学生的一种教学模式。在这种教学模式中，主要环节由教师主导，教师为学生讲授精心准备的课堂知识，学生可以进行问题反馈，教师根据学生反馈的问题进行有针对性的分析。在这种教学模式下，学生对知识的真正掌握程度以及对知识的认可程度有限，学生独立发现问题并解决问题的能力很难通过这种方式提高。

（二）传统教学模式特点

分析传统教学模式的特点，我们能更好地去理解传统教学模式教学的核心，便于我们之后对新型模式进行比较。传统教学模式的特点主要有以下三方面：以教师为中心、以知识为导向和以应试为目标。

1. 以教师为中心

高校传统课堂上一直秉承"教师为中心"的教学理念。在这样的教学理念下，我们经常把过多的关注点放在教师的教上，而忽略了学生学的重要性。

另外，在高校传统课堂中，一切教学活动都是由教师发起，教师是课堂的中心和主宰者。具体而言，教师根据教学内容选择教学方法，掌控课堂节奏，发起课堂互动并根据学生表现给出相应的评价，在这个教学环节中，教师的地位高高在上，而学生需要对教师的意见进行服从，整个教学都围绕教师来展开。学生只是遵循教师规定的教学步骤，是知识被动的接收者。在这种教学模式下，只有少数学生有机会参与课堂互动和讨论，而绝大部分学生都只能被动地接受知识，很少有机会去实践。这便导致学生遇到问题无法及时解决，长此以往就会造成学习的困难。

2. 以知识为导向

在传统课堂理论中"知识导向"的理念贯穿始终。高校传统教学模式中教师主导课堂教学，在课上进行大量的重点知识讲授，这对于学生快速吸收知识有很好的效果，学生能够在有限的课堂中，根据教师的指导掌握课堂的重点知识，同时教师的讲解有助于帮助学生在新旧知识中搭建起桥梁。在这样的教学模式中，绝大多数学生的基础知识能够更牢固，是保证教学投入和高效产出的一种教学方式。

另外，传统教学理论主张通过记忆背诵等方法，帮助学生有效巩固课程中的重要知识点，在提高学生成绩方面的效果是明显的。这主要是因为在传统课堂中，教师会将课堂的知识要点不断地进行提问，通过奖惩措施帮助学生记忆学习重点，不断地帮助学生提取自己保留在大脑中的重点知识。

3. 以应试为目标

传统课堂教学注重课堂知识的传授，而对课堂知识能否顺利应用于现实生活关注较少。课堂的主要知识都靠教师单一的传授，而缺乏师生间充分的讨论和思考，形式单一因而难以激起学生的学习动力。由于教学任务量大，教师在课堂上的提问较为形式化，在抛出问题后，只有少量的时间能真正留给学生去思考和讨论，重点放在教师的讲解和传授方面，这对于锻炼学生的主动思考和探索能力难以起到实质性的作用。

传统课堂教学理论把教学重点放在知识的传递上，对学生思维能力的发展和创新意识的提升缺乏重视，强调正确答案的唯一性，培养出的学生很容易只有一种思维和同一种逻辑，即教师强调了统一性，却忽视了多样性。此外，传统教学理论对学生解决问题的能力培养有限，传统教学理论强调机械性地学习，忽略了学习中的情感因素，忽略学生学习的兴趣和动机，学生在教师的不断强迫下重复记忆与练习，学习的方式是不断地重复，容易使学生因学习过程枯燥而厌烦，学生学习的动力相对较弱，学到的东西多是为应试做准备，课上的知识很难顺利迁移到现实生活中去解决现实问题。

二、混合式教学模式

当前，中国教育信息化已迈入全新发展阶段。推动信息技术与高等教育的深度融合，创新人才培养模式，已经被摆在了非常重要的位置。可以说，高等教育信息化是促进高等教育改革创新和实现教育教学质量提升的重要途径。通过改革传统的教学模式，将传统的课堂面授与在线学习相结合而形成的混合式教学模式，是在信息化条件下高校教学结构转型的有益实践和必然要求。

（一）混合式教学模式的特征

混合式教学是近年来教育领域出现的新名词，但它并非一种全新的教学理念与方法，而是随着教育信息化的不断深入发展，逐步受到人们的关注和重视的教学模式。其实，在传统的教学模式中，混合式教学的形式和内容已有所呈现，如：将传统的板书与幻灯片、投影仪相结合，呈现出立体的教学内容；将传统教学设计与计算机辅助教学相结合，形成新的教学形式等。这些都可以看作混合式教学的雏形。混合式教学所具备的三大特征，使其相对于单纯的课堂教学和在线学习而言，具有更大的优势。

1. 综合性

不同于传统的课堂教学模式和单纯的在线学习模式，混合式教学模式最大的特征在于它具有很强的综合性，主要表现在两个方面：一是多种教学理论的混合，二是教学过程中多种要素的混合。就混合式教学的理论基础而言，支撑混合式教学不断发展的理论被挖掘和提出，诸如人本主义理论、建构主义理论、掌握学习理论、教育传播理论等在多元融合的过程中都对混合式教学的发展提供了有力的理论支撑。虽然每种教育理论都有各自的优点，但不可否认的是，各种教育理论也都有其不可消除的时代局限性。为充分适应不同学习者和学习环境的要求，混合式教学离不开多种教育理论的综合支持。就混合式教学过程中多种要素的混合而言，混合式教学有机融合了不同的学习环境、学习方式、评价方式、学习资源以及教学媒体、目标、评价等诸多要素，使混合式教学模式成为一种更为复杂和综合的教学模式。

2. 实践性

混合式教学强调培养学生将知识应用到处理实际问题的能力上。与之相反，传统的教学模式以知识的获取为主要学习目标，因此在实施教学活动的过程中难以创设有效的环境将学习与社会实践相结合。此外，传统教学模式在教学评价环节主要以学生的成绩高低作为衡量指标，学生的实践能力往往被忽视。但学习的最终目的并不只是知识的堆积与成绩的提升，而是将学到的知识运用到生活实践中。学生解决实际问题的能力其实是多种技能与思维方法的集合，传统教学模式很难实现这一目标。相比于传统课堂教学模式而言，混合式教学更多地强调学生的主体作用，发挥学习者的主观能动性，因此更有利于学生实践能力的培养。具体来说，第一，混合式教学创设的学习环境更能激发学生的学习兴趣，通过学生自主探讨学习，提高学生的独立思考能力，使学生敢于提出问题，并在讨论、交流中解决问题。第二，混合式教学涵盖了视频、图片等多种呈现教学内容的方式，这些形式能够有效地与学生生活中面临的问题相结合，为解决多样化的问题创造条件。

3. 互动性

相对于传统教学课堂讲授方式而言，混合式教学更加重视在师生的交互作用中完成对学习内容的传授与知识的构建。

这种互动性一方面表现在教师与学生、学生与学生之间的及时交流与沟通。在传统课堂中，教师掌控了课堂的大部分甚至全部时间，学生在教师的讲授中完成对课程的学习，很少有与教师沟通的机会，而如果学生不能积极地向教师主动提问，很多问题就难以及时解决。但是在混合式教学模式之下，课堂以学生自主学习中面临的问题为导向，在完成既定教学目标的基础上，教师着重解决学生在学习中发现的问题。在这一过程中，学生根据教师的回答进行深入的思考，同时可能会产生更多的问题，学生可以在与教师和同学沟通的过程中解决问题。另一方面，这种互动性体现为人机交互。在现代教育背景下，学生除了课堂上课之外，还要接受网络教育。在网络学习的过程中，主要是与计算机和其他通信设备的接触。网络中多样化的教学形式以及灵活便捷的特点，更能激发学生的学习积极性，通过在网络中获取知识、探索问题、搜寻答案来形成混合式教学的人机互动模式，有利于增强学生的创新意识。

（二）混合式教学模式的价值

混合式教学作为课堂教学与网络学习相互融合、优势互补的教学方式，在充分整合、利用网络学习和课堂教学各自优势的前提下，有效地克服了二者自身存在的缺点和不足，实现了教学方法、教学手段、教学内容和教学主体间的完美结合。

1. 混合式教学相对于传统课堂教学的优势

班级授课制作为传统课堂教学最主要的形式，至今仍是我国高校的主要教学模式。这种课堂教学模式强调教师对知识的系统性传授，通过发挥教师的主导作用，可以有效把握教学进度和节奏，帮助学生系统地获得知识；也有助于师生之间的情感交流，因为教师可以随时观察学生的课上反映状况，关注大多数学生的理解、反馈和学习进度。但随着信息技术在教育领域的应用日趋成熟，教学环境的改善和教学理念的更新，尤其是一些高校试点并不断推广了混合式教学模式后，传统教学模式的弊端不断出现，而混合式教学模式的优势日益突显。

第一，知识传播方式的更新与学习效果的提升。传统课堂教学主要强调对知识的系统传授，教师通常运用演示、讲授等方式讲解教学大纲规定的系统化、程序化的课程重难点和考试要点。学生的主要任务则是对概念、原理的记忆和简单应用。这就导致在传统教学环境下，容易出现长期不加更新的单一的教学设计和教学方式，造成学生的听课疲劳和教师的职业倦怠。长此以往，学生被动接受大量固定知识，无法在教学行进过程中进行思考和及时提问，只是停留在对知识的浅层记忆层面，造成了学习积极性的下降和创造性的丧失，束缚了学生的发散思维，其结果必然导致学生学习效率的降低和学习效果的不佳。混合式教学模式则打破了师生间的主客关系和传统填鸭式的教学方法，丰富了知识传播的手段和途径，强调了学生学习的重要性和主动性。借助网络教学平台，把不同学习方式有机融合在一个具有丰富学习环境和情感体验的教学场域内，使学生在交流探讨中逐步认识到学习过程是对知识的深层理解、高阶思维和主动求索，而不单单是被动地接收信息和记忆知识。这一教育模式通过鼓励学生自主、批判、探究式的学习，实现学生对知识的理解、迁移，并转化为对知识高阶应用的深度学习层次，实现富有成效的学习目标。同时，在自主学习与互动探讨中进行批判性的思考，把所学知识运用到实践中去，使学生真正认识到学习是自身发展的内在需要，在交流沟通中不断接纳新的思考方式和观点、观念，发现自身的不足和差距，进而积极主动地取长补短、查漏补缺，自觉主动地承担学习责任。

第二，从注重教学结果到注重教学过程的重心转移。传统课堂教学以预设的课程目标为考核标准，对学生进行学习结果考核，过于强调最终的结果性评价，忽视了学生在整个学习过程中的综合表现，特别是在各个环节和不同阶段的学习效果和学习态度变化。长期重结果轻过程的培养考核方式，使一些学生考前突击复习、平时得过且过的现象长期存在。而在混合式教学环境下，教学测评则是对学生整个学习过程的跟踪性评价，不仅仅局限于期末考试这样的结果性评价。混合式教学实现了从关注教学结果到关注教学过程，从实施结果性评价到实施过程性评价的重心转移。在这种教学理念和评价方式的转变过程中，学生的学习积极性和热情被调动起来，学生会重视每一次的集体训练和小组协作，这不仅仅是对自身能力的培养，更是对自己学习价值的肯定和学习经验的积累。

第三，从标准化教学到个性化学习的进步。传统课堂教学所追求的是教学过程中的步调统一与规范标准。所以传统课堂教学无论是对课堂知识的讲解还是对课程作业的安排，都忽视了不同学习程度学生的需求。而在混合式教学环境下，依托网络教学平台，学生可以自定步调地学习相应课程内容，充分利用网络资源库拓展相关知识，尤其对自己感兴趣或薄弱的知识点可以进行深度追踪和检视。同时，还可以利用学习交流平台提出自己的困惑或问题，或自主成立交流群和协作组对相应问题进行头脑风暴，在交流中展示个性化的思路和想法。

2. 混合式教学相对于网络学习的优势

网络学习改变了传统课堂教学的教育模式和学习方式，使学习成为一种选择的过程。依托网络学习平台，在线学习以其学习资源的丰富性、学习时空的延展性和学习方式的个性化，大大提高了学生的学习效率和学习热情。但不可否认的是，单纯的在线学习常常忽视学生的社会性特质，压缩了学习主体间多层次、多角度的合作空间，使学生成为网络信息的搬运工。然而学习的最终目的不仅仅是获取信息，学会如何把信息有效转化为知识并加以吸收消化利用，如何将知识转化为智慧和为人处世的人格精神，才是掌握知识、学会做人的最终目的。混合式教学模式的实践，对有效解决单纯网络学习出现的弊端起到了积极的作用。

第一，增强了学生的集体观念和团队协作精神。不同于传统课堂上的师生间、学生间交往形式，网络学习中师生间、学生间的交往逐步由直接走向间接、由多样化走向单一化，改变了传统大学中的人际交往模式。这就导致部分学生的群体意识逐渐淡漠，集体观念和团结协作精神一般，不如传统大学的学生。而混合式教学模式则是在利用了网络学习优势的基础上，将传统教学中面对面的教学手段有机地融合在网络学习之中，使信息的传递作用和情感的沟通功能得到有效发挥，这就在很大程度上减轻了网络学习中学生可能存在的孤独感和无助感，加强了师生之间的互动和学生之间的协作。可以说，这一教学模式不仅扩展了人际关系空间和学习主体空间，更增强了师生之间的情感交流，维持了良好的团队集体氛围，有利于培养学生健全的人格。

第二，弥补了网络教育中德育教育不足的缺憾。学校教育的目的不仅在于教会学生具体的知识和技能，更重要的是对学生人生观、价值观的培育。作为教师，在做到传道授业解惑的同时，更应关注其言传身教对学生正确的人生观、价值观和道德观的影响和培养。然而在网络教育中，教师只能言传而无法身教，长此以往，学生无法得到关于社会经验、人情世故的教导和指引，容易造成与社会脱节的不良后果。混合式教学模式则打破了单纯的"只教书，不育人"的弊端，通过网络学习之后的课上教学和团队协作，实现了在传统课堂教学中教师的言传身教。它通过建立与社会真实、有效的联系，使知识的学习、经验的传授不仅仅是课堂上的交流，更是成为沟通社会、联系社会的纽带和桥梁。这对学生性格的培养和道德理念的树立有着积极的促进作用和深刻的现实意义。

第三，实现了教师对学生学习行为的有效监督。在网络环境下学习，鉴于教师无法采取有效措施督导网络另一端的学生，因此需要学生有较强的自制力和学习自觉性。而混合式教学模式可以有效解决网络教学中存在的这些问题。因为在混合式教学中，学生学习任务的完成情况既可以通过在线提交的形式及时反馈给教师，教师也可以通过后台的交流平台进行针对性的辅导和检查，二者相互照应，可以及时有效地对学生的学习情况进行监督检查。此外，在面授环节中，教师集中针对学生在学习过程中出现的问题进行面授讲解、答疑解惑，成为学生学习环节查漏补缺的有益补充。

总而言之，混合式教学基本可以实现对学生学习行为的有效监控和指导，为学生学习效果的提升、学习自觉性的培养提供有益帮助。

（三）混合式教学模式实施的机遇

1.教育信息化改革拓宽了混合式教学的发展空间

当前，信息技术已渗透到经济发展和社会生活的方方面面，人们的生产生活和学习方式都发生了翻天覆地的变化。在国际竞争日益加剧的情况下，各国普遍重视教育信息化在提高国家综合科研能力和国民素质方面的重要作用。要破解制约我国教育发展的瓶颈与难题，应立足于当前我国教育发展的现实情况，努力实现教育领域的变革与创新，加快教育信息化改革的速度与进程，最终实现教育现代化。

高等教育信息化是促进高等教育改革创新和实现教育教学质量提升的重要途径。在高等教育领域，教学模式的转变与教学过程的优化日益紧迫，而高校也日渐成为应用新技术、新方法和新观念的教学场域。在信息化背景下，高校的教学改革，特别是教学模式（包含教学方法）的改革，必须适应信息化时代的要求并依赖信息化技术的支撑。通过改革传统的教学模式，创建新型的教育理念和教学环境，将传统的课堂面授与在线教育相融合而形成的混合式教学模式，是在信息化条件下高校教学结构范式转型的有益实践和必然要求。积极发展混合式教学模式，不但可以更好地发挥教师主导作用，而且更有利于激发学生的主体认同感和存在感，培养自主创新和实践操作能力，实现教学相长，达成教学目标；不仅是实现立德树人的教育目标和国家对全面培养创新型人才的主观需要，更是践行教育信息化改革、努力实现教育现代化的客观要求。总之，教育信息化改革可以为混合式教学目标的达成和教学模式的推广，创造良好的外部环境，开拓广阔的发展空间。

2.信息技术与教育的深度融合加快了教学结构变革的步伐

教学结构的变革不是抽象的、空洞的，它具体体现为课堂教学系统四个要素，即教师、学生、教学内容和教学媒体。作为将传统学习方式与在线教育优势结合起来的混合式教学模式，正是对改变传统教学结构的积极尝试。同时，信息技术与教育深度融合的时代要求也为混合式教学的发展提供了契机与平台。具体而言，在混合式教学的场域内，教师与学生的关系发生改变，教师之于学生，是主一主关系中的平等对话者，而不是主一客关系中的领导者。开放而便捷的网络资源为教师和学生提供了丰富的在线教学资源和学习信息。在网络自媒体时代，任何传播媒介都在交互作用中完成信息的传达与意义的建构，教学媒体也不例外。混合式教学媒体在实现帮助教师做好辅助工具的同时，也在完成着促进学生个体认知与知识建构、情感与人格培养的多重使命。

信息技术与教育的深度融合，要求教学应以学习者为主体，辅之以传统课堂教师的指导，实现双向互动。混合式教学正是在以学生为中心的基础上，将课堂从单向的教与学转变为双向的教与学，通过信息技术创设学习环境，为教学目标的实现提供现实性条件。有鉴于此，混合式教学必将在加快实现信息技术与教育的深度融合，实现教育现代化跨越式发展的时代契机与历史机遇中快速发展。

第三节 高校教育管理的基本解读

一、高校教育管理的含义

（一）教育管理

教育管理是学校管理工作的重要环节之一，也是学校管理中相对复杂的一项。教育管理不仅是对各种教育相关设施设备的管理，更是对所有教育活动、教育计划的管理，即教育管理者通过组织协调教育队伍，运用科学的方式方法，对各级教育机构与组织进行规划、组织、指导、监督、协调，达到对有限的教育资源的合理配置，实现教育质量提高、办学效益增进、教学秩序稳定、办学条件提升等目标，以此来促进教育事业发展。

（二）高等教育管理

要了解高等教育管理的含义，首先必须对管理的含义进行分析。"管理"一词在管理学中还没有一个统一的概念。有人强调决策的作用，认为："管理就是决策。"有人从领导艺术的角度出发认为："管理就是领导。"有人强调工作任务，将管理定义为由个人或者多人来协调他人的活动。随着管理学的发展和进步，"管理"一词的概念也被不断丰富，管理学界通常把管理定义为通过计划、组织、控制、激励、领导和监督等环节来协调人力、物力和财力资源，更好地达成组织目标的过程。从管理的定义可知，所谓高等教育管理就是涵盖整个高等教育领域的管理，并非简单的高等教育行政管理，也非纯粹的普通高校管理，而是包括这两者在内的全方位管理。高等教育管理也可以从宏观和微观两方面来理解：从宏观方面来说，是指根据国家需要提出任务、制订计划、提供条件、颁布法规、发布指令；从微观方面来说，是根据上级要求直接组织人才培养和科学研究。简单地说，高等教育管理就是管理者对组织内部的各要素进行优化配置，保证日常管理工作的秩序性和高效性，为实现高等教育目标而做出的决策。

二、高校教育与管理的本质

高校教育管理的根本宗旨就是通过教育与涵养、熏陶与浸染、培养与赋能，使学生具有发现幸福、创造幸福和体验幸福的能力，使学生更加优秀。可以说，让学生优秀和幸福是高校教育管理的价值所在。

（一）高校教育的本质

教育的本质是培养人的活动，人是教育的对象，教育促进人的发展和人的社会化；教育在一定的社会环境中进行，社会为教育提供物质和精神教育资源。人的发展和社会的发展是一致的，因此教育促进人的发展和促进社会的发展的功能具有本质上的一致性。促进人的发展包括德、智、体、美、劳等诸多要素的关系，是教育的内部关系；教育与社会经济、政治、文化的关系，是教育的外部关系。但是，从根本来讲，教育是帮助受教育的人，帮他发展自己的能力，完善自己的人格，即润泽生命、开启智慧。归根到底，教育者还是要守护受教育者的精神高地、守护他的内心。一个人的内心是否幸福、是否宁静、是否有力量，从某种意义来讲，最终还是要回归教育本质、回归幸福本质、回归爱的本质。

（二）管理的本质

管理是一种普遍存在的、非常重要的社会现象，是组织的手段和工具，是一个组织生存和发展的必要条件。

（三）高校教育管理的本质

高校是培养身心协调发展的高素养人才的一种特殊社会组织，高校的关键业务有三项：教学、科研和管理。教学和科研目标的实现离不开科学管理，教育目标的实现，更离不开科学管理。高校教育管理的终极之善是改善各类办学要素状态及其组合状态，共同服务于培养具有丰富精神、高尚品德、独立思考、情善意美的社会普适性人才。高校教育管理是协调高校内部各要素之间、内部要素与外部要素之间关系，对有限的资源进行合理配置，使之与环境更相适应，从而更好地实现办学目标的重要方法和手段。高校教育管理水平的高低，是衡量教育现代化程度的基本尺度之一，高校教育管理的水平直接影响高校教育教学的水平和质量，影响高校办学目标的实现。高校教育管理包括教学管理、学生管理、科研管理、师资管理、物资管理、财务管理及服务管理等内容，其中，教学管理、科研管理和学生管理是这里重点讨论的内容。高校教育管理是一种特殊的管理，它的管理对象是活生生的人。高校除了财和物的管理之外，更重要的是人——教师和学生的管理。管理是一把双刃剑，管理好了，被管理的对象就会焕发生机；管理不好，被管理的对象就会萎靡不振，甚至死亡。管理的艺术在于借力，力的本质是能量及其特殊的存在方式。借力的关键是要增加协同力，通过密切目标接触等办法，增加动力源，促进动力释放；同时，要通过避免接触障碍的方法，减少受到的阻力。在管理也是生产力的时代，高校应树立向管理要效益的观念，充分认识提高高校教育管理水平对于提高资源利用效率、激发师生教和学积极性的重要意义，不断提高管理水平和能力。

三、我国高校教育管理的任务

高校教育管理的总体任务就是应该为最有效地实现高校的教育目标服务。教育管理的服务职能的体现程度，将直接影响高校的教育质量。

（一）教育目标对教育管理的要求

教育的根本目标历来是培育人。任何一个国家、任何一种社会制度都要求教育必须为社会的政治、经济、文化的发展服务。我国的社会主义市场经济体制，同样要求教育服务于我国的政治、经济和文化事业。就高等教育而言，就是要培养为我国社会主义市场经济发展服务的有用人才，这是高等教育的总体目标；就各类高等院校而言，它们有其各自的独特性。市场经济是充满竞争的，市场环境也是多变的，因此各高校的教育目标必须能够尽可能地适应市场变化的要求，并且应有鲜明的超前性，对市场经济的发展方向应具有引导功能。教育目标的超前性、多变性要求高校的教育管理体制要有充分的灵活性，提供或形成一种机制，能够适应多变的市场需求，为高校的生存与发展创造有利环境。

（二）高校教育管理的任务

我国高校教育管理的任务，是要转变思想观念，实实在在地为高校的教育、教学、科研工作服务，切实转变角色，为高校的办学总目标服务。具体到现在高校教育管理的任务可归纳为以下几个方面：

1. 高等教育相关的信息收集、加工、处理与输出

现代经济的发展要求高校不仅具有育人的功能，更要做好经营。经营不仅是方法，更是一种理念，核心是效率和效益。未来高校教育的目标是服务、适应与引导市场经济的发展，真正体现教学、科研和社会服务三大职能。因此，高校教育管理者必须时刻注意国内外市场经济的变化，及时收集市场经济发展对高校要求的信息。这种信息不仅包括当前市场经济的要求，更重要的是通过分析市场经济发展的趋向，提早发现、判断和捕捉未来的要求，只有这样才能发挥高等教育对市场经济发展的引导作用。对市场经济发展要求的变化信息，不应只是简单地收集与积累，而是应该由教育管理的专业研究人员进行加工与研判，并且将研究结果及时反馈给学校决策者和广大师生。

2. 为校领导决策提供科学的、合理的建议

在充分做好信息收集、加工、处理的基础上，为校领导的决策提供科学的合理性建议，特别是在办学目标确定、专业设置及调整、教学改革、经济收入支出、校园建设等重大问题的决策上。由于这些建议是在充分的研究工作基础上提出的，对高校的办学走向将起着重要作用，这也是真正为最有效地实现高校教育目标服务的真实体现。

3.为学校师生的教学、科研工作提供优质服务

师生是学校的主体，师生的教学、科研工作是实现高校教育目标的最直接行动，离开师生的教学与科学研究工作，教育目标的实现就将成为一句空话。教育管理要服务于教育目标的实现，就必须服务于师生的教学与科研工作。这里要特别强调的是，教育管理所提供的服务应该是优质服务。这是因为高校管理工作的服务职能虽已提出多时，大多数高校的教育管理条例中也明确写着"管理就是服务"，但在实际工作中体现出来的，则处处是"管"字当头，服务质量低下。强调优质服务，还在于教育管理部门所提供的服务应该是高层次的服务，如及时提供国内外高等教育动态，为教师的教学与科研工作提供指导性建议，在学生的选课、择业等方面提供正确的建议等，而不是一些"福利"型的低层次服务。这也从另一个层面反映出教育管理者的真正水平，是教育管理评价中的一个有效依据。

4.对外宣传的任务

办学是经营，经营就要对外宣传，只有准确、有效地对外进行宣传，才能让社会了解学校，学校才能得到更好的生源，学校的毕业生也更容易被社会所接受。在今后的高等教育发展中，这种宣传工作将越来越重要，既要向国内宣传，也要在国际上宣传。这也是高等教育的社会服务的一种体现。

四、现代高等教育管理的基本原则

（一）高校教育管理的方向性原则

高校教育管理的方向性原则，指我国的高等教育系统不仅要实现管理的现代化、高效化，而且要始终不渝地坚持"教育必须为社会主义现代化建设服务"的教育方针，努力培养大批德、智、体、美、劳全面发展的新型人才管理原则。它是社会主义高等教育管理的一项首要原则。就是说始终不渝地坚持党和国家的教育方针，是我国社会主义高等教育管理的方向性原则。

（二）高校教育管理的系统效益性原则

系统效益性原则，又称整体效益性原则，指坚持以整个（全国）高等教育系统的效益最佳化为目标的管理原则。它是由系统性原理引申而来的。

贯彻系统效益性原则，必须掌握好三个环节。

1.效益性

如同一切目的系统一样，高等教育系统也有它的输入和输出。但有别于其他目的系统的是：高等教育系统的投入是教育经费和广大教职工的智力劳动，而产出是新一代人才及新的科学技术知识。这些新的人才和新的知识将会给社会带来巨大的经济效益。既然人才培养具有"生产性"的特点，那么就有一个生产效益的问题，我们的高等教育在坚持社会主义方向性的前提下，也要注意投入、产出的效益，要力争在产出确定的情况下，投入最小化；或在投入确定的情况下，产出最大化。

2. 全局性

前面所说的效益性通常有两种：一种是局部效益，另一种是全局效益。二者有时一致，有时矛盾。我们在实施高等教育管理时，必须摆正二者的关系，必须坚持"全国高等教育一盘棋"的思想和"局部服从全局"的思想。当局部利益与全局利益相抵触时，有时为了保证全局的效益最佳，必须果断地牺牲局部利益。

3. 结构最佳化

为了获得全局效益最佳化，首先必须保证高等教育系统的内部结构最优化。这就要求高等教育管理者善于通过对高等教育系统结构和功能关系的研究，即对高等教育系统质的规定性（含构成要素、要素特性及其结合形式）和量的规定性（指要素间的比例关系）两个方面的综合研究，找出能够发挥其最佳功能的高等教育结构，并按此结构模式有目的地改造现有高等教育系统。例如，当前高校教育管理采取的"控制速度，调整比例，注重质量，讲究效益，优化结构，协调发展"方针，就是系统效益性原则的生动体现。

（三）高校教育管理的能级相符原则

高校教育管理的能级相符原则，指根据高等教育系统中所含机构、法则和人的能量的大小，将其分成不同的等级，建立一定的秩序、规范和标准，并在管理中，确保其能量和级别相符的管理原则。它是由适应性原理、能动性原理和动态性原理引申而来的。

一个稳定的高等教育管理结构应该呈正三角形，通常分为四个层次（四级），不同层次具有不同的职能要求。第一层——决策层，它是高校教育管理系统中的领导核心，负责决定该系统的大政方针。第二层——管理层，负责运用各种管理的技术和手段，发出各种具体的管理指令来保证决策层所确定的大政方针的落实。第三层——执行层，负责直接调动和组织人力、财力、物力来执行管理指令。第四层——操作层，担负一些具体任务的操作工作。

贯彻高校教育管理的能级相符原则，必须注意以下三个环节：

1. 决策权要集中，管理层要精干

只有决策权集中，管理层精干，才能避免机构臃肿，推诿扯皮，内耗丛生的低效益、高损耗等状况，保证决策迅速、果断，管理卓有成效。

2. 各管理层次要有相应的"权、职、责、利、效"

管理者要权、职、责、利、效相统一。其中，权和职是处在一定级别上发挥应有作用（达到应有能量）的条件、保证；而责和利，是激励管理者更好地发挥作用的动力；效，则是检验管理结果的标志或管理所要实现的目标。这五者有机统一，才能保证能级的高度协调。否则，权、职、责、利、效五者互相脱节，必将造成一部分人"有劲使不上"的被动局面和一部分人"有劲不想使"的消极局面，从而扼杀各管理层次的主观能动性。

3. 各类能级必须形成动态对应

动态对应，包括两层含义：一层是具备一定才能的人要放在相应能级的岗位上，也就是要适才适所；另一层是随着人的能力的变化，其所在岗位，也应随时做相应调整。只有这样，在动态中保持能级始终对应，才能发挥最佳的管理作用。

（四）高等教育管理的动力原则

高校教育管理的动力原则，指通过正确运用动力，最大限度地调动高等教育系统各方面人员的积极性、主动性、创造性，促进高等教育事业迅速、健康地向着预定目标前进的管理原则。它是由能动性原理引申出来的。贯彻高等教育管理的动力原则，需要正确处理三大动力的关系。

1. 物质动力

物质动力是基础。在社会主义社会，物质利益仍然是推动事物发展的内在动力。因此，正确地贯彻物质利益原则，发挥物质的动力作用，是调动人们工作积极性，提高管理效益的一个重要保证。但是物质动力不是万能的，特别是在"以育人为宗旨"的教育领域，稍不注意，就会危害下一代。所以，必须强调物质动力和精神动力的结合。

2. 精神动力

精神动力是支柱。精神动力不仅可以弥补物质动力的欠缺，而且在特定情况下，可以成为决定性的动力。对于教育系统来说，这种动力尤其可贵。例如，许多优秀教师的"春蚕精神""蜡烛精神""人梯精神""园丁精神"等，不仅具有自身的动力价值，而且对于广大受教育者来说，具有巨大的感染作用，也是一种无形的鞭策力。精神动力不能脱离物质动力而独立存在，否则它将失去存在的基础。可见，精神动力和物质动力二者的有机结合对于管理所具有的价值。

3. 信息动力

信息动力是一种既有别于物质动力，又不同于精神动力的独立动力因素。例如，有关世界新技术革命和人类社会发展关系的信息，对我国的高等教育改革就是一个重要推动力，它促使我国高等教育管理者从中找到自己的努力方向，并激发他们充分发挥自己的创造潜力，去迎接世界新技术革命的挑战。

值得强调的是，无论运用哪种动力，都必须正确地把握好"刺激量"，只有在"刺激量"适度的情况下，动力才能有效地发挥作用。否则，"刺激量"过大或过小，都将削弱甚至抵消动力作用。例如，奖金中的平均主义，或评先进中的人人有份等，非但起不到动力作用，反而会挫伤先进人物的积极性。所以，这就给高校教育管理者提出了一个课题，即如何把握刺激的"适度量"。要准确地回答这个问题，就必须对管理对象进行深入的心理分析，并把这种分析与周围环境的变化统一起来加以考察，以得到比较科学的答案。

（五）高校教育管理的反馈原则

高校教育管理的反馈原则，指在高等教育管理过程中，依据对某项决策付诸实施后所引起的反应（对输出信息的反应），而调整、修正原决策，或做出新的决策（控制、调整信息的再输出），以期达到预定目的的管理原则。也可简要表述为：依据决策实施的反馈信息，调整或重新决策，以保证其更有利于实现目标的管理原则。它是由系统性原理和动态性原理引申出来的。

如同作用与反作用一样，只要有输出信息，就必然有对输出信息的反馈信息，但是需要注意的是：第一，有些输出信息的反馈信息并不一定能"回"得来，即并不一定能成为反馈信息；第二，反馈回来的信息并不一定都准确，有的可能失真；第三，即使反馈回来的信息是准确的，也还有一个价值问题，有可能无关紧要的信息"准确"地反馈回来了，而有价值的信息漏掉了。所以，贯彻高等教育管理的反馈原则，必须做到以下三点：

1. 必须保证高等教育管理回路是封闭的

高等教育管理系统是闭环的，如果管理回路不封闭，大敞口，即只有决策信息的输出，没有执行后反馈信息的输入，管理人员势必会对执行情况一无所知，对决策正确与否无法检验，这实质上就是管理的失效（等于没有管理）。如何实现高等教育管理回路的封闭呢？关键在于建立健全高等教育管理系统的反馈机构。反馈机构不能有名无实，必须能够担负起及时、准确捕获反馈信息的职能。

2. 必须有灵敏的"信息感受器"

为了迅速发现管理与实际之间的矛盾和变化的信息，高校必须有灵敏的"信息感受器"。为了有效地提高高等教育管理系统内反馈机构的"信息感受器"的灵敏度，必须抓好三个环节：一要民主办学。要广开言路，充分听取广大知识分子和教职工对办学的意见和建议，集思广益。二要建立健全必要的教育政策和教育发展战略的研究机构，如高等教育研究室（所）等，充分发挥高等教育研究专家们对办学的参谋和咨询作用，为行政决策提供科学依据。三要建立健全毕业生"跟踪调查"的制度和档案，尽可能完整地掌握社会和用人单位的反馈信息，为改进高等教育管理方法提供可靠的依据。

3. 必须有高效能的"信息分析系统"

高效能的"信息分析系统"是指过滤和加工感受到的各种信息。高等教育管理系统的反馈机构，不能只是将所感受来的信息原封不动地传递给决策者，还必须肩负信息分析和处理的职能。即将感受到的信息，经过去伪存真，去粗取精，提炼升华，最终将准确并有价值的信息反馈给决策者，以提高决策的科学性、可靠性、可行性。如果没有这样一个"信息分析系统"，反馈机构只起"传声筒"的作用，把一大堆纷繁杂乱的信息全堆到决策者面前，使其眼花缭乱，分不清现象和本质、主流和支流，就容易造成决策者以偏概全或本末倒置的决策失误。

因此，在高等教育管理中，必须坚持反馈原则和强化反馈机构的建设，及时反馈，并及时采取相应措施，把矛盾和问题解决在萌芽状态，实现决策—执行—反馈—再决策—再执行—再反馈，这样循环往复、螺旋上升的运动，使高等教育管理获得不断的改进和完善。

（六）高等教育管理的育人原则

高等教育管理的育人原则，全称是"高等教育管理的'管理、教育和人的全面发展一体化'原则"，该原则指高等教育管理效益的提高，绝非仅仅依赖管理（包括管理技术和手段的现代化），更重要的是依赖全体教职员工素质的提高，依靠他们的教育素养和全面发展的程度，即依赖"管理—教育—人的全面发展一体化"程度的管理原则。它是由能动性原理引申出来的。

贯彻"管理—教育—人的全面发展一体化"原则，必须把握好四个环节：

第一，必须从根本上改变把被管理者当作"机器人"的狭隘管理思想，改变管理效益仅取决于被管理者执行指令的迅速和忠实程度的管理意识，提高管理效益取决于被管理者对管理指令的感情程度、理解深度和执行能力三者综合的管理观。

第二，要增强被管理者对管理指令的感情，必须善于把管理指令的贯彻、执行变成每一个成员（包括大学生和教职工）自身发展的一种需要，变成他们的一种自觉需求，从而使他们由被动"受令"变为主动工作，进而自觉地发挥自身潜力去完成管理指令。

第三，要提高被管理者对管理指令的理解深度，就必须创造条件，加深他们对决策的参与度。参与程度越深，理解就越透。

第四，要提高被管理者执行管理指令的能力，必须把"管理的关键在于用人"的思想引申到"用人的关键在于育人"上来，只有这样才能抓住"关键的关键"，把育人放在管理工作的首要位置上来。通过育人，促进人的全面发展，进而从根本上提高人对管理指令的执行能力。

这六项原则应当贯穿于高等教育管理的各个领域、各个过程，而不局限于哪一个特定领域。至于高等教育管理的各具体领域，还有一些必须遵循的具体原则，如计划领域的"弹性原则"、领导体制方面的"民主集中制原则"等。

第四节　高校教育管理的理论与方法

一、高校教育管理的理论基础

（一）古典管理理论

古典管理理论是指19世纪末20世纪初在西方一些国家形成的系统的管理理论。19世纪末20世纪初，科学技术水平和生产社会化程度有了很大提高，尤其是资本主义经济由自由竞争进入垄断阶段，企业规模扩大，管理工作日益复杂，劳资矛盾加剧，经济危机频频爆发。这一切表明，资本家原来那种家长式的行政管理和单凭经验办事的管理方法不能适应生产发展的需要。在这种背景下，资本主义国家的一些企业管理人员、工程技术人员开始进行各种实验研究，总结管理经验，探求提高劳动生产率的新的管理方法。其主要代表是美国管理学家泰勒（F. W. Taylor）的科学管理理论。

泰勒是科学管理理论的创始人，在资本主义管理学史上被称为"科学管理之父"。他在总结前人研究成果的基础上，通过管理方面的许多重要的试验研究，如"搬运生铁块试验""铲铁砂和煤块试验""金属切削试验"等，提出了科学管理理论。泰勒的科学管理理论的主要思想可以概括为以下几点：

1. 科学管理的目的和中心问题是提高劳动生产率

泰勒认为，最高的劳动生产率是工厂主和工人共同达到繁荣的基础。它能使工人关心的较高的工资和工厂主关心的较低的劳动成本结合起来，从而使工厂主得到较多利润，工人得到较高的工资，提高他们对扩大再生产的兴趣，促进生产的发展，达到工厂主和工人的共同富裕。

2. 科学管理的精华是要求管理人员和工人双方实行重大的精神革命

精神革命就是工人和工厂主之间不要对立，不要把注意力放在盈余的分配上，而应转向增加盈余的数量，在科学管理的基础上实现劳资双方的合作，共同致力于增加生产，提高效率。

3. 标准化原理

标准化原理指通过对工人的每一个动作和每一道工序的分析研究，确定标准的操作方法，以代替过去工人单凭经验的操作方法。与此同时，实行操作所需要的工具和环境标准化，并根据标准化的操作方法和环境的标准化，确定工人一天必须完成的标准的劳动定额。

4. 差别计件工资

为了鼓励工人打破劳动定额，实行刺激性的差别计件工资制度。

5. 科学训练

科学地选择第一流的工人，并用科学的操作方法来训练他们，使他们真正按科学的方法去操作。

6. 职能划分和细分

泰勒提出把计划职能和执行职能分开，使工人和管理部门分别执行不同的职能。实行职能组织制，将管理工作予以细分，使每个管理者只承担一两种管理职能。

7. 实行例外原理

泰勒提出高层主管人员为了减轻处理纷繁事务的负担，应把处理一般日常事务的权力适当授予下级管理人员，高层主管人员只保留对例外事项（重要事项）的决策权和监督权。

泰勒的管理理论有许多弊病。所谓科学管理实际上是加强对劳动控制的手段，它使工人的意识和行动分离，丧失工作过程中的自主权而成为管理部门的生产工具。所谓高效率是以工人极度紧张的劳动为代价的。然而，这毕竟是人类管理活动史上的一次变革，它反映了当时大机器工业生产中的某些客观规律，对以后的管理实践和理论的发展有重要影响。正如列宁所说的，泰勒的管理理论一方面是资产阶级剥削的最巧妙的残酷手段，另一方面是一系列最丰富的科学成就。

（二）人际关系—行为科学管理理论

从 20 世纪 20 年代开始，资本主义经济发展进入一个新的时期，科学的进步、技术的发展使生产规模不断扩大，新技术广泛应用于工业部门，资本主义生产越来越机械化、自动化。这不仅对生产者水平的要求越来越高，也使生产者的"异化"程度越来越严重，人成了机器的附属品。如何使人摆脱机器的奴役，变被动劳动为积极劳动，成为新的研究课题。另外，由于工人阶级觉悟的提高，他们越来越要求在经济上、政治上的民主权利，劳资矛盾加剧。为了改善劳资矛盾，维护资本主义社会的稳定，西方学者开始重视对人以及人与人之间的关系的研究。

1. 人际关系理论

人际关系学说的创始人是美国哈佛大学教授梅奥（E. Mayo）。他通过车间照明对生产效率的影响，工作时间和其他条件变化（如休息间隔、工间茶点）对生产效率的影响的各种试验以及与全厂工人的谈话和对有关社会组织的试验分析，提出了人际关系学说。

梅奥认为，人是"社会人"，反对以往管理理论中把人看作"经济人"的观点，认为人不单是追求经济收入的，还有社会、心理方面的需要，人的思想行为更多地由感情来引导。因此，工资报酬、工作条件并不是影响生产效率的唯一因素，不能单纯从技术、物质条件着眼，而应从社会、心理方面来鼓励工人提高生产效率。

正式组织中存在着非正式组织，两者相互依存，共同影响着劳动生产率。正式组织是具有一定的目标，并由规章、制度、方针、政策等规定企业中各个成员之间相互关系和职责范围的一定的组织体系。非正式组织是组织内部的成员在共同的工作过程中，由于共同的爱好、共同的倾向等共同的社会情感而形成的非正式团体。这些团体有自然形成的规范，其成员约定俗成地自觉服从其规范。

梅奥认为，非正式组织可以保护工人免受内部成员忽视和外部人员的干涉所造成的损失。非正式组织涉及每个人，不仅工人中有非正式组织，管理人员、技术人员中也有。

管理人员既要强化正式组织的作用，又不能忽视非正式组织的作用。新型的领导方式在于提高工人的满意度，从而提高劳动生产率。

梅奥从"社会人""非正式组织"的观点出发，认为金钱、经济刺激对提高劳动生产率只起第二位的作用，起第一位作用的是工人的情绪和态度，即士气。而士气同人的满足度有关。职工的满足度主要是指对获取安全的、归属的感觉等。满足度越高，士气越高，生产效率越高。他认为，在传统管理理论基础上形成的领导方式只重视物质、技术因素，不能适应工人社会需求方面的满足。新型的领导方式既要重视技术因素，又必须重视生产中的人的因素，关心团体中的人际关系状况，努力提高工人的满足度，最终达到提高生产率的目的。

梅奥的人际关系学说要求管理者按照人的社会特性来改进管理，这不仅是对古典管理理论的重要补充，也开辟了西方管理理论发展的一个新领域。在实践上，人际关系学说为调动工人积极性提供了新思路和新方法，如重视工人的感情因素，努力为他们创造一种愉快的工作环境，采取民主的领导方式，使下级有提建议和参与管理的机会等。

2. 行为科学管理理论

行为科学管理理论是运用心理学、社会学、社会人类学等学科理论和自然科学的实验、观察方法，研究人的行为产生的原因和影响人的行为的因素，以激发人的积极性、创造性的综合性学科。

现在这门学科已经被广泛应用到各个部门，特别是经济管理部门。有人称行为科学标志着由以"物"的管理为中心的时代向以"人"的管理为中心的时代的转移。行为科学理论也成为管理人员的必修课，一些著名大学还设有行为科学系和研究中心。

（三）社会系统理论

社会系统管理理论的创始人是美国管理学家和企业家切斯特·欧文·巴纳德（Chester Owen Barnard）。他把各类组织都作为协作的社会系统来研究，提出了一系列不同于传统组织理论的观点。他是继梅奥之后对于社会系统研究做出突出贡献的代表人物，他的观点为现代组织理论奠定了基础。巴纳德的管理思想对西方管理理论进入现代管理理论阶段起着继往开来、承上启下的作用。美国当代著名管理学家哈罗德·孔茨（Harold Koontz）把由巴纳德开创的管理理论体系称作社会系统学派。

巴纳德的主要论点有以下内容：

1. 组织是一个社会协作系统

组织是两个或两个以上的人，有意识地协调的活动和效力的系统。他认为组织的差异在于物质和社会的环境、成员的数量和种类、成员向组织提供的贡献等。组织由人组成，而这些人的活动互相协调，因而成为一个系统。一个系统要作为一个整体来对待。系统有各种级别，一个组织内部的各个部门或子系统是低级系统，由许多系统组成的整个社会是一个高级系统。

2. 协作系统包含三个要素

（1）协助意愿

协助意愿指的是组织中的每一个人为了能相互结合在一起而做到自我克制，将个人的行为纳入组织整体的行动体系。这种协助意愿的大小跟个人为组织做出的牺牲与组织为个人提供的报酬之间有着密切的关系。

（2）共同目标

共同目标指的是组织中的人是在共同目标的基础上进行协作的，个人的目标应当与组织的目标统一起来。

（3）信息联系

信息联系指的是组织成员只有相互沟通，才能对组织的共同目标有所理解，才能产生协作的意愿和行为。

组织必须有高效率的信息联系渠道和称职的信息联系人员，以保证信息沟通的效能。

3. 经理在组织中是关键人物

经理的主要任务是协调组织和人之间的关系。经理既要实现组织的目标，又要满足人的感情、欲望和各种需要，帮助其实现态度、动机和价值观的变化。经理要充分发挥每个人的才能去实现组织的目标，就必须善于帮助他们克服物质的、生理的、心理的和行为习惯的障碍。

4. 经理的权利只有被职工接受的时候才是有效的

经理的权利必须被职工所接受，因此必须加强彼此间的沟通。要使职工相信经理提出的要求是全面的、合理的。经理提出的要求既符合组织发展的需要，又满足个人的利益，也是自己有可能完成的。

5. 职工是组织的成员

职工要积极地参加组织的活动，并为组织做出贡献；组织要按照职工对组织贡献的大小给予不同的奖励，这种奖励要等于甚至要大于他们对组织的贡献。

6. 非正式组织

非正式组织指不属于正式组织的一部分，且不受正式组织管辖的个人联系和相互作用。

（四）分层次教育管理理论

分层次教育管理是对教育领域客观存在的分层次现象加以分析研究，并实施优化的管理，使客体得到更有效地发展的一种管理行为。

系统论认为，任何一个整体都是由许多要素为了特定目的组合而成的系统。而且系统组成的各要素之间、母系统与子系统之间，不是杂乱无章地、偶然地临时堆积，而是有机地组合，呈现结构化与层次性的特点。层次是表征系统内部结构不同等级的范畴。层次是相对于系统的，是普遍存在的，是分等级的；层次是会随着某一因素的变化而产生变化的；层次具有可被识别的差异性特征，表现为数量、质量、能量、等级、规模、尺度、范围等的差别。通过对系统中层次的差异性分析，实施由粗到精的分解识别，找到事物的内在联系和规律性，设计出解决问题的最佳方案，从而施以科学有效的干预，促进其朝着预定的方向发展，获取最佳的效果。

分层次管理就是在特定的环境条件下，为实现管理的最优化目标，对客体进行合乎目的的精细分层，并根据各层次的特点设计相应的方法、策略，实施与层次相对应的有效管理，提高管理的有效性和高效率。发现管理对象的差异性，分解和识别层次，设计最优化的解决方案是分层次管理的重要环节。

分层次的教育管理，就是对教育领域"学群"内部客观存在的差异性，依据一定的目的和标准进行合理的层次分解，并运用相应的方法、策略对其实施管理，以提高管理的质量和效率的科学方法。其概念包含以下几个要素：

1."学群"内部的差异性

这里的"学群"包括学科知识群体、学生群体、班级群体、教师群体、学校群体等。由于客观和主观因素的影响，"学群"内部的差异性是客观存在的，如果对其实施"一刀切"的管理方法，管理效果肯定不佳，且违背科学和规律。承认差异性，找出差异性，实施有针对性的差别化管理，是实施分层次教育管理的动因所在。

2.分层次实施管理

把握各层次的特点，运用有针对性的方法、策略，实施与层次相对应的有效管理，避免管理错层或错层管理，提高管理的适配性，是分层次教育管理的本质要求。

二、高校教育管理的方法

高校教育管理的方法如下：一方面，要接受管理理论的指导；另一方面，以自身的发展促进管理理论的深化和发展。因为大学生的活动及其形式是千变万化的，现实的条件也不可能是一成不变，因而实际的管理不可能照搬照套固定模式，采用任何管理方法都要有一定的灵活性，要具体问题具体分析，过分执着于信条往往会事与愿违。

（一）民主管理的方法

在当前的高校教育管理工作中，实施民主管理势在必行。对民主的追求是人的一种高层次追求。民主与人的素质有关，大学生作为文化素质较高的人群，对民主会有更高、更切实的要求。对大学生实施民主管理，不仅有助于大学生学习、生活和社会实践活动的有效进行，也有利于大学生实现自身的全面发展。实施民主管理，应着力做到三点：第一，尊重学生的主体性；第二，正确认识学生的价值；第三，建立学生参与管理的新型管理模式。

（二）目标管理的方法

目标管理是1954年由现代管理大师彼得·德鲁克（Peter F.Drucker）提出来的，德鲁克认为，为了充分发挥不同组织成员在计划执行中的作用，协调他们的努力，必须把组织任务转化成总目标，并根据目标活动及组织结构的特点，将总目标分解为各个部门和层次的分目标，组织的各级管理人员根据分目标的要求对下级的工作进行指导和控制。目标管理要求组织内的每一个人、每一个部门全力配合实现组织的目标，对于分内的工作自行设定目标、决定方针、编订制度，以最有效的方法达成目标，并经由检查、绩效来考核、评估目标达成状况及尚需改善之处，作为后续目标设定的参考依据。

（三）刚性管理的方法

刚性管理是指以规章制度为核心，凭借制度约束、纪律监督、奖惩规则等手段对组织成员进行管理。刚性管理是一种强调严格的控制，采取纵向高度集权的、以规章制度为核心的管理。规章制度往往是以规定、条文、标准、纪律、指标等形式出现，强调外在的监督与控制，具有很强的导向性、控制性，其约束力是明确的。俗话说：没有规矩，不成方圆。任何一个组织机构，它的正常运行和发挥效益都离不开严格的制度和规范。刚性管理是保证一个组织健康、正常运转所必要的管理机制的有机组成部分，它是以"合于法"为基本思路的管理方式和手段。

大学生正处于成长的关键时期，极易受外界环境的影响，惰性的增长较为容易，判断能力、自我控制能力也比较差，在自身发展过程中，表现出强烈的自我矛盾倾向。

例如，自我意识虽强，但缺乏自我监督、约束和调控的能力；有自我设计、自我奋斗、自我选择、自我发展的欲望，但是又受到自身素质、能力和社会环境的限制。在如此情形下，刚性管理不仅是必要的，而且是行之有效的。刚性管理的出发点并不是为了惩罚学生，而是在"法理"的前提下，达到正确规范学生、约束学生行为，进而维护学校秩序，提高教育教学质量，提升学生的学习和活动效率，促进学生成长的目的。刚性管理强调以外在的规范为主，它主要通过各项政策、法令、规章、制度形成有序的行为。管理者的意志通过这些具体条文体现，学生的一切行为都有章可循、有据可依，是非功过的评价都有统一的标准、统一的尺度。这些有形的法律法规制度不仅具有很强的可操作性，使学生有明确的行动方向，而且给学生以安全感和依托感，使学生放心地、充满希望地在制度框架内自由行动。

（四）柔性管理的方法

柔性管理是相对于刚性管理提出来的。进入 21 世纪，人们对管理的要求已经不单单停留在严格、规范、科学的层面，而是更加强调人与人之间的相互关怀和人格尊重，旨在不断追求人与人之间的情感互动和心灵共鸣，从而实现组织目标。于是，柔性管理便应运而生。高校教育管理亦是如此，它面对的是有思想、有感情、有追求的大学生，单纯的刚性管理已经不能完全解决高校教育管理中面临的许多问题，必须辅之以柔性管理。柔性管理坚持以人为中心，注重人文关怀和心理沟通，强调通过和谐的组织文化和共同的价值观来增强组织的向心力和凝聚力，从内心深处激发每个成员的积极性、主动性和创造性。柔性管理是刚性管理的完善和升华，以刚性管理为基础和前提，旨在使组织焕发生机和活力。

如果说刚性管理更多地表现为静态的外现行为，那么柔性管理则更多地表现为动态内隐的心理认同。但对于高校教育管理而言，不管是刚性管理，还是柔性管理，其落脚点都是促进大学生的成长和全面发展。因而这两种方法在高校教育管理中如同车之两轮、鸟之两翼，是相辅相成的，应该做到共融、共生、共建，实现刚柔相济。

对高校学生管理工作者来说，柔性管理的精髓在于以学生为本，注重人文关怀，它强调在尊重大学生人格和维护大学生尊严的基础上，充分发挥大学生的积极性、主动性和创造性，使之在大学的学习、生活、能力培养、品格塑造、校园活动以及社会实践方面变被动为主动，变消极为积极，变他律为自律，促进大学生自我管理、自我约束、自我完善、趋善避恶，使之成为适应社会需求的高素质、强能力、富有创新精神的优秀人才。

（五）系统管理的方法

系统管理指将相互关联的过程作为系统加以识别、理解和管理，以便组织提高实现目标的有效性和效率。

高校教育管理具有系统性管理的特点，主要表现在以下几个方面：

1.整体性

高校教育管理作为一个系统是由多个子系统组成的，这些子系统之间既是相互独立的，又是相互依存、相互影响和相互制约的。根据系统论思想，如果整个学校教育管理系统的各个子系统的功能都发挥正常，那么整体的功能就会比较理想。即使某些子系统的功能发挥不甚理想，只要子系统能够组成一个良好的有机整体，一般情况下也能够取得较为理想的效果，这就是所谓的整体大于部分之和。

2.关联性

高校教育管理工作中的各要素既相互区别，又相互联系、相互作用、相互依存，并各有分工。

3.环境适应性

特定的环境会造就特定的管理，高校教育管理离不开特定的环境，如大学生专业知识的学习、实践能力的打造、品格素养的修炼等都需要在一定的环境中进行，离开环境是不可想象的。学校教育管理工作只有具备了环境的适应性，能够顺应环境、有效利用环境提供的有利条件，才会富有成效。

4.动态平衡性

高校教育管理系统的各要素在时间、空间和资源上的不同组合，要随着宏观环境即社会的变化发展而变化发展，对宏观环境要保持灵敏的适应性。同时，还要保持系统的动态平衡，即让系统的各要素在各环节上保持相应的比例关系，以免系统内部失调，影响整个系统的正常运转。

5.目的性

高校教育管理系统是一个具有多种目标的系统。在这一系统中，既有总目标，又有分目标，总目标与分目标有机结合形成一个目标体系，通过目标体系的不断优化，实现资源的有效利用，以此推动高效教育管理工作的突破，为学生提供最大的发展空间。

第五节　高校教育管理流程与优化

一、高校教育管理的流程

高校教育管理过程是指高校管理者组织、指挥本系统内成员，为达到预定管理目标而进行共同活动的过程。这个过程是多边的、有序的、可控的。其具体程序虽因管理对象和条件不同而各有差异，但一般来讲，有调查、预测、计划、决策、实施、协调、指导、监督、检查、考核、评定、分析和处理等步骤，概括起来，就是计划—实施—检查—总结四个阶段。

（一）计划

计划是管理过程的起始环节，是对未来行动的有目标、有条理的设计，是后继各环节的依据。它是高校教育管理科学化的重要标志，没有计划，就谈不到科学管理。计划具有定向、指导和协调作用，可以防止盲目性、片面性和随意性。通过科学合理的计划，可以为高校各项工作规定明确的任务，使人们看到工作蓝图的全貌和远景，了解工作的要求、部署和方法，自觉地为实现计划协调一致，使整个系统有节奏地运转。

1. 制订计划的依据

制订计划，主要应考虑以下几个方面：一是要依据党和国家的教育方针、政策，特别是国家形势以及上级提出的办校方针、原则和各种指示精神，以保证计划的方向性正确，这也是关系计划能否得到实施的关键问题。二是要依据各种科学理论，特别是教育科学理论、管理科学理论的要求。还要熟悉有关专业理论知识，严格按客观规律办事，以保证计划的科学性。三是要依据院校的实际情况，包括院校的客观条件、承担的任务、之前一个管理周期的情况和效果等，以保证计划的可行性。

2. 计划的内容和制订计划的方法

（1）计划的内容

计划的内容既要反映出管理目标的各项指标，又要规定出实现目标的方法、手段和途径。因此，一个完善的计划，不仅要有目标层次的科学设计，而且要有任务项目的统筹分工，有限定时间的依次安排，有人力的合理组合，以及有物资经费的必要保障。在计划中，一般要明确规定以下问题：做什么，为什么做，怎样做，做到什么程度，在什么地方做，什么时间做，谁去做，有什么物质条件保障。

（2）制订计划的方法步骤

制订计划的基本方法可以归结为"三找一定"，即找主要问题，找产生问题的原因，找影响质量的原因，制定对策。具体可分为以下几步：

第一步，获取信息，掌握依据。制订计划的基础是要掌握大量可靠的信息。因此，在制订计划之前，必须通过多种方式和途径，认真做好调查研究，充分获得与计划有关的各种信息。同时，要学习、领会党和国家的有关方针、政策和上级指示，学习有关的科学理论和专业知识。在此基础上，分析当前客观实际，预测未来情况。

第二步，确定目标，设计方案。由主要管理人员提出计划设想意见，包括目标、指导思想、主要工作和措施。并广泛听取群众意见，召集有关部门讨论、确定目标，拟订多种计划方案。

第三步，审议讨论，修改定案。在反复讨论、集思广益的基础上，对各种方案进行比较，分析利弊，修改补充，确定最佳方案，形成正式计划。

第四步，上报下发，形成体系。审定后的正式计划，要按隶属关系和工作需要，上报下发。全局性工作计划应以院校名义批准下达，一般性计划可由主要部门批准下达。下级单位，应根据上级计划，视情制订相应计划，形成计划体系。

（二）实施

实施就是根据计划预定的目的，把全体成员组织起来，实际施行，使计划付诸行动，变成现实，从而完成任务，取得成绩，达到目标。实施是院校管理的中心环节，也是管理活动中最激烈、最活跃、工作量最大、持续时间最长的阶段。在这个过程中，各项工作按计划展开，各个层次按任务发挥积极作用，各类人员按职责各就其位，群策群力，奔向目标。在实施过程中，最重要的是最大限度地调动各方面的积极因素，提高实施效率。为此，管理者必须随时掌握计划进程，采取相应的组织、指导、协调、教育激励等措施进行有效的管理。

1. 组织

组织是按计划要求对院校的人、财、物、时间、信息所做的全面安排，是计划实施的第一步工作。组织得好坏，直接影响到院校管理诸要素的发挥，影响到管理的整体效应。管理者要运用科学的方法对管理诸要素的作用进行时间和空间上的统筹安排。第一，要妥善组织人员。院校是人才集中的地方，管理者要知人善任，根据能级原理和工作需要，妥善安排各成员的工作，扬长避短，使每个成员都能大显身手，增长才干，做到事得其人、人尽其才、各得其所。第二，要合理分配财力、物力。要按计划任务的需要和财力、物力的可能条件，以教学为主，权衡轻重缓急，精打细算，合理分配资源，做到物尽其用，财尽其利，把"钢"用到"刀刃"上。第三，要统筹安排时间，使教职员工和学生有秩序、有节奏地从事工作、学习。第四，要建立精干、严密、高效的管理系统，明确各个管理层次和各个岗位的职责，分级管理，分权指挥。第五，要建立合理的规章制度，使各项工作有章可循，保证各个系统正常运转。

2. 指导

指导是上级对下级在工作过程中进行指挥和引导。计划实施阶段，各种各样的情况都会随时出现，各项工作的进展不可能都一帆风顺，往往会出现这样或那样的问题。因而管理者要及时给予执行者指导，以保证各项工作不偏离计划，不出现"力"的浪费。

管理者为了进行有效的指导，第一要建立良好的群众基础。管理者要同计划执行者建立良好的共事关系，做知心朋友，让执行者乐于接受指导。第二要深入第一线，全面、深入、及时、具体地了解情况，掌握信息。既要通过灵敏、准确、有力的信息反馈系统掌握情况，又要亲自听取各种意见，防止失误。要记住"不具备三个以上具体例子的情报是不可相信的"，这话是有一定道理的。第三要坚持原则，既要敢于指导，又要善于指导。要指导执行者忠实地、创造性地执行计划，不能各行其是。对出现的问题，要正视矛盾，及时引导，不能放任自流，姑息迁就。第四要讲究工作方法。遇事要在查明情况的前提下，纵观全局，运筹帷幄，冷静深思，果断决策。对执行者的具体指导，要因人而异，因事而异，灵活多样。要按行政管理渠道办事，不直接干涉下一层次的工作。

要做到引导而不强加，帮助而不替代，示范而不说教，批评而不压制，使执行者心悦诚服。

3. 协调

协调就是协同和调节。它是计划实施阶段一项重要管理工作。在院校管理工作中，只有做好各方面的密切协同，才能发挥最大的整体效能，保证计划的实施。院校管理系统是一个纵横交织的动态网络。在管理中，会出现在制订计划时难以预见的各种各样的矛盾和来自外界的各种新情况、新变化。对这些矛盾和新情况、新变化，如果不及时处理，就会产生不良后果，影响计划的顺利实施。这就需要进行及时的、频繁的协调。院校的协调工作很多，概括起来，可分为内协调与外协调。

（1）外协调

外协调是指系统与环境的协调。对院校来说，外协调一般包括与上级机关、兄弟院校、研究单位及社会各方面关系的协调。此类协调应按上级的有关规定和单位之间的协调方案实施。

（2）内协调

内协调是指院校内各部门、各单位之间的协调。内协调又分纵向协调和横向协调。纵向协调指上下级之间的协调，横向协调指同级之间的协调。在纵向协调中，重点要处理好四个关系：一是各级组织、各个层次之间的关系。各级组织、各个层次要树立全校一盘棋的思想，围绕教学工作按照专业分工和职责范围各自发挥本层次的作用，密切配合，形成整体力量。二是各成员之间的关系。要在分工的基础上紧密协作，上下左右步调一致，相互衔接，相互谅解，相互支持，团结一致。三是人与事之间的关系。要因事设人，不能因人设事。四是事与事之间的关系。要根据以教学为中心的原则，正确处理主次关系，按内在联系区分轻重缓急，统筹安排，使事与事之间进度相宜，步伐合拍。在协调以上四个关系时，要始终掌握两条原则：一是从整体目标出发，注意整体效应。坚持原则，按规律办事，以客观事实为依据，不附加任何成分，增强成员的向心力。二是以计划为依据，对各级管理组织和各个管理环节来说，按期实现计划目标就是最有效的协调。管理者要善于利用计划来协调，要维护计划的权威性和稳定性。计划一旦形成，就具有制约的性质，它不仅制约被管理者的行动，也制约管理者的管理行为。所属各部门和各个成员都要坚决服从，认真执行，不得随意修改或取消。尤其是教学计划，涉及学校全盘工作，更不能朝令夕改。

4. 教育激励

院校各项计划的实现都要靠全校各类人员的努力。人的工作积极性和工作效率是随客观条件的变化而不断变化的。因此，在计划实施阶段，要调动和发挥全体人员执行计划的积极性，必须经常进行教育和激励。

教育是指加强思想政治工作。管理者要认真研究新形势下思想政治工作的特点，遵循人的思想活动变化规律，运用心理学理论和方法，科学地分析各类人员的心理特征，正确地预测人的行为，因人、因事、因地、因时地采取灵活多样的形式，把思想政治工作渗透到各项具体工作中，及时地、有针对性地围绕目标做好思想工作，以提高人们的思想政治觉悟，调动人们的工作积极性。

激励是激发人的内在潜力，开发人的智力、能力，调动执行层和基础层的积极性和创造性的一种手段。管理者要善于根据具体情况，采用多种方法，灵活适宜地掌握"刺激量"，运用表扬或批评，奖励或惩罚等方法激发被管理者的进取心。消除或减少不正确行为，最大限度地调动被管理者的积极性。在运用激励手段时，要将其和思想政治工作紧密结合起来，以精神鼓励为主，物质奖励为辅。

上述实施阶段的四项管理措施，都是围绕完成计划、实现目标进行的。它们贯穿于计划实施阶段的全过程，是相互联系、相互配合、不可分割的整体。组织离开了指导，计划就无法落实；忽视了对工作和人员之间的协调，就会产生不必要的矛盾和冲突；要保证组织、指导、协调的有效进行，就必须进行教育和激励。

（三）检查

检查是院校管理过程的中间环节，是管理者为实现计划、施加影响的一种手段。计划实施一段时间后，通过一定的运作，了解计划的实施情况，并将实施情况与计划相比较，对结果和管理效果进行检验、考察它既是对下级执行计划情况的监督和考核，也是对管理者管理水平的检验。实行检查，可以及时发现和解决问题，避免损失，可以总结理论经验，及时推广，促进工作。此外，检查还是总结的前提条件，可以为总结经验提供客观依据。因此，管理者要把检查作为实现工作计划，推动工作进展，提高管理效果的一个重要手段，科学有效地运用。

1. 检查的方式和方法

检查的方式和方法是多种多样的，常用的可有以下几种：

（1）日常检查

在日常工作、学习和生活中，管理者通过参加各类活动来了解、考察情况，是一种简便易行的方法。这种方法，要求管理者细心观察，勤于动脑分析，这样就能从了解到的各种情况和大量的第一手材料中，掌握一般动态、基本情况和主要倾向。另外，这种方法对于深入实际，密切联系群众，克服官僚主义，倾听群众呼声也有积极的意义。

（2）会议检查

会议检查是通过召开会议，听取汇报来达到检查目的的一种手段。院校部门多，工作面广，管理者也不可能事必躬亲，因此，运用这种检查方法是必要的。但是，必须讲究实际效果，防止文山会海和夸夸其谈的不良倾向。

（3）书面检查

书面检查是通过对书面材料的审阅进行的。书面材料的形成一般有两种形式：一是自下而上，由单位或个人将工作进展情况、遇到的问题、解决的办法及打算等，写成书面材料上报。二是自上而下发调查提纲、统计报表，下级按要求如实写出材料、提供数据，定期汇总上报。运用这种方法，要提高针对性和有效性，防止文牍主义，防止因向下级要大量材料而影响其正常工作。

（4）定期检查

定期检查是每隔一定时间有一定规律的确定性的阶段检查。常用的院校定期检查有两种：一是按年度分为半年检查与年终检查；二是按教学周期分为期中、期末检查。检查方式可根据工作性质确定。例如，对学生学习情况检查，一般采取考试方法；对教师授课情况检查，可采取听课、查阅教案、召开学生座谈会等方法。

（5）抽样检查

抽样检查是在受检单位中抽出一部分需要检查的人员、工作、资料等进行检查。它是受人力、时间、空间等条件的限制，不可能或不必要对所属单位进行全面检查时采用的一种检查方法，可分为两种形式：其一，有意抽样检查。在对所有检查对象进行初步分析的基础上，有意识地选择一些具有代表性的单位或个人，进行典型检查。例如，查阅优秀教师和新教师的教案，检查改革的学科教学情况等。其二，随机抽样检查。完全排除管理者主观有意的选择，使每一个单位都有被选中作为检查对象的机会。可用抽签方法确定被检查对象；也可以把被检查对象编好序号，然后按固定顺序和间隔确定被检查对象；还可以把检查对象分为几个层次，然后从每个层次中随机抽出若干作为检查对象。检查的方式方法是多种多样的，各种检查方法都有自身的特点。在管理实践中，应根据检查目的和被检查对象的实际情况灵活运用。

2. 检查的要求

（1）要以计划为依据，不以个人意愿更改检查内容和标准

计划中对于所要完成的任务、遵循的原则和制度、完成任务的步骤和方法，都有明确的规定和要求。检查者必须对计划内容有深刻的理解，以计划为依据来衡量执行情况，决不能以个人的好恶作为衡量的标准。只有严格对照计划进行检查，才有统一的规范，才能使检查真正成为执行计划的推动力量。如果以检查者个人的意见为准，置计划于不顾，将对整个计划的实施带来不利影响。

（2）要经常、及时，不使问题成堆

管理过程、情况千变万化，各种问题都会不断出现。如不及时进行检查反馈，不仅会使问题耽搁下来，给工作带来损失，而且会使问题越积越多，更趋复杂化。因此，检查必须经常、及时，既要经常深入第一线进行随时检查，又要建立定期检查制度，以便及时发现问题，防止问题成堆。

（3）要实事求是，用数据说话

检查是为分析和解决问题提供事实依据的。它要求所得的情况必须准确、真实。因此，在检查中，必须坚持实事求是的原则，做到以事实为依据，对事不对人，努力查找事实真相；亲自掌握大量第一手材料，全面分析完整的统计数据，用数据说话。

（4）要深入、全面，不能以偏概全

检查要由表及里，抓住实质性的东西。检查者必须从不同角度进行检查，多种手段

交义运用，防止片面性。同时，要重视全过程的检查，要了解问题的过去，也要看其现在和发展。

（5）要切实解决问题，不能拖而不决

检查的目的是发现问题，解决问题，推动工作。检查者要把工作结果和产生结果的原因联系起来加以考查，以便得出反映客观事物的本质和规律的正确结论。在此基础上，科学地分析、找出主要问题及其原因，积极采取措施，予以解决。属于计划本身的问题，应调整计划。属于执行者执行过程的问题，要具体分析原因，找到问题根源，提出解决问题的指导性意见，因势利导，使问题尽快得到解决。

（四）总结

总结是管理过程的最终环节，是一个管理周期的结束，也是一个新的管理周期的开始，有承上启下的作用。总结是通过科学的方法，对已经做过的工作进行评估，肯定成绩、总结经验、找出问题、吸取教训，从而提出今后管理活动应努力的方向和注意的问题，使下一周期的管理活动在现有基础上有新的提高，这就是螺旋式上升的管理模式。总结起着积累经验、提高管理水平、指导今后工作的重要作用，是促进院校管理科学化的重要环节，是提高工作效率的重要方法。

总结的方法，一般是自上而下地提出要求，进行动员，明确指导思想、目的要求、方法步骤，再自下而上地进行总结、分析原因、得出结论。通常总结的步骤是：动员一个人或部门小结一组织交流一全体总结一对存在问题进行处理。总结要突出重点，兼顾全面，防止以偏概全，对存在的问题，要注重分析原因，提出改进措施。对总结的一般要求有以下几点：

1. 总结要有科学性

总结是对计划执行情况的回顾，是对计划实施结果的评估，是对单位、个人执行计划的鉴定。总结必须讲究科学性，防止主观和客观相脱离。第一，总结要有科学依据，评估工作成效要有客观的标准和尺度。这个依据、标准和尺度，就是原定的计划。离开了计划，执行就失去了依据，也失去了衡量的标准。第二，总结要有客观基础。总结之前，必须认真、全面地检查和回顾，以检查中获得的客观事实为基础，将计划与检查的结果相对照，对检查得来的客观事实材料进行评估、分析。第三，总结应突出重点，抓住能反映经验和教训的典型素材进行总结，不要泛泛检查。

2. 总结要有理论性

实践经验只有上升到理论的高度，实现质的飞跃，才能真正成为宝贵的精神财富。总结不是管理活动的结束，而是向更高水平的提升。不应只满足于对工作做出简单的评估性的判断，而应当把总结作为由管理实践上升到管理理论的过程，作为探索院校管理工作规律的过程。因此，在总结过程中应做到以下几点：一是不就事论事，而以事论理，加深对院校管理客观规律的认识。二是正确看待失败和教训，以科学理论为指导，进行认真分析，对问题和教训，要从规律性上找原因，善于将教训转化为经验。三是把实践经验的升华建立在具体事实的基础上，总结切实可行的具体经验，使之具有实际的指导意义。

3. 总结要有激励性

总结过去，是为了展望未来，推动工作。通过总结，要调动人们的积极性，使每个人为创造新的工作成绩树立更大的信心，把总结变成"起跑线"和"加油站"。在总结中，管理者对单位和成员的工作成绩，应予以充分的肯定和热情的赞许，对先进人物予以表彰，对先进经验加以推广。对存在的问题，要根据具体情况，帮助分析原因，引导人们从中获得有益的经验。总结要讲究方法，讲究风格。在成绩面前，人们的积极性较易调动，但也易产生傲气和不服气的情况。在问题面前，人们容易产生怨气、泄气或强调客观原因而推卸责任。

二、高校教育管理流程优化的方法

（一）建立网状高校管理流程体系，使教育管理流程更加科学

高校教育管理流程再造理论要求高校教育管理人员能够构建网状的管理体系。具体来说，管理者需要结合高校自身的教育管理模式，并总结自身教育管理模式中存在的不足，从而建立更加完善的网状管理流程体系。这就要求高校能够从自身的教育管理流程模式进行分析，把原本的行政化管理模式进行弱化，改善一些不合时宜的陈旧管理模式，把阻碍教育管理模式体系发展的规章制度进行修正和补充。同时，需要管理者能够结合当前教育管理模式存在的问题和不足进行及时的调整和创新，并能够结合实际情况制定出科学化的管理体系，有效地处理好管理人员、教师及学生之间的关系。另外，高校还需要采取院校、系分级管理制度，充分实现各级部门的责任，并能够在高校教育管理再造过程中形成更专业、更强大、具有先进教育管理理念的管理员队伍，再配合相对应的管理制度体系，使高校教育管理流程能够更加合理，更加符合社会的发展需求。

（二）优化教学资源，重视人才培养流程的有效管理

在高校教育管理过程中，需要结合市场公平竞争和开放化的管理特点，使自身的资源配置体系更加完善。高校需要从相关的教育观念以及制度等多个方面来进行积极创新，使教育管理模式更加多元化。这就要求高校能够明确自身教育机构的职责，当发现教育管理过程中存在问题时，就要及时结合实际情况对其进行有效的调整和解决。在教育管理流程再造的过程中需要重视专业领域的问题，通过现代信息技术丰富教育资源，以此来构建更加完善的教学管理信息平台，使教学管理模式更加专业，在高校教育管理中选拔人才，重视人才培养的有效管理。还要通过产教融合、校企合作等方式优化人才的培养和管理体系的完善。

（三）体现出以生为本的教学管理理念

高校教育管理流程的再造和优化需要充分重视学生的主体作用。由于高校教育管理也是资源管理中的重要部分，这就需要高校教育管理人员满足对人力资源配置的客观需

求，在这个过程中体现出人的重要价值，并有效地发挥人的潜能，调动人的积极性，确保在高校教育管理过程中教育管理目标能够有效地实现，这就要求管理者能够从自然的角度来对其进行管理。从高校教育管理流程的再造和优化来说，需要重视学生身心成长的客观要求以及学生差异性的特点，将学生放在教学管理过程中的主体部分，重视学生专业培养的同时关注学生的身心健康问题，积极思考在教育管理过程中如何能够构建以学生为中心的工作思路，实现有效的管理价值。与传统的教育管理模式相比较，流程再造后的教育管理模式能更深刻地体现出以生为本的教学观念，重视学生自主能力的培养，并且尊重学生的个体诉求和差异性。在学生的精神管理方面，培养学生健全的人格，从而能够充分地满足高等院校教育管理流程再造和优化的客观要求。

（四）利用现代信息技术，建设共享数据信息平台

由于教育理念和技术上的问题，传统的教育模式并没有真正以开发学生特长为宗旨，对学生实施个性化教育。因此学校培养的学生难以满足现代社会多样性发展的需要。而当今现代电子信息技术的迅猛发展已使得学校可以运用先进技术，以学生的个性化发展为中心来进行组织结构和教育流程的重新设计，即进行学校的教育流程优化。现代信息技术手段为教育流程再造提供了有力支持，学校应该充分利用流程优化技术和现代信息系统平台进行教育流程再造，构建起教育流程优化的信息技术支撑体系，激发学生的兴趣和爱好，培养学生的个性特征和创新性，有效地提高教育教学质量。

新媒体时代，在线教育需求增长迅速，高校纷纷投入大量的教学资源建设在线教育项目，建设共享数据信息平台，提高高校教育管理水平，以适应新时期的教学工作需求。因此，高校的教育管理流程优化工作，应立足于自身的办学特点和信息化技术改造实际，建设共享数据信息平台，以打造真正的智能化、自动化的教育管理流程体系。首先，高校教育管理流程优化工作应积极引入大数据、云计算、人工智能等信息技术，整合高校的各个信息化系统管理项目，建立教育管理共享数据信息平台，实现信息的共享和交流，为高校教育管理工作提供有力的信息支持。其次，高校教育管理应完善其信息化工作系统，根据自身教育管理工作岗位的实际需要，根据新媒体时代的新需求，进行教育管理服务功能的完善，设计出符合自身办学需要的教育管理信息系统，提高教育管理服务质量。最后，高校教育管理流程优化，应注重逐步推进校园网络建设，注重校园信息化基础设施的完善，为流程优化工作奠定信息基础。

第四章 新媒体背景下构建高校师资管理新模式

第一节 树立"以人为本"的人本管理思想

人本管理思想兴起于 20 世纪 60 年代，它强调管理活动要以人为中心，认为管理活动的目的在于激发人的积极性、创造性，在于挖掘人的潜能，进而实现人的价值。"以人为本"是一个源远流长的命题。在这一理念的熏陶下，学者治校，尊师爱生、因材施教、有教无类、诲人不倦，一直是高等学校最重要的价值追求。然而，在现代社会，由于长期以来面临着社会投资与回报的巨大压力，我国包括世界主要国家的高等学校，总是把效率，包括人才培养的效率、科学研究的效率与社会服务的效率作为衡量其工作的最重要指标。作为引领社会文化发展的发祥地的高等学校其实并不是最具有人文关怀的场所。高等学校由于人文关怀的缺少，高等学校教职员工的积极性并没有得到充分的调动，高等学校管理效率并没有得到真正的提高，从而限制了高等学校的发展。因此，高等学校必须创新教师队伍管理模式，树立"以人为本"的人本管理思想，建立和健全能充分发挥人的积极性、主动性和创造性的人本管理模式。

一、"以人为本"的概念界定

"以人为本"就是以人的生存、生命与发展作为一切工作的根本。它承认人的价值和尊严，相信人的本性、潜能、经验、价值、生命意义、创造力和自我实现。它认为人皆蕴藏潜能，人性是积极的、建设性的。以人为本的价值取向集中于改进社会人际关系，消除攻击性的根源，促进自我实现的进程，其应用就在于人本化管理。以人为本管理就是以人为中心的管理设计。从本质上说，就是要根据人的心理规律、思想规律，通过尊重人、关心人、激励人、改善人际关系等方法，充分发挥人的积极性和创造性，从而提高劳动效率与管理效率。

以人为本的管理，顾名思义，是指在管理中以人为本位。人本管理的应用将从根本上推动当前高校人事管理走上新的高度，有助于根除传统旧弊端，弥补高校改革所带来的新问题，促进高校人事管理体制的完善，实现公平与效率兼顾。高校人事管理的人本化则应表现在制度化管理之中与制度化管理之外，为教职工营造良好的发展空间与人本氛围。

尽管我国各类高校的人事管理早已引入人本管理的概念，并付诸实践，但就其实际操作与功效而言，存在着相当的局限性，进而导致人本管理的实践停留在较为基础的阶段，诸如福利、津贴等物质性关怀以及上级领导部门与工会组织的人道关怀等方面。然而，

"以人为本"绝不能只限于此，更应本质地体现在对人生命的尊重、对人性的理解与对人自身价值追求的关注与承认上。

二、"以人为本"的人力资源管理

（一）从整体的角度来剖析人本管理的内涵

第一，人本管理是建立在"重视人的价值与自由"的基础之上的，也就是说人本管理中的人是具有独立人格的人。这与我国社会主义市场经济的现实相符合，因为市场经济是以个人能动性的充分发挥为基础的。人本管理的价值规范是尊重人，其价值取向是团队精神。

第二，人本管理是一个包括思想、方法、模式的系统工程。人本管理不仅是一种管理思想、道德伦理观，还包含一系列先进的管理方法，更重要的是它有自己独特的、合乎人性的管理模式，将道德与法律、制度与文化有机地结合在一起。从实践的角度来看，人本管理包含价值观管理、行为管理与制度管理三个层次。

第三，人是管理的出发点与目的。从管理要素的角度来看，人是最具能动性和创造力的要素，通过科学的人本管理，能调动员工的积极性与创造力，提升组织管理水平，促进组织实现自身的目标。同时，从管理的目的来看，一切管理活动均是为了人的全面发展。

第四，人本管理中的人是社会人。它把人看作物质与精神、理性与非理性的社会关系的聚合体——既具有自然属性，又有精神属性，更具有社会属性。

（二）人本管理与"以人为本"的人力资源管理

人本管理的范畴比人力资源管理的范畴要大得多。可以认为人力资源管理是人本管理的一个部分，是人本管理在人力资源管理领域的应用。当然，人力资源管理更加注重人力资源管理自身的发展脉络。

管理理论与实践发展到现代，已经经历了三个阶段，并进入了管理学的最新发展时期。以人为本的管理是新阶段的重要特征，也是现代管理的新趋势。康德有一句名言：人是目的，而不是手段。这句话言简意赅，包含着深刻的哲理：强调人的尊严，提高人的价值观念。正确地认识和实践人的价值，这不仅是哲学、伦理学和社会学的重要课题，也是管理理论与实践关注的中心。在管理学的整个发展过程中，人始终是一个基本的概念。任何一种管理理论，都是依据对人的一定看法而提出来的，各种管理理论的区别，归根到底是由于对人的理解不同。

在管理学的发展过程中，"经济人""社会人"和"复杂人"等人性观点的相继提出，表现了人始终是管理的主要对象，以及对人的认识的步步深入。这种认识每前进一步，人在管理中的地位也就被提高了一步。

把人作为目的的人本管理在处理人与组织的关系时，并不否定和排斥组织的目标，相反，把人的自我发展和自我完善作为组织目标的组成部分。提高人的素质、发展人的才干、改善人的价值观念和人格系统、增强人的创造力和意志力，以及提高人的生活质量等等这些都属于人类文明的目标，是组织目标的重要内容。

人本管理致力于人的发展与完善，实现人的全面发展，因而必然注重人本身的资源，强调开发人的潜能与创造力。以人为手段，以控制人、支配人为目的的管理，不可避免地会以严格的、无法逃避和无法抗拒的方式对人进行塑造、制约和安排。在这样的情况下，人们只会表现出一种"复制力"而不会发挥创造力。

以人为目的的人本管理把人本身当作成就，认为人越强大，强大的人越多，管理就越有效。因此，人本管理所倡导的是一种强者逻辑，致力于人的建设，发掘人潜在的创造力，并且使之转化为贡献，作为一个至高无上的目标来看待。这样，人们就会因此变得更有价值，更接近于自我实现和自我完善。

"能本管理"源于人本管理又高于人本管理。所谓"能本管理"，是一种以人的创新能力为核心的管理，是人本管理发展的新阶段。其总目标是通过采取各种行之有效的方法，最大限度地发挥每个人的潜能，从而实现能力价值的最大化。建立在用工制度、用人制度、分配制度和领导制度等方面的"能本管理"制度，是实现"能本管理"目标的有效途径。"以人为本"是现代管理的一个基本原则和理念，然而，在知识经济和信息经济时代，人的实践创新能力核心本质将日益凸显出来，以人的创新能力为核心内容的人力资本也将在经济发展中日益发挥着主导作用。从这个意义来讲，应当把"以人为本"提升到以人的能力为本的层次。因而，以人的能力为本，是更高层次和意义上的"以人为本"，"能本管理"也是更高阶段、更高层次和更新意义上的人本管理，是人本管理的新发展。

三、"以人为本"高校师资管理

（一）"以人为本"管理思想的内涵

"以人为本"管理思想，顾名思义是指管理中用人本化的理念，承认人的价值和尊严，相信人的本性、潜能、经验、价值、生命意义、创造力和自我实现；认为人皆蕴藏潜能，人性是积极的、建设性与社会性的。"以人为本"的价值取向集中于改进社会人际关系，消除攻击性的根源，促进自我实现的进程，其应用就在于人本化管理。"以人为本"的管理就是以人为中心的管理设计。从本质来说，就是要根据人的心理规律、思想规律，通过尊重人、关心人、激励人、改善人际关系等方法，充分发挥人的积极性和创造性，从而提高劳动效率和管理效率。在管理中坚持"以人为本"就是在尊重人的主体地位的前提下通过调动人的主动性、积极性和创造性以实现组织的目标并促进人的全面发展。

"以人为本"还可以表达一种现代管理思想和经营思想。在人类实践活动中存在着管理。曾经，管理以管物为主，这就是"物本"管理思想。现代管理思想强调管理要以管人为主，要尊重人，关心人，调动人的积极性、创造性，这就是"人本"管理思想。作为一种经营观念，"以人为本"就是要求经营者为顾客着想，尊重顾客，把顾客看作"上帝"。与"物本"管理思想相比，"人本"管理思想是一个进步，是与现代管理相适应的管理思想。需要指出的是，要防止"以人为本"走向自己的反面，成为一些人牟利和美化自己的工具。

（二）"以人为本"高校师资管理的内涵

教育要"以人为本"，对教师职业的理解同样要"以人为本"。这是实现"以人为本"高校师资管理的前提。

高校教师作为一个拥有高新技术的知识群体，要求有相对独立的控制权，具备高级劳动的创造、创新技能。在目前的社会条件下，高校教师对较低层次的生理、安全、归属等的需求基本满足，与其他群体相比，他们特别需要的是得到尊重和价值的自我实现的需求与满足。高校教师满意及激励的因素，包括教师工作满意度、工作本身的激励度、成就感、报酬合理程度、同事之间的相互关怀与帮助、对晋升制度的满意度、组织福利条件等。以赫兹伯格的"激励—保障"理论为基础，经研究和调查发现，与高校教师满意度相关性最大的十个激励因素中的前三个是工作有充实感、学校的晋升制度、工作有成就感，说明这三个因素是激励教师的最重要因素。

高校的人本管理，就是要以人才为本。因此在管理思想方面要认识到"以人为本"是促进经济社会和人的全面发展，也是科学的教育发展观和现代管理思想的核心。传统的高校人事制度以事为本，对人的关注相对较弱，具体表现在对学校的评价上，所有指标均偏重于对教学、科研、社会服务最终结果的考核，在人与事的关系上，价值观的天平倾向于事，事的地位超过人，事的重要性取代了人。这是造成高校人事制度改革滞后于校内其他改革的重要原因。衡量人事制度改革成功与否，主要应看教师的积极性是否被充分调动和发挥。因此，高校新一轮人事制度改革应以人力资源的开发与利用取代传统的人事管理办法，真正树立以人为中心的管理理念，把人事制度改革的重心从"以事为本"转到"以人为本"，激活生产力基本要素中最活跃的因素，同时，实行人性化管理，注重人文关怀，促进人的全面发展。

在管理模式上，要从人事管理转变为战略人力资源管理。目前高校人事管理部门一般是人事处，但人事处和人力资源部是两个不同的部门。人事处是具体的行政管理职能部门，其职责是组织各部门人员的调配、考核、培训，人事档案、劳资标准的管理和制定等。人力资源部是研究开发部门，它的职责重心是为组织未来发展的人员配置做储备。人力是资本，对人力资本要有研究开发和日常管理。高校是人才密集之地，更应该建立起真正意义上的人力资源管理部门，并充分发挥其作用，在保证学校发展的同时能够帮助教职工在个人职业生涯上的发展与进步。高校战略性人力资源管理是指高校为实现目标对教职工资源的各种部署和活动进行计划的模式，其核心任务是为学校构建智力资本优势。实行战略性人力资源管理，要求高校在深化人事制度改革时，必须强调人力资源战略与组织战略的有机紧密匹配和整合，在推动学校发展的同时，注重教职工个体的共同发展；进一步突出人本管理，更注重教职工权益的保障，尊重教师个人发展以及相应校园文化的塑造，开发教职工个体的潜能，体现以人为本、以人才为本和人校合一、共同发展的战略思想。

多年的改革实践告诉我们，在高等学校的内部管理中，人的作用扮演着越来越重要的角色。以往高校管理中的"重量不重质、重物不重人"的思维定式，加上主要是限制人的各种规范，较少考虑人的各种实际需求，不利于发挥管理者、施教者、受教育者的积极性和创造性，甚至扼杀了个性的发展。建立在哲学、管理学、心理学等理论基础之上的"以人为本"观念在此时得到弘扬，对高等教育管理活动来说具有重大意义。在人与事这一矛盾中，主导的方面是人。管理都要通过人去做事，任何管理都必须依靠人，最终目的都是人。人在管理中既是手段，又是目的。依靠人、为了人，就是"人为""为人"，这是"以人为本"的关键。"以人为本"的管理要求我们在管理中首先要做到，创造一个人尽其才、人才辈出的机制与环境，在未来的竞争中占领拥有大批优秀人才的制高点。其次，要尊重人、信任人、理解人，了解人的需要，激励人的积极性，尊重人的自主性，把个人目标和组织目标统一起来，做到人人都是管理者，人人都是被管理者，是管理主体和管理客体的统一。因此，必须实行以人为本与以制度为规范相结合。以人为本和以事为中心的统一、以人为本和以制度为规范的统一、讲求效率与讲求效益工具理性与价值理性的统一，这些都是现代高等教育管理活动中不可偏废的矛盾统一体。

21世纪人力资源管理开始产生结构性的变化，管理的模式也由原来的金字塔式的刚性管理，开始向刚性管理和柔性管理相结合的刚柔相济的新的管理方式转变。因此，以人为本，充分调动人的积极性和主动性，并不意味着就不需要一定的规范和制度限制。但是，必须保证规章制度的科学性、可行性、稳定性。规章制度必须反映高校组织成员的共同愿望，使其具有群众基础，成为人们的自觉要求，这就要在制度的制定中保证管理者、施教者、受教育者的参与，实行民主管理，走从群众中来、到群众中去的路线。否则，这些法规、制度、规章就成为高校组织成员的思想包袱，更何谈主动性、创造性的发挥。

四、"以人为本"高校人力资源管理的新特点

第一，与企业组织相比，大学组织尤其要把满足教师内部用户的发展需要确定为首要目标。

目前我国大学大致分为教学型、教学科研型、科研教学型与研究型等几大类型。判定学校归类哪一种类型，主要是看其科学研究工作在学校工作中所处的地位。教学工作主导、不太注重科学研究的大学称为教学型，而科学研究占主导地位、科研水平较高的称为研究型，介于其间是余下二类学校。大学的研究性越强，教师个体包括团队或课题组学术性工作越重要。大学的发展目标分解为学术团队、课题组以及很多学科教师个体的学术性绩效。比如科研经费、发表论文及科研项目等指标都是个体数据的简单加和。从这个意义来说，高校科研等学术性劳动的特征，恰恰成为学校目标与教师个性目标具有内在的统一性与一致性的依据。从外部来看，则表现为满足教师的发展需要成为组织的首要目标。

第二，大学人事管理更加集中于激励，并以此来加强组织的竞争力，树立良好的组织形象。

战略性人力资源管理，秉承了人力资源管理的若干普遍特征，那就是管理的核心是通过对人才激励的创新过程，来达到人力资本价值的实现和增值，并进而提升组织的竞争优势。对在组织中的地位与实现组织战略目标而言，战略性人力资源管理至关重要，因此在人力资源管理的策略上强调以激励为主，在高校中，具体表现为：一是加大激励的强度，无论是拉大分配差距，还是对成绩突出、取得重大创新成就者予以重奖，或是在此基础上实现高校人力资源的分层管理，"集中激励"的策略是主要依据之一。所谓分层管理，就是依据不同层次教师对学校发展贡献的大小，尤其是在学校学科发展与科学研究中的作用，建立相应的价值评价体系及评价机制、价值分配体系，以多元的价值分配形式，包括职权、机会、薪酬、福利的分配等，从而实现有效地激励。二是通过评价体系、价值分配体系等有效激励机制的建立，整合、培育和发展组织核心文化。比如精神驱动文化，其根本目的就是创设一个激励员工的环境，以此促进释放员工的无限能量、创造力和热情，来实现或达到竞争优势。这也就是所谓组织的核心文化与吸引、培育、发展和留住优秀人才的人力资源管理整合在一起。

第三，在组织结构上，要求建立扁平化、网络化学习型组织，同时，要求组织具有柔性。

具有柔性的人力资源管理系统能为组织提供快速、便捷适应不断变化环境要求的能力。随着社会经济和科学技术的发展，传统的组织结构正面临极大的挑战。组织已日益变得扁平化、开放化，组织层级在逐步减少，充分授权、民主管理、自我管理等网络组织的基本特征已经出现，以团队为基础的组织及其管理方式正在出现。在大学组织中，网络化组织的基本特征表现得更为明显。在一个以知识工作者为主的大学组织中，以某一学科或某一研究方向组成的学术团队，或者经常一起承接科研项目的课题组，正在成为学校越来越重要的基层组织，这样的学术团队的发展目标与利益是一致的。系、教研组这种传统的组织中间层次正在逐步淡出，终将被校、院和上述学术团队这种扁平化、开放式的具有网络化组织特征的组织结构所取代。

由于组织外部环境要求和形势的不断变化，以及教师资源流动、资源全球配置与开放式办学等所体现出的组织开放性，管理制度越来越有弹性，组织变得具有柔性。适应性和柔性对组织效率都是必要的。这是组织在不稳定环境中，使教师员工和组织能力适应竞争优势的变化需求的根本途径。

从以上这些核心论点的阐述中，我们可以归纳出战略性教师资源管理，至少具有以下特点和特征：①人力资源战略与组织战略的有机紧密匹配、整合和强调组织与员工个体共同发展，是战略性人力资源与人事管理和传统人力资源管理最显著的区别。②将组织的注意力集中于改变结构和文化，提高组织效率和业绩，组织和教师个体特殊能力和潜能的充分开发，以及管理变革。③进一步突出"人本管理"和"能本管理"，更注重教师权益的保障，尊重教师个人发展以及相应组织文化的塑造，体现出一种"以人为本"和"人校合一，共同发展"的战略思想。

第二节　建立产学研战略联盟

产学研合作是指企业、高等学校和科研机构三方从共同发展、优势互补、互利互惠的原则出发进行的合作与交流。产学研合作教育是将高等院校、科研机构和企业的所有可用资源整合起来，采取课堂理论教学与校内外实践教学相结合的形式，培养社会和企业需要的应用型人才的一种教育模式。在产学研合作中教师是教育的实施主体，教师队伍的素质和能力对应用型人才培养目标的实现有着至关重要的作用，随着产学研合作在高校、科研机构与企业的不断深入，建设一支理论知识扎实、实践经验丰富、适应产学研合作的教师队伍是新形势下高校师资队伍建设的重要内容。

产学研战略联盟是高校、科研机构和企业之间实现互利共赢的新的发展形式，也是高校与产业界加深联系的重要通道，产学研三方合作目标的实现很大程度上依赖于产学研三方资源共享的实现以及资源共享的程度。人力资源是第一资源，物质资源和自然资源的开发和利用是有限度的，只有人力资源才能激发出无限的潜能。因此，改革高校人事管理机制，打破高校师资管理机制的壁垒，全方位地促进产学研师资发展，从而有效推进教师教育创新改革，促进高等学校的发展。

一、产学研战略联盟的内涵

战略联盟被认为是 20 世纪末以来最重要的组织创新形式，它是指两家或两家以上的组织机构为了实现既定目标，相互结合各自的组织形式和有效利用自身的优势建立起的一种同盟关系，它不同于公司的合并和收购，而是一种采用协议形式共同承担风险、共同分享利益的合作形式。

产学研合作发展到现在的阶段，暴露出很多问题，如利益分配不均问题、知识产权归属问题、风险承担不明确等问题。为了形成产学研更加稳定的合作形式，保证合作的长期稳定，实现共同发展、共同进步和共同受益的目标，产学研战略联盟应运而生。产学研战略联盟是一种全新的合作形式，是为了适应国家创新系统的发展，保持产学研各方长期的、稳定的、互惠的、共生的协作关系而产生的。

产学研战略联盟的目的是处理复杂的技术难题，为了产学研各方维系长期的合作关系，既要增强企业竞争力又要推动高校技术转化。这种方式能够促使不同层次的人才培养和人才管理机制的建立，实现长远利益和优势互补，解决创新成果在实际中的应用和检验问题，促进更多创新的产生和科技的快速发展，是一项战略性的组织变革。

随着科技创新的不断深化，研发技术的强度和风险都在增加，市场的竞争更加激烈，只有建立创新型组织和领先战略规划才能适应新形势的要求，才能在技术革新潮流中生存和壮大。产学研战略联盟的出现正是解决困境的有效形式，它保证高校和科研机构利用自身的优势资源，加强与企业的合作，构建技术创新平台，把握技术前沿。企业能够整合可以利用的各方资源，形成知识共享，降低创新风险和研发成本，提升企业核心竞争力，持续提高研发能力和成果转化能力。

二、产学研战略联盟的特点

（一）战略性的联盟

由于产学研战略联盟是产学研三方，为了从本行业中构建合作联盟形成突破发展而形成的，所以这种合作方式更加深入和持久。为了在国家科技创新中发挥一定的作用，产学研三方将人员优势、物质资源优势、技术优势优化组合，从而能够提升联盟解决重大课题、关键性项目的能力。正是面向建设创新型国家的现实需要，教育部科学技术委员会设立了战略研究重大专项，即在新形势下产学研战略联盟创新与发展研究。产学研战略联盟具有战略性、系统性的目标导向，是建设创新型国家的战略路径。

（二）多样的联盟形式

随着科研技术创新的深入开展，产学研战略联盟得到了广泛重视，建立的联盟形式也日趋多样化，联盟的形式主要可以归纳为四种：一是产学研各方的联合攻关，这种联合攻关往往以行业和区域内的重大科研项目为依托，产学研各方共同攻克关键技术和核心技术，从而促进新兴战略性产业、支柱产业和高技术产业的发展；二是产学研三方对有使用价值的新技术进行联合开发，联合建立行业创新平台、成果孵化基地、区域研发中心和虚拟创新网络平台等，使得科技成果产业化，形成服务社会的创新研发平台；三是联合建立股权式的创新型科技企业，这种形式的联盟也是市场改革的新方向，经过多年的发展形成了90多家科技园区和上百家产业集群，有助于提升高校的知名度和产业的国际竞争力；四是产学研合作各方共建创新型人才培养基地，使得高层次创新人才能通过这种体系得到能力的提高。

（三）稳定的组织形式

产学研合作的发展，在产生很多问题的同时，也对这方面法律的发展和完善有一定的促进作用。因此，在现有法律和契约的规范与约束下，产学研战略联盟能够形成更加稳定的组织形式。

在我国，契约型产学研合作是最主要的法律约束方式，联盟成员间以合同或协议为法律约束，为了保障各主体间的责权，避免知识产权纠纷等问题，在这种约束中，明确了联盟的利益分配、风险承担、最终产权归属等事项，以确保联盟成果的合理分配和形成高效的组织管理模式。

（四）利益与风险并存

产学研战略联盟是有效降低交易成本、优化资源配置、提高创新效率的组织形式，要求成员之间实行利益共享、风险共担，这是产学研战略联盟的本质特征。产学研战略联盟在科研创新运用中会遇到技术风险，技术创新是一项复杂的高风险、高成本的工程，科技成果在市场中不能被接受会造成人力、物力成本的损失；在科研过程和市场推广过程中，技术管理和人员管理都存在风险，一旦管理不善造成技术机密泄露，关键人员退出，整个工程将前功尽弃，损失严重；科研创新如果得不到政府和社会的信任，会造成信任风险；形成的知识产权归属不明确，会造成知识产权风险等。

但是，基于三方的优势互补，产学研战略联盟能够合理地解决管理、技术和知识产权等风险问题。成员会尽全力实现各自的产学研合作目标，当技术转化为成果得到市场验证后，成员在承担风险的同时可以获得丰厚的回报，作为一种正反馈，联盟成员会在后续合作中保持这种模式，更加成熟地面对科研技术创新。经过一段时间建立了有效的管理和组织模式后，战略联盟就能够获得持续性的发展动力，同时也能够获得长期的经济回报，战略联盟的这种特性可以加快科技成果的转化率，降低科技研发成本，同时，可以实现创新型人才的培养，形成企业、高校和科研机构联盟组织的创新文化，实现共赢的策略。而联盟创造的利润和知识产权转化为专利和技术成果，也是联盟重要的资源财富。

（五）广泛的合作边界

产学战略联盟为了自身的发展会寻求多样化的资金来源，包括政府的专项经费与地方政府的配套经费、联合申请基金项目、社会基金投入、企业的研究经费等。由于产学研战略联盟三方联系的日益紧密与合作程度的加深，合作的范围变得更加广泛，资金主体参与者更加多样化，涉及的组织结构类型也越来越多。带来的好处是各种合作项目相继出现，如大学科技园、共建研发实体和共建研究机构等。

随着不同学科互相交叉与融合，产学研三方合作的边界越来越广泛，学科链与产业链的结合更加紧密和复杂。随着民营经济的发展，很多联盟共同体也如雨后春笋般出现，产学研合作的边界与壁垒不断消解。在很多学科和产业中产生了更广泛的合作内容，使得人才、资源、信息形成网络式发展，研究范围更加广泛。

（六）互补的资源优势

协同学理论观点认为，一个系统有序运行的关键是组成系统的各个主体能否相互协同作用，实现结构和功能的有序性。产学研战略联盟是三个相关主体投入各自的优势资源和能力共同进行技术开发的协同创新活动。首先，高校拥有高水平的研究理论基础和人才队伍。高校是专门从事教育的机构，其科研设备先进并拥有大批学术水平高、科研能力强的人员，高校是输出高水平人才和知识技术创新的第一基地。其次，企业是科技成果转化的生产者，企业为了满足市场需求而生产销售相应的产品，同时企业也是科技创新的使用者，因此，企业拥有将科技成果商品化和产业化的能力。最后，科研机构能为企业提供研发资源和技术支持，因为它是应用性基础研究和产业共性技术研究的基地，是将科学理论和科技应用有效结合的组织。

可以看出，三个相关主体分别拥有科研机构的研发优势及人才资源、雄厚的资金优势和良好的实验环境。产学研应形成供应链型战略联盟，以提高各自的创新效率和竞争实力，从而实现优势资源的融合和互补。战略联盟中的产学研三方都具有其他组织所不具备的核心竞争力，因而形成的联合体既相互分工又相互协作，能形成创新共生体，发挥竞争优势，相互弥补、相互吸引。

三、产学研战略联盟的要素构成

（一）主体要素

产学研战略联盟是产学研合作发展到一定阶段的高级组织形式，其主体要素是科学技术成果转化为生产力的直接参与者，即高校、科研机构和企业。他们是产学研结合中缺一不可的三类主体，这三类主体的角色各不相同：高校是创新知识、技术的来源和人才的主要输出者；科研机构是科学技术转化为生产力的创造者；企业是科技成果的生产者，是技术创新的主力军，是科学技术转化为生产力的实现者。但由于以上三类主体的目标是不同的，一个是以人才培养为主，一个是为了技术转化，另一个是以生产盈利为目的，因此需要政府出面充当推动、沟通和监督的角色。因而，产学研结合的主体要素就包括高校、企业、科研机构和政府。

1. 高校和科研机构

高校和科研机构是知识创新的核心，在产学研战略联盟中起到创新支撑的作用。高校的基础研究和行业的理论研究需要在市场中实际检验，这需要资金的投入和创新成果的转化。高校教师对知识创新有前瞻性研究，加之高校的人才优势和科研机构的技术环境，因此高校和科研机构能够建立优秀的师资队伍和科研队伍。这就为战略联盟提供了知识储备和创新成果基础，为国内外企业提供了多种形式的技术服务。

2. 企业

国内外知名企业尤为需要产学研战略联盟的平台，企业是创新平台的主导力量。他们为了满足市场需求，为了弥补自身人才资源的不足，降低研发成本和吸引优秀资源、人才，寻求多方合作。企业能利用自身信息资源，探寻市场需要，投入研发资金和申请合作项目，积极共建创新技术转化平台。在成果进入市场后，要将利润合理分配，共建研究机构和人才培养基地，以快速提升企业的市场竞争力，谋求最大效益。

3. 政府和其他机构

政府、金融公司、信息机构等其他组织在产学研战略联盟中也是不可或缺的，他们在外围参与联盟的政策导向、风险投资、资金支持和信息服务等。在创建创新型国家战略中，政府给予行政服务和融资渠道建设，制定激励战略联盟的税收减免政策，为各种组织形式提供准确信息和快捷的配套服务。中介机构是知识扩散和转化的关键。通过金融机构、信息机构可以获取信息网络资源和寻找风险投资项目，为解决产学研创新和融资问题提供有效帮助。

（二）环境要素

产学研战略联盟的环境要素具体可以分为内部环境要素和外部环境要素。

1. 内部环境

内部环境是指高校、科研机构和企业间及其内部之间的相互作用。产学研战略联盟三方的文化背景和目标存在很多不同，各个组织的内部有自己的组织文化、资源环境和技术创新机制。这些内部要素的碰撞和作用形成了内部环境。

2. 外部环境

在系统外部，社会化创新机制、全球经济发展形势等都在大范围的影响组织的创新活动。政府的政策导向牵引众多企业投资目标的转变，制度环境的改善可以吸引外界优秀科研人才的加入，高新技术的发展、法律法规的健全都是形成健康联盟的外界因素。外部环境还包括社会教育、经济发展程度、技术发展程度等。

（三）资源要素

产学研战略联盟就是高校、企业和科研机构整合现有资源，发挥自身竞争优势的创新组织形式。为了保证这个组织形式的正常、稳定运行，需要对创新平台上的公共资源进行合理利用，包括人力资源、资金和信息资源、知识和技术资源、设施资源和政策资源。组织结构的管理者应该合理分析这些资源要素，整合各种有利资源，充分发挥各方资源的作用，提高合作平台的效率和效益。

人力资源涉及从事科技研发创新的所有参与者，如高校中的科研教师、课题组成人员、团队成员；企业中的技术创新人员、生产者和服务人员。资金和信息资源包括政府项目款项、企业研发投入、风险投资、银行贷款和重大项目资金。信息资源包括人才信息、市场信息和技术发展信息等。为了研究共同科技的文献、期刊、图书、专利、数据库、技术网络资源和研究人员的知识结构、已研发的成果和技术方法、经验等组成了知识和技术资源。设施资源就是为了形成产学研合作的研究实体，企业、高校和科研机构提供的设备、仪器、计算机、电子平台、内部网络资源、办公系统和管理系统等。政策资源是政府部门和相关机构对技术创新的合作联盟提供的政策支持、引导性规章和信息等。

四、产学研师资发展战略联盟的构建

在产学研战略联盟共建师资的起始阶段，主要内容是高等院校、企业和科研机构针对欲成立的组织目标的战略选择。为了完成这一工作，要达成战略一致。为了实现这一目标，我们需要从四个方面来努力。

（一）协调一致的发展目标

产学研师资发展中战略一致的实现，首先要从战略目标上达到统一，经过各方磋商，共同达成目标愿景。产学研师资发展中高校的目标是高校教师实践锻炼和科研能力的提升。高校师资发展的落脚点要落实到促进优秀人才培养上。高校、企业和科研机构是不同组织，有各自独立的组织目标，对于高校产学研合作中的师资发展目标，虽然其他两个机构不会投入很多精力，但是各方对各自人才培养这个目的是不可否认的，因此，在实质上产学研师资发展的目标一致是可以达成的。

高等院校的主要职能就是人才培养和科学研究，最终服务社会。产学研战略联盟中的高校人才培养是为了培养适应社会发展需要的应用型人才，这对高校教师不仅在理论功底上提出了要求，同时也对其实践经验的积累有了更高的期待。但是在高校与高校的合作中教师并不能得到很多实践经验，高校只有和企业、科研机构进行联合才能了解社会需求和市场变化，从而培养出适应社会发展的应用型人才。企业虽然能够及时了解社会动态，发现社会需求和市场需求，但是其科研能力相比高校和科研机构是不足的，为了提高市场竞争力，企业要加强与高校和科研机构的合作。因此，在人才培养和服务社会的理念上，产学研战略联盟的目标是一致的。

（二）构建共有的组织文化

组织文化可以促使组织形成良好的组织氛围，增强组织凝聚力和认同感。在战略协调一致的实现过程中，拥有组织文化的建设能够快速地将组织成员的意识统一到产学研战略联盟中来。否则，在没有组织文化的前提下，组织成员的认同感不能形成，组织形式还是散乱无章的，因而不能够达到统一的战略目的。通过文化领域共识的达成，可以形成产学研师资发展系统内部独特的文化网络和合理的规章制度，从而保障战略能够顺利实施。通过共有文化的构建，管理者可以号召组织成员追求更高的目标和专注于自身建设，消除消极因素的影响，从而协调高校、企业和科研机构的组织关系，形成三方共有的组织文化，加强相互之间的沟通协作，达到共赢的目的。

因为高校、企业和科研机构的组织形态不同，在合作初期，高校、企业和科研机构在价值观念、行为方式等方面会有所差异。但是，经过一段时间的培养和努力构建，通过小团体的意识转换，通过不同途径的引导和培训，通过在工作中开展文化建设活动，高校、企业和科研机构内部会逐渐形成文化转换机制，这种文化转换机制会将产学研师资发展的核心价值观渗透和灌输到高校、企业和科研机构中，进而形成一致的价值观和组织文化。

（三）建立公平的利益分配机制

产学研合作共建师资是市场化的行为，在产学研合作的过程中，高校、企业和科研机构均想通过协商（博弈）使得自己利益最大化，由此在利益分配上可能出现冲突。所以，建立公平的利益分配机制，能够在合作初始阶段就明确知识产权归属、利益分配方式，能够明确管理过程中的成本和风险责任承担者，从而通过协议或者合同的方式清晰列出。在法律监督和保障的前提下，三方能够公平地实施战略合作，将应承担的责、权、利尽可能地细化和明确，可以避免不必要的冲突。这种利益分配制度的公平性和有效性，有利于在组织内部达成一致目标，有利于组织的长期持续发展，有利于保障各方的权益，激发科研人员、高校人员和企业员工参加合作的动力。

（四）构建畅通的信息沟通机制

从经济学角度来看，信息是一种重要的资源，在信息对等情况下，各种组织既能够了解一些信息，同时也知道其他组织了解这些信息的情况，即信息对等。这时候的交流才会公平，合作才会顺利进行。因此，沟通与信息交流是促进高校、企业和科研机构合作的基础，也是保障各方对合作的意图和目的有清晰的认识。

建立畅通的信息沟通机制既要加强产学研师资发展系统的内部沟通，也要通过外部信息机构获得有效帮助。同时，要重视有具体组织形式的信息沟通，如加强各方高层领导的联系，安排高校、企业和科研机构的专家互访和进行学术讲座、报告会等。在信息沟通形式上建立网络信息数据库被认为是较好的信息沟通形式，在内部网络中分析信息，能够提高信息传递的速度和信息查询的广度，也能保障重要信息不被其他机构利用，从而降低科技成果被窃取的风险。只有在建立完善的信息沟通机制后，产学研三方才能同时开展科技研发和转化。

在战略目标达到一致之后，高校、企业与科研机构统一了战略目标，协调好了各方利益和资源关系，建立了有效的沟通渠道后，资源配备和管理方式这两个方面成为产学研师资发展的主要内容，主要需要注意以下几个方面：

1. 优化资源配置

资源有效配置的内涵是指高校、企业和科研机构针对资源实施方面进行的应用，通过协调高校、企业和科研机构这三个方面的资源管理关系，基于组织理论充分调动和使用，能够使资源配置和利用实现最大化。

资源优化配置的基本方法是将高校、企业和科研机构这三方面独立的资源看成一个整体的系统，根据一个统一的目标实现资源的优化配置。通过协调、重新配置和再加工可以组建一个高校、企业和科研机构三个方面都相互贯通、联系紧密的有机结构，以实现共同发展的目标。这样的资源配置，可以充分调动现有的资源，使整体利益能够发挥最大的效能，这不仅能够取得三方联合的效果，还能够取得 $1+1>2$ 的资源利用效果。为了实现这一目标，具体的机制方法如下：

第一，建立产学研合作信息共享平台，保证资源共享渠道畅通。产学研合作是一个多方参与的合作过程，在这一合作过程中，信息的对等性显得非常重要。目前在产学研实际进程中，经常出现信息不够和信息不对称的问题。产学研的多方合作机制，导致各方资源分配不均并且信息沟通不畅的问题时有出现。例如，如果高校和企业、科研机构没有一个统一的基于共同合作目标的信息共享平台，那么就会大大提高选择合作对象的成本和风险。

因此，对于产学研合作来说，建立一个统一的信息交流共享平台是非常重要的。在建立信息共享平台时，需要有以下几部分组成：首先，建立信息披露制度。信息的及时性和公开性是保证产学研各方相互交流的重要前提，这不仅仅基于各方的合作关系，还要求合作方彼此信任。其次，充分利用科技中介机构。在高校和科研机构这两方与企业一方中，科技中介机构是一个重要的沟通桥梁，通过科技中介机构，高校和科研机构的科技成果能够及时地被介绍到企业，而企业对应的需求和市场的反应也能够及时地反馈到高校和科研院所两方，这样就有效地将技术、人才、需求、产品有效地集合起来。最后，政府需要建立开放的信息网络系统。在政府相关部门的带头下，能够借助互联网将各方资源信息收集起来，并能够及时发布给所需单位。通过对各方面数据和信息的收集，并对合作典型案例进行一定范围的推广，能够在一定程度上提升产学研的合作机会和合作效率，使产学研各方面的资源要素实现更好的统一。

第二，建立产学研师资发展系统的要素整合机制。在协同学理论中，要素整合的概念是系统为了实现统一整体的协同目标，通过沟通联系，交流渗透等行为方式，将不同部分整合为一个统一协调的整体。通过要素整合的过程，可以提高整个系统的协同性。产学研师资发展系统要素整合的目标是将各方分散的资源，通过要素整合机制充分调动起来，完成师资发展系统的整体目标。

师资发展系统的要素整合部分是指对教师招聘、培养以及职称授予之间的业务整合，而这背后包括对人力资源、科研技术以及资金等要素的直接配置和整合。产学研师资发展的要素整合不仅仅需要以上几个方面的资源整合，还应当包括对市场资源、信息资源和管理资源的共同协同。要素整合需要注意由于系统之间、各部门之间可能存在摩擦离散现象和效率低下的问题，因此需要保证师资发展系统的连通性和通畅性，提高系统内的运作效率，这样系统才能在各要素整合之后发挥出更大的整体功效，实现既定目标。

2.选择有效的管理方式

对于产学研师资发展系统来说，管理的对象是高校、企业和科研机构，目标是通过建立有效的管理机制，打破高校、企业和科研机构之间的壁垒束缚，从而取得 1+1＞2 的协同效应。

针对管理方式选择方面，其实现机制包含以下几个要素：

第一，对教师队伍结构进行变革，建立完善的产学研教师聘任机制。现有教师的能力和素质已不能满足产学研的合作模式，因此为了完善产学研协同系统的整体效能，需要从两个方面对教师队伍结构进行变革。一方面，增加有丰富实践经验的兼职教师的数量。在实际生产管理方面，企业有大量的具有丰富实践经验和宝贵知识的人才，他们了解市场的实际需求和生产方面的知识要求。通过聘请这部分人才到高校做兼职教师，可以大大提高人才的实践能力。另一方面，通过采取讲座和实习课程的方式，使他们参与教学活动，他们的参与可以促进专职教师与兼职教师的交流，使彼此更好地了解社会信息，培养社会需要的人才，并且能够带动教师的科研成果发展。

第二，加强对兼职教师的培训，将部分兼职教师转变为专职教师。通过引进生产管理一线的高水平人才提升兼职教师的比例后，需要对兼职教师进行培训。这些在生产管理过程中积累了大量经验的一线人员，在教学过程中，可能并不擅长指导学生和从事科研。因此有必要对兼职教师进行一定的培训，使之能够担负日常教学工作，并且了解科研过程中的具体事项。对于其中一部分既具有教学能力，又能够继续从事科研开发的兼职教师，可以将其转变为专职教师，这一部分专职教师能够对学校产学研的合作产生更加深远的影响。目前已经比较成熟的方式有"客座教授"制度、"访问工程师"制度、建立兼职教师信息库、建立专兼职教师互动交流平台等。

第三，鼓励教师到企业进行专业实践和培训，建立和发展高校教师培训系统。目前高校专职教师在实践能力和创新能力方面有一定的不足，针对这类问题，可以通过建立高校教师培训系统将其改善。鼓励教师到企业进行一定的实践实习，不仅可以将高校专业设置和教学内容安排等与企业用工单位进行衔接，还能够鼓励高校教师与企业人才进行合作，这对产学研人才发展具有重要意义。

从学校内部来说，可以积极安排教师参加各类培训，如岗位培训、教师业务培训、建立优秀教师计划等。通过引进一些企业内具有丰富实践经验和操作知识的高级技术人员，对教师技能技术进行培训，对提高教师实际操作能力有一定帮助，这对于在校园内营造一个良性的创新环境和教学与实践相结合的氛围有很大好处。

从企业方面来说，高校可以利用挂职培养的方式，鼓励教师到企业进行实习，以项目参与的方式亲身参与产品的开发和研究过程，提升专业实践能力，这样教师能够更好地了解专业发展趋势和社会市场需求，从而及时地反映到教学过程中，发挥人才和用人市场的桥梁指导作用。

从科研机构方面来说，要增加彼此之间的人才流动，增加合作交流的机会。高校要通过对科研机构方面信息的及时掌握，鼓励教师积极参与科技创新活动，并建立一定鼓励机制，进行联合科研项目开发等工作，提高高校创新能力，提升教师推广和应用新技术的实际操作能力。

高校、企业和科研机构合作共建高校师资是一个需要长期合作的过程，需要高校、企业与科研机构不断深入地研究和相互作用以达到平衡。高校、企业与科研机构对前一阶段形成的成果进行深入探讨，进行持续稳定的合作才能使得科技成果更加具有深度和市场适应能力。因此，持续稳定发展是以高校、企业和科研机构合作共建师资为平台和桥梁，形成产学研合作一体化的更广泛和更深入的交流与合作。在此阶段，选择和建立稳定的产学研师资发展的战略联盟模式是持续发展阶段的主要内容。

第三节　构建国际化培养模式

一、师资队伍国际化的科学内涵

第一，人员结构国际化是指师资队伍的人员构成应达到国际化标准，高校的教师和管理人员不仅来自国内高水平大学，还应包括具有国际教育背景的来自不同国家和地区的高层次人才，本土和外来人员的比例因学科或专业不同而有所不同。

第二，知识文化结构国际化是指高校的教师和管理人员所拥有的教育理念、知识文化以及技术方法应当符合国际化的人才标准，具有通用性、开放性、交流性和创新性等特征。

第三，经历学员结构国际化是指高校的教师和管理人员无论在就读院校、所学专业还是社会实践经历等方面所形成的类型、层次、比例分布的结构应达到国际化标准。

第四，人员交流结构国际化是指高校的教师和管理人员参与国际合作交流活动的数量、质量、层次、布局等方面的结构应符合国际化，师资队伍的交流不局限于一些固定的国家、地区或长期合作的几所大学，应当充分实现多元化、多层次以及多渠道的国际化交流。

二、积极构建师资队伍国际化培养模式

（一）培养教师全员国际化理念

综观世界一流的高校，无一不秉承着国际化办学的理念，越是世界上顶尖的名校，教师国际化程度越高，就越能从全球化的角度出发，研究全球性的问题。对于我国的高校来说，国际化程度较高的当属北京大学和清华大学，他们能从国际视野出发来认识高等教育的改革并分析高等教育的发展趋势，从而审视高校的办学理念、发展规划和战略目标，明确自己在世界高等教育中的地位。目前，清华大学正在推行"国际化校园"的建设，为国内高校提供了经验借鉴。要培养教师全员国际化的理念，可从以下两个方面入手：其一，要在高校内普及国际化理念，以人为本，坚持人才战略，培养具有国际视野的人才，结合中国实际国情和本校发展愿景确定国际化发展战略。高校管理者应清晰地认识到高等教育国际化的必要性和紧迫性，贯彻引进与培养并重的方针，密切关注世界高等教育的发展趋势。高校要加大国际化建设的宣传力度，在领导层面达成共识并推广给全校师生及广大校友，让国际化理念深入人心，从而推动国际化办学。其二，对于教师自身来说，应该多与国际上顶尖高校或研究所合作，重点研究全球热点问题，提升自己的研究水平，提高论文写作的质量，增加科研质量的贡献度。教师应积极参加各种层次的国际学术会议，担任国际知名期刊编委等来丰富自己的阅历，不断积累经验，举办有影响力的国际会议，吸引更多学者到校交流访谈，开展国际交流合作。教师要想进行国际交流，增强国际影响力，就必须精通外语。因此，教师应该不断提高自己的外语能力，不仅要提升英语阅读和写作能力，而且要重点提升口语和听力能力，这样才能扫除语言的障碍，才能零距离地交流研究成果。

（二）加大国际人才引进力度，优化师资结构

打破传统人才引进的常规，有计划性、有针对性地引进海外优秀人才，聘请世界知名学者来校讲学、开课，从事教学科研工作是优化师资结构，快速推进师资队伍国际化发展的最直接、有效的途径。这些人才具有世界名校教学科研经验，有助于带领学校师资队伍建设走向国际化，促进国际前沿的学术理念和科研方法融入高校，提高教学团队的整体教学水平和科技研发能力，同时能帮助在校学生拓展国际化学术视野，共享国际

优质高等教育资源。在引进过程中，应在大数据分析的结果指导下，根据自身层次与需求，结合高水平大学的发展要求合理引进，避免盲目引进人才，或者因自身条件等诸多因素的限制而不能为这些高层次人才提供适宜的发展平台，造成人力资源的浪费。高校应力求做到人员结构合理，学术方向互补，学科特色鲜明。

（三）注重教师的国际化培养，提高教师的学术水平

由于一些客观原因的限制，可能无法面向全球招聘一流的教师，但可以从实际出发，逐步实现自主培养，做好校内人才与引进人才的平衡衔接。目前国内也已经具备了很好的条件与能力，对于一般的学科带头人，可以立足于国内培养，但对于那些高层次人才，尤其是可以主导学科发展潮流的人才，他们需要有宽阔的学术视野和学术社交范围。针对这类人才，我们可以采用联合培养的模式，与国外一流大学建立联系，或者将这类人才直接送到国外一流大学去学习，使他们在国际学术前沿领域得到成长，以造就更多的学术大师。鼓励中青年学术骨干出国研修，积极支持教师在国际学术机构、研究机构中任职和在国际刊物上发表文章，不断提高教师国际学术影响力及国际化水平。加大对外交流，扩大国际影响。坚持引育并举，通过"派出去"和"引进来"的国际人才交流，可以使现有的师资队伍进行知识更新，使国内外的学术交流进行有效的信息互换，实现优势互补，提高整体的教学科研水平，形成以高层次人才为核心的高水平创新团队、教学团队，形成特色优势推动师资整体水平，加快迈向世界一流行列的步伐。

（四）构建国际交流的平台，培育国际化环境

高校应将国际化列为办学特色，构建国际合作与交流平台，全方位培育内外部国际化环境。可通过引进国外投资、共建共享教育资源、合作办学、合作项目、提升社会服务能力等措施调动外部环境，通过教师交流、发展远程教育、学术合作交流、外语教学、教材国际化、联合培养学生等途径活跃内部环境。面向全球办学，关注世界高等教育的发展趋势，与国际接轨，采用国际性的指标来评价办学水平，使教师全方位地融入国际化教育环境。

国以人立，教以人兴。高校师资队伍的国际化建设决定着高校的教育竞争力，完善创新机制引进人才、搭建平台使用人才、加强交流培养人才的师资队伍建设机制，分层次、分梯度、分学科、分类别，全力造就一支业务精湛、结构合理、特色鲜明、充满活力的国际化师资队伍，为高校的现代化发展发挥支撑、引领和服务作用。

第四节 加快"双师型"教师培养的步伐

一、"双师型"教师的内涵与外延

（一）"双师型"教师的内涵

由于对"双师型"概念的解读和内涵把握，不同专家学者站在不同的视角，对"双师型"教师这一全新的概念进行界定，但是在学术界未能取得统一的概念界定。具体可以包括几个方面的观点：

一是"双职称"学说。持有这一观点的学者提出"双师型"教师要达到两个条件：第一，要是讲师或者是教授，同时还需要成为工程师或者是高级工程师，也就是"双师型"教师本身的特殊性就在于不只是配有教师职称，同时还需要配有非教师职称。第二，非教育系统内的技术或专业职称：除了教育系统内的职称，教师还应当拥有另一个与所教学科紧密相关的行业或专业技术职称、职业资格认证，如工程师、会计师、律师、技师等。这一条件体现了教师不仅要有扎实的理论功底，还应具备相关领域的实践经验和专业技能，能够将实际工作经验融入教学，增强教学的实用性和针对性。"双职称"学说是"双师型"教师提出的最初含义，"双师型"的名称也就表示了具有教师和工程师等两种职称。

二是"双素质"说，也称为"双能"说。支持此观点的学者认为"双师型"教师不只是要具备教师的专业知识和能力，同时也需要具备工程师、技师等其他职称的素养和相关的能力。另外，"双师型"教师也不只是教师的能力素养和工程师的素质直接进行相加，而是考虑把专业的知识和技能全面贯通，将教材转化为学生们能够理解的知识和相关的语言，让学生能够获得相对简单的信息，能够在较快的时间里学习到一些相关的知识和技能。上述这种观点主要是全面体现出"双师型"教师作为"双师"的能力和素质的整体特点和基本效用。

三是"双证"说。赞同这一观点的学者认为，专业技术教师只要是具有专业技术职务任职资格证书或者是相关的职业资格等级证书，如同时要求有教师资格和工程师资格证书等。这种观点无法了解教师是否真正具有相应的职业水准或者是技术水平。教师所取得的职称，包括工程系列职称、教师系列职称等相关职称。职业资格指的是教师取得由劳动和社会保障部门、行业、企业等其他工作单位颁发的资格证书或者相关的技能证书。其最大的优势就是容易进行审核，审查时不需要进行其他方面能力的测试，而只需要教师把相关的证书出示，就能够判断其是否为"双师型"教师。

四是"叠加"说。支持这一观点的学者全面地把"双证"说和"双能"说这两种学说的观点进行了综合，认为"双师型"教师不只是需要持有"双证"，同时还应该明确具有"双证"所要求的一些基本技能："双证"是"双师型"教师的基本补充形式，"双能"是"双师型"教师的基本内容和相关的内涵。如今，高等职业教育人才培养评估和相关的指标体系对"双师型"教师的界定就是对上述观点的基本体现，即双师素质教师指的是同时具有教师资格，还是校内专任教师，或者是在校外兼课的相关工作人员：①具有本专业中级或者是高级的职业资格（含持有行业特许的资格证书或具有专业资格或者是技能的考评人员），同时在近五年主持或主要参与过校内实践教学或者是用于检验技术水平提升的安装设计工作，并且取得了良好的利用效果，在省内同类的院校中保持了领先地位。②近五年中有两年以上（可累计计算）在企业具有基层实践工作经历，能全面为学生们参与实践活动提供有效指导。③近五年主持（或主要参与）过一些关于应用技术的研究工作，而且其成果已经被一些企业采用，并取得良好成效。这种观点，不仅是强调了教师必须持有能够证明自身水平和能力的证书，还需要在技术应用或者是教学实践方面进行大量的研究，表明自己在这一技术领域具有一定的能力。

五是"双层次"说。赞同这一观点的学者认为"双师型"教师需要通过理论上进行专业知识的传授，同时也能够在学生的技能上提供相关的指导，并为学生形成正确的人生观、价值观指明前进的方向，培养他们的职业道德能力。所谓"双层次"也就是具备第一层次或者是第二层次能力的素质教师。

六是"一证一职"说。认同这一观点的学者认为对于校内教师，"双师型"教师要求既具有教师职称，同时又具有其他职业资格证书的教师。而对于校外的或者是兼职教师，要求具有教师资格证书，同时也具有其他非教师系列高级专业技术职称或者是其他职称。

（二）"双师型"教师的外延

"双师型"教师的外延具体可以包括两个方面：一是学习培养的具有本行业相关资格和能力的老师。这类教师本身的工作和人事关系在学校，其工作重心还是要进行教育和教学，参与企业或者是行业的实践活动；二是从行业、企业招聘的具有教师资格的兼职教师。这类教师的人事关系通常情况下并不在高校。而对于这类教师而言，学校也只是对其教学工作进行有效地评估和管理。这类教师可以成为"双师型"教师的重要组成部分，而且是其中不可或缺的部分。

二、高校"双师型"教师队伍建设的对策

（一）转变理念，合理规划"双师型"教师

一是要不断地转变办学理念。高校要对传统的办学思路和基本理念进行调整，对当前的高等教育重新进行全面审视，摒弃高校发展长期以来追求的"高大上"规模。为了使高校的转型能够更好地服务于社会大众与社会进步，我们要积极做好对人才培养道路的建设，充分利用产学研相结合的有效路径，优化基础理论、建立专业宽口径以及让人才培养和社会接轨；将理论知识与实践操作技能培养相结合，将教学观念逐步导向创新精神、能力和操作实践能力的培养；以学生为主，教师为主导，加强对学生独立性和终身学习的教育管理。随着培养方式和教学模式的转型，以往的照本宣科已无法再为学校

和学生提高成效，与此同时也意味着教师的评价导向、考核内容与方式都要做出相应调整与改变。全面地发挥政府调控和市场机制的功能，全面地推进需求变革，并为人才强校发展战略进行科学规划，增强教师转型发展，更有效地促进教师的专业实践操作技能提升，对于高校转型具有重要意义。

二是要明晰应用型本科定位。实践操作技术层面的提升是应用型人才培养的重要前提，因为相比普通本科，应用型本科更注重对实际问题的实践操作能力。因而高校转型，在提高教师素质教育的同时，还要对其采取相应有效的手段，对办学定位和人才培养目标要增强理解，在得到普遍认可的基础上，要紧密联系地方本科院校及转型教师的实际情况，借鉴已有的外国办学经验及其对"双师型"教师的认定和培养方式，加强"双师型"师资队伍的建设。

要与企业开展深度密切合作，加大校企合作领域和增加与其他相关人员之间的合作机会，促进地方高校对学科进行合理定位、突出其未来发展特色、拓宽其发展规模等，打造与政府、企业、高校三方培养，全力打造产教结合、研学互融、协同发展。

促进高校"双师型"教师的转型并不是短时间内能够解决的，而是需要政府、学校和教师三方合作，还要经历一个"双师型"教师操作实践锻炼和培训的必要阶段。高校应结合自身的实际情况，寻找一条适合本校"双师型"教师的有效培养路径。学校在教师理论教学能力和实践技能方面，不仅要制订符合且可行的培养计划，还要对各项培养指标进行明晰，然后对其进行严格实施。具体地说，高校应制定适合本校"双师型"教师培养、培训的长期目标和短期目标，再划分为分项任务，分配到每个学院和各个教师。从内容来看，建立专业的"双师型"教师测评体系系统，明确专业教师发展方向，考核方式要针对教师发展的各个方面。从培训形式来看，全面促进岗前培训和在职培养相结合，脱产进修和在职学习相结合，系统长期培训和短期培训相结合，学历培训和提高培训相结合，安排教师有计划、系统地利用假期和业余时间进行师资培训，并系统地提高他们在不同类型、层次和专业方面的培训。总之，应该制订一个合理的全面计划来培训转型教师，并有计划和有组织地逐步更新他们的专业知识和实践技能，以提高他们的学术水平，从而促进高校"双师型"教师队伍建设。

（二）拓宽"双师型"教师队伍渠道、优化师资结构

一是要不断地拓展师资引入渠道。培养具有较强的专业能力和动手能力的人才队伍，同时又具有一定的专业能力和实践能力的应用型人才，这需要通过把高校的专业教师和社会人才资源结合才能促成。为了能够达到对应用型人才培养的基本需求，学校要取消只注重学历和职称而不关注能力的做法，坚持以解决实际问题为中心，提出科学的人才选择标准，应着眼于为技术提出标准规范，同时也制定行业规范，摆脱以往落后的思想和相关理念，积极地为促进教师全面发展营造良好的外部环境，不断地进行师资渠道的拓展。在人才引入工作中，要更好地提高专业标准与职业资格标准的契合度，与经济社会发展的新态势相结合，努力建设一支有理想、有责任，有丰富的知识、经验和高水平

实践技能的"双师型"教师队伍。

二是要对师资结构进行优化。应用型人才的培养，其核心要素就是对教师结构的有效建立。首先要优化学历结构。因为具有较高的素质和实践操作能力的教师对应用型人才培养具有很大的影响，这些素质和能力具体可以涵盖专业理论素质、科学文化素质、科研能力等，所以对"双师型"教师的要求在不断提高，无论理论教学，或者是实践教学，都对教师们的思想道德修养和科研教学能力提出了要求。其次要对职称结构进行优化。"双师型"教师是把理论和实践教学融入一体，不仅要求教师具有一定的理论水平，同时也要求他们具有相对熟练的教学能力，这就对"双师型"教师队伍的职称结构提出了明确的规定：必须在后续工作中提高"双师型"教师的比例，要求师资队伍的整体教学和科研能力相对较高，即教师队伍要保持合理的职称结构。最后要对他们的年龄结构进行优化。应用型人才要求培养出一支具有一定的创造能力的人才和熟练操作技术的中年和青年教师专业团队，他们不只是要对工作保持热情，身心健康，而且要思维开放等，同时要对科研充满热情。因此，强化对青年教师的培养，引进高素质人才队伍，是现在高校亟须解决的问题，以满足应用型人才培养的总体要求。

（三）强化培训"双师型"教师专业技能

1. 要将校内外的实践教学资源进行合理地整合和优化

实施委托培养的模式，将教师分批次安排到一些相关的企业中去实习和锻炼，或让科技特派员参与一些国际项目的研发和合作，提高教师实操技能，推进专业与课程建设和教学改革；引进在相关行业中有着丰富经验和高水平学术研究的专家与技术人员担任相应的教师，促进行业企业人员为教师进行技能的传授，建立学校与企业之间的合作桥梁，组建同时具备理论与实践技能的教师团队。为了当今企业不断发展的多样化需求，满足专业教师理论知识与实践技能相联系的需要，学校应有针对性地组织各专业教师进入社会的各行各业，丰富自身的社会经验，增加专业知识，提高自身专业的实践能力。学校可以在寒暑假期间让专业教师进入相关行业的企业单位，通过以上多种形式使他们及时掌握行业的第一手情况，了解行业的现状与发展趋势，更好地把自己的理论知识与实践相结合，提高自身素质。学校还可以通过实施相关规定来提高专业教师的"双师"素质，如规定在评定职称和职务时需要有到相关行业企业中1至2年的实践经验，另外，还可以将专业教师分派到对口的培训基地进行专门的学习培训，并对获得相关专业技能证书的教师进行奖励，以此来激励教师们不断充实自己的经验和知识，掌握相关技能，增强自身能力。

2. 要建立和完善对青年教师的培养路径

学校要组织实践和职业资格等方面的培训，引导青年教师能够对自身未来的职业生涯进行科学规划，加快推进转型，使青年教师完成课程、方向与成长上的定位；多举办一些教学公开课、知识技能竞赛、学术沙龙等其他的活动，提高教师的教学和职业能力；推进青年教师岗前专业培训机制，增加青年教师的外出研修与职业锻炼经历，并与职称的评定挂钩。学校可以每学期选派专业骨干教师和优秀中青年教师前往一些优秀的大学进行技术交流和学习，并不断地提升本校教师队伍的综合素质。

3. 要让学生和老师共同去行业企业的一线学习，使产学研更好地融合

学校可以利用假期时间带有明确目标地分批次地让老师与学生进入行业企业，通过上岗实操等多种形式进行锻炼，提高自身的经验和技能，丰富自身的专业知识。学校也可以从行业企业等用人单位，将那些具备丰富的专业知识与经验技能的专家请进学校，与学生、老师展开亲密互动，把理论知识与实践技能紧密结合，在向学生传授理论知识与技能知识的同时，也对在岗的专业教师进行了相关培训，为学生和老师的实践经验积累与创新创业提供更多途径与综合服务，推进"双师型"师资队伍的培养与建设，不断更新老师的知识理论体系和学生的学习观念，使师生掌握更多的专业实践技能，实现"双师型"师资队伍引进与培养的充分结合。

4. 要着重研发新一代的实训基地以及实训科目

各级各类学校要分批分次、有条理地带动教师去相关部门批准的"双师型"实训基地进行培训，聘请专家和一些相关的优秀技术人员在寒暑假或者是其他的时间对教师进行培训。

首先是实训基地的管理方式应当多种多样。现行的实训基地模式较为单一，应当继续推进管理模式的多样化，建立更多适应学校发展的实训基地。而针对一些行业内领先、专业性较强的实训基地，比较适合利用一些现有的条件对自身进行补充和不断地完善，依据现在学校师生培养的共同特征进行全面改革，使其成为学校对教师进行培养的场所。

其次是防止实训基地投资主体的单一化。改革以往仅仅依靠政府拨款的单一化形式。推进社会、政府、企业、学校投资主体的多元化，实行共享资源、共享理念的创新型模式建设，寻找一条校企合作、多渠道融资的道路。实训基地在学校发展历程中的作用十分重要，学校应该增加对实训基地以及实验教学的经费投入，积极发挥人才的主观能动性，加强全社会对学校的信赖程度。

最后是创办"产、学、研"相结合的体系。"产、学、研"结合就是生产、教学以及科研三者合一，以加强生产、发展新技术和新工艺以及相关应用来促进教学的发展。在信息技术高度发展的今天，不能把教学作为单独的一部分去发展，而是把教学渗透进科学发展和经济基础建设当中去，不仅能够成为新经济时期学校实训基地的重要保证，同时大力增强教师的科学研究精神和创新创造实力。相关生产部门和科研基地应当与学校共同合作，加大推进实训基地和实验教学场所的建立，发展长处，减少短板，形成一个新的共同体。为高校的学生开展实训工作和进行相关培训及有关科研单位进行试验开设有利条件，就要更加积极利用实训基地的先进科学技术和高科技的设备器材，继续推进应用项目、科学成果、生产技术、科技咨询的开发和研究，形成一种"产、学、研"合一的良性循环模式，并积极探索相关的运行机制和教学培训的道路。

（四）构建多元"双师型"教师评价激励机制

1. 要完善教师评价与激励机制，促进教师主动发展

从根本上解决高校"双师型"教师发展的问题，只有构建发展性高校"双师型"教师评价体系才能实现，因此，要对资格认证，高校管理和人才培养等各个方面进行完善。明确"双师型"教师培养内容、范围、渠道等，是完善"双师型"教师培养、培训最主要的实施办法。对教师评价进行改革，首先就是要对教师进行分类管理，才能使教师主动向"双师型"方向发展；制定"双师型"教师的职业和相关资格认定，明确"双师型"教师数量比例和培训的标准要求，启动相关的资格认定工作，在职称评聘、评优评先等各个方面要向教师倾斜。要为教师的培训提供专项经费，与企、事业单位进行校企合作培养"双师型"教师，建立"双师型"教师教学和具体的实践基地，实施"两进、一培、一参与"等相关制度，并建立相关的高等教育培训基地。充分采用多种培训手段，调动所有相关人员的积极性，让他们对高校转型发展积极认同，并进行实践教学工作，以稳定教学队伍和把教学队伍壮大。

2. 要构建教师评价激励相结合的工作机制，激发教师的创造性

在管理学中，激励本身就是一个相对较为重要的概念，主要是指激发人的动机，使得人们能够按照相应的要求前进，并且最终能够达到目标的心理活动过程。激励也就是把主体的主动性积极发挥起来的过程。在现代教育理论中，激发教师的基本动机以及如何把教师的积极性调动好，都是当前的重要课题。高校在培养一些应用型人才的过程中，也需要考虑调动教师们的积极性。教学质量的提升能够对应用型人才的培养发挥重要作用，所以，在实际工作中，要求对"双师型"教师进行分类管理，同时科学地设计"教学型、科研型、教改型、教学＋科研型"等各种不同类型的教师管理体系，建立适应应用型人才培养模式的变革，调动教师的工作热情，并合理地对薪资进行分配。教学水平、教师参与基层实践训练等都可以作为激励教学的重要指标，把一年以上行业企业实践经历作为其专业技术和相关能力的晋升依据。完善各类奖教基金管理制度，奖励在实践教学，或者是科研等其他方面取得较大贡献的教师，对赴国（境）外应用技术大学进修的教师提供经费支持，最终形成全校都争当"双师型"教师的文化环境。

第五节 优化高校教师分类管理模式

一、高校教师分类管理的概念界定

这里所研究的高校教师分类管理是一个综合性的概念，涵盖了教育学、管理学、经济学等多个学科。从教育管理学来讲，高校教师分类管理就是针对不同岗位、级别的高校教师，在岗位分析、岗位设置、岗位聘任、岗位考核、岗位培训、岗位退出等环节采取有针对性的差异化管理策略，目的是推进高校教师的专业化进程，提升高校师资队伍的整体水平，更好地发挥高校教师在高校发展过程中的主力军作用。从管理学上来讲，高校教师分类管理就是实现高校教师管理从身份管理到岗位管理的转变，是深化高校教师聘任制改革，进一步落实高校人事管理制度改革的重要体现。从经济学来讲，高校教师分类管理就是高校教师人力资源分类开发的过程，通过对高校教师岗位的类别设置和分类管理，有效提升高校教师人力资源开发水平，提升高校教师的"生产力"水平，充分发挥高校教师人力资源在高校知识创新与传承、科学研究和社会服务等方面的作用。

这里关注的高校教师分类管理主要是指相应管理主体针对不同岗位、不同级别、不同类型高校教师的分类管理，主要涉及分类聘任管理、分类调配管理、分类培训管理、分类薪酬管理、分类考核管理和分类退出管理等六个方面。就高校教师分类聘任管理来说，主要是指相应管理主体针对不同岗位、不同级别、不同类型高校教师在招聘和职称、岗位聘任等方面的管理；就高校教师分类调配管理来说，主要是指相应管理主体针对不同岗位、不同级别、不同类型高校教师在职位调整、人员流动方面的管理；就高校教师分类培训管理来说，主要是指相应管理主体针对不同岗位、不同级别、不同类型高校教师的岗前培训、国内外进修、学历教育等多种教育培训方式的管理；就高校教师分类薪酬管理来说，主要是指相应管理主体针对不同岗位、不同级别、不同类型高校教师的基本工资、奖励绩效等多种薪酬构成部分的管理；就高校教师分类考核管理来说，主要是指相应管理主体针对不同岗位、不同级别、不同类型高校教师的年度考核、聘期考核等各种考核评价方式和内容的管理；就高校教师分类退出管理来说，主要是指相应管理主体针对不同岗位、不同级别、不同类型高校教师的自然性退出（退休）、主动性退出（辞职）、被动性退出（辞退）等各种高校教师退出形式的管理。

基于对以上相关核心概念的界定，高校教师分类管理在本质上就是：高校分类管理主体依照一定的管理制度和规范，对高校专任教师进行差异化管理的实践活动。

二、我国高校教师分类管理优化的具体策略

（一）建立健全高校教师分类管理制度体系

高校教师分类管理的有效实施，需要完备的高校教师分类管理制度体系作为指导和保障，也只有建立健全高校教师分类管理制度体系，我国高校教师分类管理工作才能够有针对性，才能够事半功倍，取得良好的管理效果。高校教师分类管理制度体系的建立健全需要在构建科学、全面的高校教师分类标准的基础上，从各个层级和方面着力。

1. 构建科学、全面的高校教师岗位分类标准

科学、全面的高校教师岗位分类标准是高校教师分类管理的基础和前提，只有依据科学、全面的高校教师岗位分类标准对高校教师岗位科学分类，才能够真正实现科学的高校教师分类管理，提升高校教师分类管理效果。高等院校自身发展现状的差异和当前的分类发展战略，对于高等院校专任教师队伍建设和专任教师自身发展都提出了不同的要求。在高校教师岗位分类方面，就要求不同层次、不同类型的高等院校应针对自身发

展现状和发展战略制定符合实际需求的高校教师岗位分类标准，无论是当前流行的"三分法""四分法""五分法"，还是其他分类标准和方法，都应与院校发展实际需求相适应，应提升高校教师岗位分类标准的科学性、全面性和适应性。同时，科学、全面的高校教师岗位分类标准一定是人性化的，充分关注高校教师个人发展需求的分类标准。科学、全面的高校教师岗位分类标准，一方面应充分关注高校教师性别、年龄等生理、心理发展特征，彰显高校教师岗位分类对教师的人性关怀；另一方面应充分关注不同学科、不同层次、不同发展阶段的高校教师的发展需求，在高校教师岗位分类中充分关注高校教师的专业性特征，提升高校教师岗位分类的科学性。

2. 构建政府、学校、社会等多方协同的制度结构

我国高校教师分类管理制度体系的构建需要各级政府、学校、社会共同努力，多方协调。在政府层面，国家针对我国高等教育事业发展的实际需要和高校分类发展战略的现实需求，制定出台诸如高校教师分类考核、分类聘任、分类薪酬、分类退出等方面相应的高校教师分类管理法规、制度，为高校教师分类管理提供明确而全面的法律支撑。在地方层面，地方政府应遵循国家有关高校教师分类管理的相关政策规定，结合地方发展实际，完善地方层面的高校教师分类管理制度。在学校层面，各个高校应结合学校发展战略和自身具备的办学水平、办学条件、教师队伍状况，在遵循国家和地方相关法律法规的基础上，制定符合本校发展实际的教师分类管理制度体系。在社会层面，各个社会组织、行业协会应针对社会与高校的联系与合作，切实完善诸如高校教师校外兼职、社会服务等方面的制度规定，构建起社会层面的高校教师分类管理辅助制度体系。这样通过国家、地方、学校和社会等各个方面共同着力，构建起高校教师分类管理制度体系，可进一步明确各个方面在高校教师分类管理当中的权责，提高各个方面在高校教师分类管理工作中的协调性，提升高校教师分类管理工作的效率和效果。

3. 构建起全域的高校教师分类管理制度结构

我国高校教师分类管理制度体系的构建需要从高校教师分类聘任制度、分类调配制度、分类培训制度、分类薪酬制度、分类考核制度和分类退出制度等六大方面着力，构建起全域的高校教师分类管理制度结构。具体是：①结合高校发展实际，制定能够吸引适合学校发展的人才的高校教师分类聘任制度；②构建能够促进人才、智力良性流动的高校教师分类调岗制度；③构建能够提升教师核心素养的高校教师分类培训制度；④能够体现公平的高校教师分类薪酬制度；⑤构建能够激发教师活力的高校教师分类考核制度；⑥构建能够实现教师队伍优化的高校教师分类退出制度。

（二）提升高校的教师分类管理水平

1. 扩大高校办学自主权，提升高校在教师分类管理当中的主动性

扩大高校办学自主权，需要处理好高校内外部两个层面的权责关系：一是要处理好高校与政府的权责关系。二是要处理好学校与二级学院、科研机构的权责关系，在高校教师分类管理中，涉及教师人事管理权责在校内的分配和协调问题。随着中国现代化大

学制度建设、高校治理结构的不断优化与管理重心的下移，二级学院作为重要的办学实体，其治理问题已经成为高等教育理论研究和实践探索的重要课题。在高校教师分类管理上，二级学院作为重要的办学实体理应承担相应的管理责任，在教师分类聘任、分类调配、分类培训、分类考核、分类薪酬和分类退出等环节应具备相应的话语权并承担相应的责任，只有有效协调校、院两级在高校教师分类管理当中的权责关系，才能真正提升高校教师分类管理的针对性、务实性和科学性。

2. 提升高校统筹协调能力，实现高校教师分类管理的多部门协同

提升高校在教师分类管理工作中的统筹协调能力。一是应完善高校教师分类管理的统筹协调制度。应进一步明确高校在教师分类管理中的统筹协调的责任和权力，明晰高校校级层面和人力资源部等各个相关部门在高校教师分类管理中的权责和协同机制，为高校在教师分类管理工作中统筹协调功能的发挥提供坚实的制度支撑。二是应建立高校教师分类管理的统筹机构。高校教师分类管理统筹协调机构需要从校级层面着手，构建教师分类管理事务委员会，就教师分类管理工作中涉及多个部门的事务进行统筹协调，强化人力资源部、财务部、科研部、教务部等高校教师分类管理相关部门的协同性，提升高校教师分类管理工作的效率。三是应针对高校教师分类管理工作构建统一的反馈、评价机制，针对涉及多个相关部门的教师分类管理事务的处理过程和结果进行客观、全面的评价反馈，针对存在的问题和风险及时纠正，以逐步完善高校教师分类管理的统筹协调机制。

3. 完善高校宣传机制，提升高校教师对高校教师分类管理的认同感

加大高校教师分类管理制度在高校教师群体中的宣传力度，一方面，应在学校文化建设中突出教师分类管理方面的相关思想和内容，将高校教师分类管理思想通过校园文化熏陶的方式逐步渗透到高校教师群体中，使高校教师在思想上逐渐认同高校教师分类管理。另一方面，学校还应加大对高校教师分类管理相关制度的宣传力度，将关系到广大高校教师群体的教师分类管理相关制度切实传达给每一位教师，使高校教师加强对分类管理相关制度的理解和认识。同时，高校在具体的教师分类管理工作中也应注意相关政策的严格执行，使广大高校教师在具体的管理事务中理解和体会相关制度的思想和内容，强化自身对高校教师分类管理的认识。

4. 强化高校差异化管理理念和措施，加强对高校教师的人性关怀

在高校教师分类管理中进一步关注教师差异，加强对高校教师的人性关怀，一方面，应优化高校教师分类标准，将高校教师学科发展特点、年龄、生理和心理状况等充分考虑到高校教师分类标准的构建过程当中，提升高校教师岗位分类的科学性、合理性和人道性，在此分类标准上的高校教师分类管理才能够真正实现提升高校教师人力资源质量的目标。另一方面，在具体的高校教师分类管理事件中，应强化以人为本的服务理念，充分增强对高校教师群体的服务意识，提高高校教师分类管理工作的灵活性、主动性，使高校教师分类管理工作能够切实尊重高校教师的客观差异，保障高校教师的基本权益。

5. 构建专业化的高校教师分类管理教育职员队伍

只有将高校教师分类管理专业人员队伍建设，纳入高校分类发展战略下的专业管理人员队伍建设体系当中，才能最大限度地实现人力资源共享协同，使高校教师分类管理工作能够真正地落到实处。一是应着力构建高校教师分类管理的专业人员队伍。高校应从教师分类管理出发，统筹人事部门、财务部门、教务部门等教师管理相关行政机构，着力打造具备教师分类管理知识和能力的专业管理人员队伍，提升高校教师分类管理的专业化水平。二是高校行政管理人员转变身份观念，从传统的事业编制理念中的"单位人""国家干部"等身份中走出来，确立契约观念，通过高校教育职员聘任制构建高校教育职员与学校的契约关系，实现对高校教育职员队伍的管理由身份管理到合同管理的转变，提升对高校教育职员的管理水平，并以此推动高校教师分类管理水平的提升。三是明确高校教育职员的法律身份，保障高校教育职员权力的有效行使，避免高校教育职员权力的越界。一方面，应通过制定和完善相关法律法规和大学章程，实现高校教育职员行政权力的合法化，保障高校教育职员在教师分类管理过程中行政权力的有效实施。另一方面，应在整个社会从管理行政向服务行政转变的环境下，实现高校教育职员的服务者、支持者等角色的明确化、制度化，保障高校教育职员在其合理的范围内履行其权责，避免权力滥用，保障高校教师分类管理的科学性和有序性。

（三）完善高校教师分类管理的评价与反馈机制

完善的高校教师分类管理评价与反馈机制，有助于科学引导和规范高校教师分类管理工作，促进高校教师分类管理的不断优化。完善高校教师分类管理的评价与反馈机制主要从评价指标、评价机构、评价对象和评价结果的适用等几个方面展开。

1. 构建符合高校教师分类管理实际的科学评价指标体系

高校教师分类管理的评价应在具体管理实践中，根据现代人力资源管理理念及核心内容，结合高校教师分类管理岗位分类、职责匹配、差异化管理等基本原理，设置出一套符合高校教师人力资源管理特征的评价指标体系，如高层次人才引进率、优秀教师流失率、教师分类培训完成率、教师分类考核完成率、教师分类薪酬计算的准确性和及时性、教师与学校劳动纠纷数量、教师对高校人力资源管理与服务工作的满意度等。在高校教师分类管理的评价实践中，应坚持定性评价与定量评价相结合，力求准确、客观地评价高校教师分类管理成效。

2. 引进第三方评价机构

第三方独立机构的介入有利于以公正、权威的非当事人身份，根据法律、合同或标准进行评价，从而提高效率，降低风险。现代大学制度的构建需要大学内外部治理结构的改革和优化，通过完善高校管理评价机制，引入第三方评价机构可以实现真正意义上的社会参与，提高高校教师分类管理评价的效率并保障其科学性、客观性和公正性。政府和学校通过购买服务的形式，引入独立于政府、学校的第三方评价机构介入高校教师分类管理工作评价，可以有效实现管理与评价的分类，高校教师分类管理工作的成效不再由管理者进行自我评价，而是通过第三方评价机构，依据科学的评价指标体系，公正、客观地对管理工作进行评价。

3.明确评价的对象

高校教师分类管理的评价，其对象是高校教师分类管理工作。高校教师分类管理工作的成效不仅仅是通过高校教师队伍建设情况体现出来，还包括高校教师个体的专业发展情况和高校整体的人力资源管理状况。高校教师分类管理的评价，既要考虑高校教师群体的发展，也要考虑高校教师个体的成长，更要考虑高校的整体发展。只有这样，高校教师分类管理的评价才能更全面，才能够切实反映高校教师分类管理工作的实际情况，达到预期的评价效果。

4.重视评价结果的适用

评价的目的是更好地反映工作状况，为工作的优化提供客观而全面的参考依据。国家和高校应充分重视高校教师分类管理的评价结果，从评价结果中发现问题，分析原因，优化工作。针对高校教师分类管理的评价结果，高校人事处、财务处、科研处等相关部门要及时对照检查，不断优化高校教师分类管理工作，提升高校教师分类管理工作水平。

第五章 新媒体背景下高校学生管理

第一节 高校学生管理工作的内涵与要求

一、高校学生管理工作的基本概念

（一）高校管理

高校管理是一种用人以治事的活动，只不过人的特点、事的性质不同而已。高校中的"人"是有知识、有修养的教师群体和正在成长中的青年学生，高校中的"事"就是教育人、培养人，即把受教育者培养成德、智、体、美、劳等方面都得到发展的社会主义建设者和接班人。从这个意义来说，高校管理就是用好教职工以完成教书育人的一种活动。

学者给"高校管理"的界定尽管表述不完全一样，但基本含义是一致的，其实质是相同的。学校管理是学校管理者通过一定的机构和制度，采用一定的手段和方法，带领和引导师生，充分利用校内外的资源和条件，有效实现学校工作目标的组织活动。

（二）高校学生管理

我国高校学生管理工作一般指学生非学术性活动和课外活动，具体包括思想政治教育、遵纪守法和行为规范教育、日常管理、学生社团、各种课外活动、文体活动、经费资助、帮困助学服务、学生心理卫生、健康医疗、就业指导与管理、学术支持等领域。学生管理工作与教学、科研一样，都是我国高等教育中不可或缺的有机组成部分。随着高校学生事务的发展及分化，学生管理的概念为众多学者及实务工作者所关注。目前，国内外对学生管理还未形成相对统一的标准概念，呈现出百家争鸣、众说纷纭的态势。观点一认为：学生管理工作是指高等学校通过非学术性事务和课外活动对学生施加教育影响，以规范、指导和服务学生，丰富学生校园生活，促进学生成长成才的组织活动。观点二认为：学生管理工作是学校承担的有关学生非学术性的或课堂外的工作，是高校管理的重要组成部分，包括学生日常生活管理、伦理道德与法治教育、行为规范管理、学习辅导、职业（就业）指导、心理辅导、心理障碍干预、社团及文化建设管理、财政援助管理和特殊学生的管理等。观点三认为：学生管理工作是指在以人为本、以学生为本的教育理念下，高校通过灵活的工作方式和多样化、现代化的手段，将学生的主体作用与高校自身的教育、管理、服务职能有机结合，从而促进学生的全面发展，实现管理育人、服务育人的活动总称。

这里认为学生管理工作是指高校对学生事务的计划、组织和领导，是一系列与学生相关的非学术性事务——包括生活辅导、课外活动、身体保健、就业指导、心理咨询、勤工助学、校园秩序、奖励与处分等事宜。高校学生管理工作的最终目的是服务人才培养，帮助和促进学生个体全面发展。因此，其与教学、科研、服务的有效整合，是当前高校学生管理工作发展的重要方向。高校学生管理的内涵应该包括教育、服务、管理三个方面。

1. 教育

学生管理工作的内涵首先是教育，学生管理是高等教育的一部分，也是促进学生身心发展的社会化活动，所有形式的学生管理工作都必须带有一定的教育性，学生管理工作的教育需要对学生进行正面的思想政治教育，帮助学生树立正确的世界观、人生观、价值观，促进其具备健康的心理素质，引导其获得职业生涯规划与就业能力，塑造其优秀的人格品质和个性特征。

2. 服务

学生管理工作可能涉及的一些方面，诸如学籍注册、资助活动、住宿管理、社区服务、职业规划、心理咨询、娱乐休闲、社团活动等，既是管理工作，也更能体现出其服务性。学生管理工作的服务就是如何为学生的成长、成才和发展提供必要的条件。

3. 管理

学生管理工作有特定的目标，需要专业的技能和经验，要求科学地组织各种资源。因此，它是一种特殊的管理行为。学生管理工作关注的是学生的成才和发展，主要指对学生正常校园行为的管理，包括校园秩序维护、学生的学习环境管理与课外学习组织、学习效果评价与奖惩，学生班级、社团的领导与组织，学生活动的组织与协调等。

二、高校学生管理工作的特点

（一）专业性

新时期，高校学生管理工作成为一项非常值得研究的课题，因为其有着独立的模式和科学体系，和社会其他领域相比较，更为科学化与规范化。高校学生管理以管理、服务、教育三位一体来完成学生管理工作，并以此来阐释教学、管理、学生之间的关系，以专业的管理方式来维持校园秩序。因此，高校学生管理工作的专业性显而易见。高校学生管理的专业性必须体现在实际工作当中，才能掌握时代脉搏、把握学生动态、紧握管理环节，以全新的视角和模式开展高校学生管理工作，遇到问题及时解决，跟踪调查。当然，高校要想使学生管理工作成为学生教育管理的主渠道，只在思想上重视还不够，还要打破传统、更新理念，全面适应学生群体及环境特征。让高校学生管理工作汲取更多的科学管理经验，推进高校学生管理工作全面走向专业化，成为教育传播的主体阵营。

（二）关联性

高校学生管理工作不是高等教育范畴中的独立个体，而是与高校各项工作紧密相连的重要组成部分，是高校教育成果的有力保障，在高校教育的各个环节中起着支撑作用。各高校都不可能实现单独的教育、教学。同样，高校也不能实现单纯的管理。因此，高校要使学生管理工作成为教育、教学的推动者和维护者，使学生在接受管理的同时得到较好的教育。

（三）政策性

国家针对高校学生管理工作制定了一系列的基本方针和政策，如学生管理、学籍管理、学生行为规范、毕业分配工作管理等。国家制定的这些方针、政策是搞好学生管理的行动准则，高校管理者必须认真学习贯彻，维护方针、政策的严肃性。

三、高校学生管理工作的原则

（一）全面发展原则

高校学生管理工作要全面贯彻党的教育方针，以提高学生素质为根本宗旨，造就有理想、有道德、有文化、有纪律的社会主义事业的建设者和接班人。高校对于学生的管理，不能违背这一要求和规律。学生管理工作要全面提高学生的素质。实践证明，以考试为手段，以分数为标准，把少数人从多数人中选拔出来的应试教育忽视了对学生的理想信念的教育、良好人格的培养，引导学生片面地追求升学，其危害已日益引起人们的关注，以应试为唯一目的的学生管理模式，必须予以纠正。

（二）方向性原则

管理是一种有目的的活动，管理工作必然具有方向性。以坚持社会主义方向为准绳，是我国高校学生管理工作的一个本质特点。我国是社会主义国家，自然要使高等学校成为社会主义性质的育人场所。社会的性质制约着学校的性质，进而决定学校一切管理工作的性质，因此，高校学生管理工作作为一种有目的、有意识的自觉活动，必须坚持党的领导，坚持社会主义方向和重要思想，为社会主义现代化建设培养大批合格人才，这是高校学生管理工作必须遵循的最基本、最重要的原则。

（三）集体性原则

强调高校学生管理工作的集体性，并不是要取消或者压制学生的个性。但是个性的形成和培养又不是孤立的，而是在集体的环境中进行的，二者是辩证统一的关系。学生管理工作是在学生集体——主要是班集体中进行的，班级既是学生管理工作的主要场所，也是德、智、体、美、劳教育的主要组织形式。学生集体既是对学生管理的组织手段，又是对学生进行教育的强大力量。因此，加强班级的建设，是符合学生管理的集体性原则的。

（四）平等与尊重原则

尽管学生管理工作者与学生是管理和被管理的关系，但学生管理工作者应以平等的态度对待每一位学生。这里的平等有两方面的含义：一方面，双方在人格上是平等的，不存在高低贵贱之分；另一方面，学生管理工作者应一视同仁地以平等态度对待每一位学生。平等就要尊重和信任学生，维护每一个学生都具有的自尊心和自信心。实践证明，差生之所以成为差生，往往是由于失去了自尊和自信；成功的教育之所以成功，也往往是从启迪自尊、启动自信开始。

（五）理论与实践结合原则

理论与实践相结合，坚持实践是检验真理的标准，这是马克思主义的基本原理，也是高校学生管理工作的基本原则。准确领会和掌握马克思主义的相关科学及各种管理原理，从而把握它们的精神实质，这是搞好学生管理工作的前提。但是，管理原理的应用价值和范围，是受不同学校、不同管理对象和管理者水平等因素制约的。党和国家在社会主义现代化建设阶段有着基本的教育方针和政策，在各个不同发展时期，针对不同特点，又提出一系列具体的方针、政策和要求。这些方针、政策和要求，应当体现在各高校学生管理的具体措施和方法之中。但是科学的学生管理工作必须从本地区、本校、本专业、本年级学生的具体情况出发，从学生的素质、兴趣、爱好，以及青年的生理、心理特点等出发，制定出相应的方法和措施。

四、高校学生管理工作的科学要求

（一）工作主体"两"加强

1.学生管理工作主体职业化

职业是职场中的专门行业，是社会劳动中的分类。职业作为社会劳动的具体形式，是由特定的工作职责、职业能力和工作岗位构成的。职业的不同，实际上就是工作职责履行、职业能力发展和工作岗位任务完成的不同。从这个意义来看，学生管理工作是一种专门的职业。学生管理工作者的职责就是在全面贯彻党的教育方针，坚持社会主义办学方向，坚持育人为本、德育为先的原则基础上，对学生成长成才和全面发展，尤其是对学生思想、政治、道德素质的提高，负有教育、引导、管理、服务的责任。它体现了学生管理工作队伍特定的工作目的。职业化指的是从业人员从事某种职业之后所具备的职业状态。

事实上，我国高校学生管理工作在20世纪50年代就已经出现了，经过这么多年的发展，这一职业不但没有因为时代的发展而弱化，反而日渐加强，这本身就是这一职业生命力的最好体现。学生管理工作主体的职业化问题逐渐被人们提上议事日程，正是这一职业发展的必然结果。学生管理工作主体的职业化，就是要让学生管理工作者以学生管理工作为本职，在工作职责履行、职业能力发展、岗位任务完成等方面有职业归属感，能够真正安下心来做工作，宁心静气搞研究，可以使学生管理工作队伍在职业范围内保持稳定。为了培养社会主义合格的建设者和可靠的接班人，我们不仅要在学生管理工作队伍职业化问题上进行理论探讨，更要在实践中促进学生管理工作队伍职业化的早日到来。

2.学生管理工作主体专家化

一般认为，专家是对某一事物或领域精通，或者说有独到见解的人。学生管理工作专家化是指在其职业化的基础上，通过不断学习提升和自身的实践探索，加强总结、反思和批判，持续提高自身业务理论水平和实践能力，成为敢于创新、善于创造性地解决工作中遇到的各种问题、对工作中的各种问题有深刻的认知和独到见解的复合型人才，能够在学生管理工作岗位上成为思想政治教育专家、教育管理专家、心理健康咨询专家、职业生涯指导专家、法制教育专家、社团活动指导专家等。当然，学生管理工作者的专家化非一日之功，要想成为专家，就要放下身来、静下心来进行系统全面的学习，接受扎实有效的培训，经历真实反复的实践，开展批判反思研究。在我国现有的学生管理工作队伍中，尤其是辅导员队伍中，专家化的程度不太高。

当前针对学生管理工作者的部分政策，如职称晋升、学位攻读等相关的政策，在一定程度上鼓励学生管理工作队伍向专家化发展，但是由于诸多因素的影响，很多学生管理工作者仅是将其作为跳板。学生管理工作队伍专家化的前提是专业化，因而学生管理工作队伍专家化建设，关键是学生工作管理队伍专业资格的认定和综合业务能力测评体系的构建。专业资格认定，就是要确定学生管理工作人员专业化发展的逻辑起点，进而制定学生管理工作队伍走上专家化的方向与举措，如攻读学位、晋升职称、学术研究、学习培训等，在此基础上，还要形成行之有效的约束机制，使学生管理工作队伍的专家化落到实处。

（二）工作对象实现"三自"

1. 学生的自我教育

自我教育是在教育系统中，受教育者根据社会标准道德规范及其相关要求，自觉地进行自我认识、自我评价、自我监督、自我控制，有目的地调整自己行动的活动，从而主动达到或接近教育目的的过程。教育家瓦·阿·苏霍姆林斯基说：在对个人教育中，自我教育是起主导作用的方法之一。自我教育既是衡量教育实效性的一个标志，又是学生工作的归宿。学生管理工作最终要落脚到作为成长主体的学生实现自我成长、自我发展。可以说，在新时期，自我教育是高校学生管理工作贯彻科学发展理念的内在要求，也是学生管理工作的长效标准和最终归宿，更是学生管理工作深化科学发展理念、克服传统模式的弊端和应对新形势的必然选择。因而高校在学生管理工作开展过程中，不要一味地强调教育主体一方，而要站在系统思维的视野，关注教育的对象——学生，如要正面引导，弘扬正气，建立自我教育的引导机制；加强学生会、学生社团等学生组织的建设，保障自我教育的实施条件；将自我教育贯穿到学生日常学习生活和社会实践活动之中，使成长主体的主体性价值得以充分实现；加强校园文化建设，营造自我教育的良好氛围；将思想政治教育与新生教育、专业教育、心理健康教育和实践就业教育等有机结合，进行全方位、全过程的自我教育；增强教育工作者的自我教育意识，发挥受教育者的积极性；以人为本、贴近学生，发现新情况，解决新问题。

2. 学生的自我管理

学生的自我管理是为了适应社会发展对个人综合素质的要求，调动自身主观能动性，自觉地利用和整合各方面资源，运用各种有效管理办法，开展自我认识、自我分析、自我设计、自我组织、自我实施、自我控制、自我监督和自我评价的自我管理过程。自我管理是学生主体性价值实现的过程，是自身能力素质有效提升的过程。在高校学生管理工作中，学生自我管理的领域很多，如设立学生宿舍自律委员会，以宿舍为依托，对学生予以社区化管理；建立学生党员社区管理制度，即学生党员在党总支和党小组直接管理下，按宿舍楼层把学生党员编组，开展相关学习活动，接受学生监督，切实保障学生党员先进性的发挥；建立辅导员助理、见习班主任制度，通过在高年级中选拔管理组织能力强的优秀学生干部担任低年级的见习班主任，有效弥补管理力量不足的问题；建立学生班规民约制度，对班级日常事务进行自治，进行民主管理等。

3. 学生的自我服务

学生的自我服务是学生通过相关载体和平台，为所在的学生群体包括自己在内所提供服务的过程。要实现自我服务，首先要充分认识自我服务的必要性和紧迫感。特别是对于未来即将进入职场的学生群体来说，他们更要认识到这一点，应当具有自我服务的意识和能力，应该在进行自我服务过程中全面提升自身的能力素质。然后要充分利用好各级各类服务平台。各级学生社团组织、班集体、生活社区、学生会等学生群体性组织是学生实施自我服务的坚实载体，在这些组织中，学生可以互相学习，共同进步，同时，这些组织在学校各部门的领导下对于活跃校园文化、稳定校园秩序、沟通民情民意起到了很好的作用。

（三）工作内容具备"三性"

1. 学生管理工作内容的具体性

教育部或地方教育行政部门对高校学生管理工作做了宏观的规定，这些规定成为高校学生管理工作一定时期的主要内容，成为高校学生管理工作的主要依据和指南。但是从内容上来看，这些规定显得过于宏观、抽象。由于各种原因，诸多高校在解读规定时不太深入，使高校学生管理工作的内容不太具体，操作起来也不太好把握。学生管理工作要符合一所高校的具体实际，必须使其内容具体化。根据科学发展理念的要求，在具体化的过程中，运用现有科学理论认真研究工作对象、工作环境等因素，能够使学生管理工作内容符合自身实际，而不是过于抽象从而难以驾驭。不同的高校、不同的学生、不同的级别、不同的类型、不同的时期，学生工作的内容也有所不同。

2. 学生管理工作内容的系统性

系统性是整体思维和结构优化在组织运行中的充分体现。系统是由多种相关因素组合而成的一个具有特定目标功能的组织。就高校学生管理工作的内容而言，其系统的构成要素有很多，如思想道德、就业指导、安全法制、心理健康、能力素质、形势政策等。强调学生管理工作内容的系统性，主要在于要将学生管理工作视为一个有机整体，以避免将学生管理工作的各个方面孤立看待，目的是要开阔学生管理工作者的工作思路，运用运动、发展、变化的观点审视学生管理工作，提高学生管理工作的时代性与系统性。从系统的角度认识学生管理工作，我们可以清楚地看到学生群体是一个系统，而且学生管理工作本身就是一个具有突出系统特点的整体。

3.学生管理工作内容的层次性

层次性是自然界当中普遍存在的现象。高校学生管理工作内容作为一个特殊的系统，其内部的层次性是不以人的意志为转移的客观存在。高校学生管理工作不仅拥有自己的详细内容，而且其内容也必然具有相应的层次性。由此可见，高校学生管理工作内容"不是单一的，而是集合的，是一个目标系统"。高校学生管理工作内容的层次性就是对学生管理工作内容予以纵向结构剖析。从不同层次院校的学生角度来讲，人才培养的目标具有差异性。从不同年级的学生来讲，学生管理工作应该具有不同的针对性、指向性和工作内容的侧重性。从学生个体来讲，不同基础、不同水平、不同成长目标的学生应该接受不同的教育方式和教育内容，也就是真正意义上的因材施教。

（四）工作方法做到"四化"

1.科学化

科学，就是符合客观规律，符合自身实际，体现客观现实，适应环境变化。多年来，我国高校学生管理工作偏重维护稳定和维持秩序的目标，"求稳"重于"开拓"，"守成"多于"创新"，越来越不适应"科教兴国""人才强国"战略下对人的全面发展的要求。融入时代特征，强调以人为本，明确学生管理工作要充分认清自身的育人功能，充分重视学生在管理工作过程中的重要地位，充分理解学生管理工作的价值追求在于以学生为本，服从服务于学生的全面发展，并以培养社会主义合格建设者和可靠接班人为使命。高等教育事业科学化的发展，对学生管理工作提出整体上从事务主义层面向全面协调、可持续发展层面转变的新要求。

2.人性化

在传统的视域中，高校学生管理工作的主要内容就是事务管理，忽视教育、服务、指导、咨询、资助等职能，滞后于当代学生群体成长、成才、成功的现实诉求。高校在管理工作中往往忽视人的全面发展的需要，没有真正做到以人为本。以人为本，在高校学生管理工作中就是要以学生为本，以学生的全面发展为本，把学生当作有思想、有独立人格的社会公民来看待，就是要坚持以学生的根本利益和成长成才为出发点。高校学生管理工作要做到以人为本，首先是管理工作要以学生为中心，从学生的立场出发，满足其合理的需求，要尊重学生、依靠学生，注重老师管理和学生自我管理相结合；然后要不断满足学生的精神发展诉求，善于从学生自我发展与合理需求的视角完善管理规章制度，看待问题要善于转换角度，善于结合社会，善于调动各方面的积极性，体现学生激情与活力的特点，促进学生的自我实现与超越。同时，对学生管理可以依靠引导、激发、鼓励、奖励和惩罚等方法进行人性化管理，加以规章制度约束、监督、处罚、处分等手段进行法制化管理辅助。

3. 信息化

在信息化时代，高校在工作方法上需进行信息化建设来实现本身新的价值。在校园中以通信工具、信息网络为要素的现代信息媒体，正逐渐改变着学生的思维逻辑、行为模式和价值取向，而这些都使得现在高校学生管理工作的方法发生根本性的改变。利用现代信息技术服务于高校学生管理工作，是学生管理工作适应时代发展的必然选择，也是学生管理工作内在规律的必然要求。高校将信息化应用到学生管理工作中，不仅摆脱了传统复杂烦琐、低效率的管理模式，大大提高了管理的效率，节省了精力，也是对自身在新形势下参与高校综合实力竞争的新要求。学生管理工作信息化后，学生管理工作者可以充分利用网络的及时性、灵活性、虚拟性和动态交互性等特点，更加贴近学生的学习生活，从而更好地为学生服务。

4. 个性化

因材施教是中华传统文化的精髓，是教育的真谛。高等教育要实现科学发展，增强育人工作的针对性、实效性和个性化是必然趋势和必由之路。学生管理工作是育人工作的重要组成部分，学生管理工作从理念到方法上增强针对性、实效性和个性化，是高校育人工作个性化教育的重要内容。可以说，高校在学生管理工作过程中，方法的个性化源于对象的个性化，对于不同的教育对象，需采取不同的教育措施，从而促进学生不同的发展。强调因材施教，明确学生管理工作要充分把握新时代学生成长成才的身心规律、接受学生的思维习惯和全面发展的实际需求，善于利用信息化手段，充分尊重学生的个性，区分学生类型以进行分类指导，并最终实现个性化引导。

第二节 高校学生管理工作的环节

一、高校学生管理工作的基本环节——决策

高校学生管理决策是指学生管理工作者为了达到一定的目标，在掌握充分信息和对有关情况进行深刻分析的基础上，运用科学的方法，从两个以上的可行性方案中选择一个合理方案的分析判断过程。高校学生管理决策过程包括：研究现状、明确问题和目标，制订、比较和选择方案等阶段性工作内容。

（一）研究现状

有待解决的问题才需要决策，也就是说，决策是为了解决一定的问题而制定的。因此，制定决策，首先要分析问题是否已经存在，是何种性质的问题，这种问题是否已经对社会、学校、学生自身以及未来的发展产生了不利影响。高校需要分析学生的学习、生活、各种能力的培养、实践活动、未来的就业和创业等可能遇到的种种问题，以及面临的挑战，确定问题的性质，把问题作为决策的起点。当然研究这些问题的主要人员应该是高校的高层管理人员，这不仅是因为他们要对学校的发展负责、对学生的未来发展

负责，而且由于他们在学校中所处的地位使他们能够通观全局，高屋建瓴，易于找出问题的关键所在。

（二）确立目标

在分析了学生学习、生活、各种能力培养、实践活动、未来就业和创业可能遇到的种种问题，以及面临的挑战或者说不协调的因素之后，高层管理人员还要进一步研究针对问题将要采取的各种措施应符合哪些要求，必须达到何种效果，也就是说，要明确决策的目标。明确决策目标，需做好以下三个方面的工作：

1.提出目标

这一目标应该包括上限目标（理想目标）和下限目标（必须实现的目标）。

2.明确多元目标之间的相互关系

高校学生管理工作的目标具有多重性，但是对于不同年级、不同专业的学生来说，其目标的重要性是不同的。在特定时期，决策只能选择其中一项作为主要目标。然而，多元目标之间既相互联系，又可能相互排斥，如对于毕业班的学生来说，考研究生和公务员，以及求职之间就是这种既相互联系又相互排斥的关系。

因此，高层管理人员在选择了主要目标后，还要明确它与非主要目标之间的关系，以避免在决策的实施过程中将主要精力和时间投放到非主要目标中去，避免因小失大。

3.限定目标

目标的执行有可能给学校和学生带来有利的结果，也可能带来不利的结果。限定目标就是要把目标执行的有利结果和不利结果加以权衡，规定不利结果在何种程度上是允许的，一旦超越这一程度则必须停止原计划，终止目标活动。一般说来，不论是何种目标，它都必须符合三个基本特征：能够计量、能够规定期限、能够确定责任人。

（三）拟定决策方案

决策的关键在于选择，而要做出正确选择，就必须提供多种可供选择的方案。从实践来看，任何目标都可以通过多种不同的方法来实现，而不拟出几个实现它的抉择方案的情况是很少的。因为对于高层管理人员而言，如果看来只有一种行事方法，那么这种方法很可能就是错误的。在此情况下，高层管理人员可能就不再努力去考虑另一些能够使决策做得更好的方法。

决策方案描述了学校为实现目标拟采取的各种对策的具体措施和主要步骤，但是，由于目标的实现可以采取多种不同的方法，所以应该拟定出不同的行动方案。

1.要确保有足够多的方案可供选择

为了使方案的选择有意义，不同的方案必须相互区别而不能相互包容。假如某个方案的内容能够包含在另一个方案之中，那么这个方案就失去了存在的意义和价值。

2. 形成初步方案

一般说来，任何一个方案的产生都应该建立在对环境的具体分析和发现问题的基础之上，然后，根据问题的具体性质以及解决问题所要达到的目标，提出各种改进设想，并对诸设想进行分析、整理和归类，进而形成不同的初步方案。

3. 形成一系列可行方案

高层管理人员在对各种初步方案进行遴选、补充的基础上，对遴选出来的方案进行进一步完善，并预期其实施结果，这样便会形成不同的可行方案。

（四）比较与选择

选择方案，首先要了解各种方案的优劣。为此，高层管理人员需要对不同的方案加以评价和比较。这种评价和比较主要包括如下几个方面：一是实施方案所需要的条件能否具备，具备这些条件需要付出何种成本；二是方案实施能够给学校和学生带来什么利益（包括长期利益和短期利益）；三是方案实施中可能遇到哪些问题，其导致活动失败的可能性有多大。

根据上述评价和比较，高层管理人员便可以寻找出各种方案的差异，分析出各种方案的优劣。在此基础上进行选择，不仅要确定能够产生综合优势的实施方案，而且要准备好环境发生变化时可以启用的备用方案。确定备用方案的目的是对未来可预测到的变化准备充分的必要措施和应急对策，避免在情况发生变化后因疲于应付而忙中添忙，乱中增乱，或束手无策而遭受这样或那样的损失。

二、高校学生管理工作的基本环节——计划

高校学生管理计划就是在决策既定目标的前提下，进一步根据实际情况，科学地、及时地预计和制订达到一定目标的未来行动方案。具体来说，学生管理计划就是通过将学校在一定时间内的活动任务分配给学生管理的每个部门、环节和个人，从而不仅为这些部门、环节和个人的工作以及活动的检查与控制提供依据，而且为决策目标的实现提供组织保证。

高校学生管理计划是一种协调过程，它给学生管理部门、学生管理工作者以及学生指明了方向。当有关人员了解了组织的目标和未达到的目标后，他们必须做出贡献时，便开始活动，互相合作，形成团队。而缺乏计划会走许多弯路，从而使实现目标的过程无效率可言。高校学生管理计划还可以促使学生管理部门和学生管理工作者展望未来，预见变化以及制定适当的对策，同时减少不确定性、重叠性和浪费性活动。高校学生管理计划还能通过设立目标和标准以便进行控制。在计划中必须设立目标，而在控制职能中，高层管理人员又会将实际的绩效与目标进行比较，发现可能发生的重大偏差，并及时采取必要的校正措施。可以说，没有计划，就没有控制。

（一）高校学生管理计划的制订

一般来说，制订学生管理计划可遵循以下程序：

1. 收集资料，为计划的制订提供依据

计划是为决策的组织落实而制订的，了解决策者的选择，理解有关决策的特点和要求，分析决策制定的大环境和决策执行的条件要求，是制订行动计划的前提。由于计划安排的任务需要不同专业、不同年级的学生利用一定的资源去完成，因此，计划的制订者还应该收集反映不同专业和不同年级学生的活动能力，以及外部有关资源供应情况的资料，从而为计划制定提供依据。

2. 目标或任务分解

目标或任务分解是将决策确定的学校总体目标分解并落实到各个部门、各个活动环节，将长期目标分解成各个阶段的分目标。通过分解，高层管理人员便可以确定学校的各个部门在未来各个时期的具体任务，以及完成这些任务应达到的具体要求。分解的结果是形成学校的目标结构（包括目标的时间结构和空间结构）。目标结构描述了学校中较高层次的目标（总体目标和长期目标）与较低层次目标（部门、环节、个人目标与各阶段目标）之间的指导（如总体目标对部门目标、长期目标对阶段目标）与保证（部门目标对总体目标或阶段目标对长期目标）关系。

3. 目标结构分析

目标结构分析是研究较低层次目标对较高层次目标的保证能否落实，即分析学校在各个时期的具体目标能否实现，能否保证长期目标的达成。学校的各个部门的具体目标能否实现，能否保证整体目标的达成。如果处于较低层次的某个具体目标尚不能实现，那么就应该考虑能否采取一些补救措施，倘若做不到这一点，就应该考虑调整较高层次的目标，有时甚至要对整个决策进行重新修订。

4. 综合平衡

一般而言，综合平衡工作应着眼于：①分析由目标结构决定的或与目标结构对应的学校各部门在各时期的任务是否相互衔接和协调。具体来说，综合平衡工作就是分析任务的时间平衡和空间平衡。时间平衡是要分析学校在各阶段的任务是否相互衔接，从而能否保证学校活动顺利进行；空间平衡则要研究学校的各个部门的任务是否保持相应的比例关系，从而能否保证学校的整体活动协调进行。②研究学校活动的进行与资源供应的关系，分析学校能否在适当的时间筹集到适当品种和数量的资源，从而能否保证学校活动的连续性。③分析不同环节在不同时间的任务与能力之间是否平衡，即研究学校的各个部门能否保证在任何时间都有足够的能力去完成规定的任务。由于学校的外部环境和活动条件会发生这样、那样的变化，这样就可能导致任务的调整，因此，在任务与能力平衡的同时，学校还应该留有一定的余地，以保证这种可能产生的调整在必要时能够顺利进行。

5. 制订并下达执行计划

在综合平衡的基础上，学校便可以为各个部门制订各个时段的行动计划（如长期行动计划、年度行动计划、季度行动计划），并下达执行。

（二）高校学生管理计划的执行

制订计划的目的在于执行计划，而计划的执行则需依靠学生管理工作者和学生的共同努力。因此，能否保质保量完成计划，在很大程度上取决于在计划执行过程中能否充分调动广大的学生管理工作者和学生的积极性。

（三）高校学生管理计划的调整

在计划执行过程中，有时需要根据实际情况的变化进行调整。这不仅是因为计划活动所处的客观环境可能发生变化，而且可能因为人们对客观环境的主观认识有了这样或那样的改变。

为了使学生的各种组织活动更加符合环境特点，高层管理人员必须对计划进行适时的调整。而滚动计划就是为了保证计划在执行过程中能够根据情况变化适时修正和调整的一种现代计划方法。这种方法根据计划的执行情况和环境变化情况定期修订未来的计划，并逐期向前推动，使短期计划、中期计划有机结合起来。

由于在计划工作中很难准确地预测影响其发展的各种变化因素，而随着计划的延长，这种不确定性就越来越大，如果一定要按几年前的计划实施，可能会带来一些不必要的损失。采用滚动计划能够避免这种不确定性所带来的不良后果。滚动计划的基本做法是，制订好学校在一个时期的行动计划后，在执行过程中根据学校内外条件的变化定期地加以修改，使计划不断延伸，滚动向前。滚动计划的方法主要应用于长期计划的制订和调整。这是因为，一般来说，长期计划面对的环境比较复杂，采用滚动计划可以根据环境变化和学校内部活动的实际进展情况适时进行调整，以便使学校始终有一个指导各部门、各阶段活动的长期计划。当然，这种计划方式也可以应用于短期计划工作，如年度和季度计划的制订和修订。

三、高校学生管理工作的基本环节——组织

（一）有效发挥高校学生管理机构的职能

1. 学生工作处（部）

学生工作处（部）同时具有行政管理职能和思想政治教育职能，既负责学生的招生、就业、奖惩、生活指导、日常行为管理等行政管理工作，又负责新生入学教育、日常思想教育和毕业生就业思想教育，如此安排为管理和教育的有机结合提供了组织保障，有益于全校学生工作在学校党委宏观指导下有步骤、有计划地进行，克服管理和教育脱节的两张皮现象。

2. 团委

团委在大学生管理方面的主要职能是：在学校党委的领导下，全面负责大学生社团组织的建设和管理；负责对学生会和学生社团的管理和指导；组织和指导学生的社会实践活动和志愿者活动等。

3. 学生会

学生会具有比较完整的组织系统，包括校学生会、院（系）学生会以及各班级的班委会。学生会具有比较严密的管理系统，各部门、各成员之间既有分工也有合作，既是相对独立的，又是一个整体。要使高校学生管理工作有效实施，必须完善、巩固和依靠学生会组织。对学生会组织，学校上级管理部门除了给予必要的指导外，在财力上也要给予一定的支持，同时还应该给予他们一定的权力和地位，充分发挥他们的积极性和主观能动性。因为学生会组织的结构设置涉及广大学生的方方面面，代表的是广大学生的利益，所以如何使学生会组织真正起到学生与学校之间的桥梁作用，对有效实施大学生管理非常重要。

4. 学生自我管理委员会

目前，有一些高校开始尝试设置大学生自我管理委员会，它一般挂靠在校学生处（部）或团委，下面设立生活保障部、宿舍管理部和风纪监察部等机构。生活保障部的主要任务是参与创建文明食堂的宣传和教育，其目的在于美化就餐环境，维护就餐秩序，对不文明行为进行纠正和制止，创建文明的校园生活环境。宿舍管理部主要是与学校宿舍管理办公室或物业管理部门共同对宿舍进行管理，以求为广大学生创造一个清洁、安静、舒适的学习和生活环境。风纪监察部的主要职责在于整治校园环境，可定时、定点或随时随地对学生中发生的违纪行为进行监察，同时还承担着维护食堂秩序、学校巡视以及检查学生上课迟到、早退等方面的工作。

（二）不断提升高校学生管理工作者的专业能力

高校学生管理工作是集理论性、知识性、实践性、时代性和时效性于一体的工作，它致力于学生的成长和发展，应该成为一种专门的职业。学生管理工作者既应该是学生教育管理服务工作的多面手，又应该是学生就业指导、生活学习指导、成才指导、心理咨询、形势与政策教育等方面的专业人才，唯有如此才能满足学生管理工作的需要，提高管理成效。在实际工作中，学生管理工作者不仅能应付日常事务，还要认真研究学生工作中出现的新问题，要像专家和学者那样，把学生管理工作当作一种事业去经营、去追求，掌握学生管理工作的规律和艺术，成为学生管理工作方面的专家。

（三）合理配备高校学生管理队伍人员

为了提高高校学生管理的水平和成效，各高校应该根据教育部的要求和实际工作需要，科学合理地配备足够数量的学生管理工作队伍，在保证数量的基础上，专兼职相结合，不断优化管理结构。目前，各高校的学生管理工作基本上采取院系主要负责制，由院党委副书记、专职辅导员及兼职辅导员协同工作。此外，基于目前大学生就业形势的日益严峻，不少高校在学生管理队伍中尝试配备职业指导人员，旨在为学生成功就业提供指导和必要的帮助。

四、高校学生管理工作的基本环节——控制

(一)控制的类型

根据时机、对象和目的的不同,可以将控制分为以下三种类型。

1. 预先控制

预先控制是在活动开始之前进行的控制。控制的内容包括检查资源的筹备情况和预测其利用效果。

2. 现场控制

现场控制也被称为过程控制,是指活动开始之后对活动中的人和事进行指导和监督。对学生的学习和活动进行现场监督的作用在于:首先,使学生以正确的方法进行学习,参加各种活动。通过现场监督,高校学生管理工作者可以直接向学生传授学习、参加各种活动的要领和技巧,纠正其错误的做法,从而提高学生的学习能力和实践能力。然后,可以保证计划的执行和计划目标的实现。通过现场检查,学生管理工作者可以随时发现学生在活动中与计划要求相偏离的现象,从而将问题消灭在萌芽状态。

3. 成果控制

成果控制即事后控制,是指在一项活动告一段落后,对该活动的资源利用情况及其结果进行总结。由于成果控制发生在事后,因而对活动已经于事无补,其目的是总结经验教训,为未来计划的制订和活动的下一步推进提供借鉴。

(二)有效控制的要求

1. 适时控制

古往今来,人们都非常注意对管理的控制,朱柏庐在《治家格言》中云:"毋临渴而掘井,宜未雨而绸缪",《礼记·中庸》:"凡事预则立,不预则废",今人则强调预防胜于救治。因此,有效地控制不在于偏差或问题出现以后的处理和补救,而在于事先通过适时控制消除可能导致偏差或问题的各种可能性,从源头上防止偏差或问题的形成。这也就是说,纠正偏差和解决问题的最理想方法应该是在偏差或问题产生之前,就注意到其产生的可能性,预先采取必要的防范措施,防止偏差或问题的产生。有效地控制落实到操作上,就是建立预警系统,形成应急机制。

该机制的目的是通过建立预警系统,对可能发生偏差或问题的对象的信息进行分析和研究,及时发现和识别潜在的或现实的偏差或问题,并进行客观评估,采取防范措施,防止或减少偏差和问题发生的可能。各高校可以根据自己的实际情况,建立一支由班级、院系有关师生组成的突发事件预警队伍,该队伍的每位成员都要接受专门的培训,并且明确职责和分工,定期对本班、本系、本院的学生进行了解、评估和帮助,将有关的信息汇总到学校的突发事件干预机构,再由突发事件干预机构根据实际情况统一部署,采取相应的措施。

与事后的亡羊补牢之举相比,事先的适时控制才是最重要的,与其在偏差或问题发

生之后进行补救，不如事先适时控制。

2. 适度控制

一般来说，适度控制要注意以下三个方面的问题：

一是要避免控制过多又要防止控制不足。没有人喜欢被控制，事实上，控制多半会招致被控制者的不快，学生亦是如此，但不进行控制又是不现实的，因为失去控制极有可能造成组织活动混乱、低效乃至无效。行之有效地控制应该是既能满足对活动监督和检查的需要，又能防止与学生产生激烈冲突。

为此，要求高校学生管理工作者须做到：首先，注意避免控制过多，控制过多不仅会招致学生方案实施的"流产"，而且会磨灭学生学习和参加各种活动的积极性、主动性和首创精神，影响他们才能的发挥和能力的提高。其次，防止控制不足，控制不足不仅会影响组织活动的有序进行，而且难以保证各层次的活动进度和比例的协调，造成资源的浪费。此外，控制不足还可能导致学生无视学校的正当、合理要求，自由散漫、我行我素，破坏学校的校风校纪。

二是全面控制与重点控制相结合。高校管理机构和学生管理工作者不可能而且也没有必要不分轻重缓急、事无巨细地对学生的所有活动进行控制。适度控制要求高校在建立控制系统时利用 ABC 分析法和例外原则等工具，找出影响学生活动效果的关键环节和关键因素，并据此在相关环节上建立预警系统或控制点，进行重点控制。

三是控制的产出大于投入。一般来说进行控制是要有投入的，衡量工作成绩和活动成效，分析偏差或失误产生的原因，以及为了纠正偏差和补救失误而采取的措施，都需要一定的花费。与此同时，任何控制，由于纠正或补救了工作或活动中的偏差或失误，又会带来一定的成效。因此，一项控制，只有当它的产出超过其投入时，才是值得的。

3. 客观控制

控制工作必须针对学生学习和活动的实际情况，采取必要的纠偏措施和补救手段，促使工作或活动继续有效推进。基于此，有效地控制应当是客观的，符合高校学生实际情况的。客观的控制源于对学生学习和活动的实际情况以及变化的客观了解和评价。为此，控制过程中采用的检查、衡量方法必须能够正确反映学生活动在时空上的变化程度，准确地判断和评价各部门、各环节的工作与计划要求相符或背离的程度。

4. 弹性控制

俗话说："天有不测风云，人有旦夕祸福。"学生在学校学习以及参加各种活动时，难免遇到各种意想不到的突发问题或无力抗拒的变化，这些问题和变化可能会与原有的计划严重背离。而有效地控制即使在这样的情况下也应该能够继续发挥作用，维持正常运行。这也就是说，真正有效地控制应该是具有灵活性和弹性的。

第三节　新媒体背景下高校学生管理工作与策略

一、新媒体在高校学生管理工作中的优势

（一）便捷、高效

新媒体涉及范围相对较广，在实际应用中，强调利用计算机技术加工、处理全部信息内容，以"0""1"等数字的形式加以呈现。如此，原本繁杂、多元的信息内容就能够在技术的助力下，提升信息传播媒介对信息传递的速度、承载量和便捷性。

（二）突破时空束缚

在过去，高等院校学生管理工作通常会受到时间和空间的束缚，新媒体时代，相关管理人员和学生能够在网络的辅助下进行实时交流，有效突破时空的束缚。而且，学生能够根据自己的喜好、需求等来选择交流环境，能够更好地缓解其紧张、畏惧等情绪，用更好的状态参与其中，助推高质量管理工作的稳步开展。

（三）交互性强

近年来，新媒体技术在各个行业、领域的应用愈加广泛，逐渐成为人们日常生活、工作乃至学习中不可或缺的一部分，如智能手机、网络电视等。人们利用这类技术平台打造一些交互性较强的平台，如微博、微信等，提升了人们交流信息的频率和彼此的互动频率。

二、新媒体时代创新高校学生管理工作的必要性

新媒体时代，对高等院校学生管理工作方式进行创新十分重要，原因有以下几点：

第一，传统的管理方式难以迎合新媒体时代学生的管理需求。随着新媒体技术的蓬勃发展，其被广泛应用到人们日常生活的各个方面。在新媒体环境下，高等院校的生活迎来了一定的变化，学生获取信息的渠道愈来愈广，能够获得更多的机会，来认识、感知这个多元的世界。在此情形下，传统管理方式显然很难迎合新媒体时代的学生管理工作需求，改革、创新学生管理方式势在必行。

第二，新媒体时代，学生需要新型的管理模式来匹配他们的需求。在新媒体技术不断发展的今天，学生的思想意识也发生变化。首先，学生有着越来越强的主体意识，提倡释放个性，将个人的与众不同彰显出来，不拘泥于形式，减少传统价值观带来的束缚。如果依旧采取说教为主的管理方式，很容易引发学生的抵触和厌倦情绪。在新形势下，相关管理人员应创新学生管理模式。其次，学生思想包容性更为广泛，各种价值观如享乐主义、利己主义、功利主义等都可能会通过各种新媒体平台影响学生。学生各项能力还没有完全成熟，也会受到一定程度的影响。在此背景下，相关管理人员更有必要采取

科学、合理的管理方式，正确引导学生，传递主流价值观。

三、新媒体时代高校学生管理工作策略

（一）搭建网络平台，加强思政教育

在高等院校中，思政教育占据着举足轻重的地位，在学生"三观"塑造方面有着一定的现实意义，能够培养学生的道德品质，积极传承、弘扬中华传统美德，使其成为有理想、有道德、有文化、有纪律的青年。要想实现预期的教育目标，相关教育、管理人员就要与时俱进、推陈出新，对影响高等院校思政教育的因素进行分析，并进行教学内容、方法的调整和优化。

新媒体时代，高等院校思政教育在迎来发展机遇的同时，也面临着新的挑战，如何平衡二者之间的关系是相关教育、管理工作人员要重点探究的一个课题。近些年，新媒体技术飞速发展，相关教育、管理人员要紧跟时代发展步伐，积极搭建网络平台，改革和创新思政教育方法，为思政教育有效性的提升做好铺垫。

一方面，搭建网络思政教育平台。源于多元文化的冲击和影响，高等院校教育、管理人员要高度关注学生的思想，发挥网络思政教育平台的力量，培养学生的道德品质和人格素养。例如，搭建校园网站、学生论坛等平台，由此开展思政教育，积极弘扬主旋律，将爱国主义教育、理想信念教育等相关内容发布到上述平台中，引导学生深度学习中华优秀传统文化，践行社会主义核心价值观，促进线上线下的融合，以期让思政教育成效更上一层楼。另一方面，加强网络思政教育平台的监管。网络环境相对复杂，充斥着各种各样的信息，尤其是不良信息，这在极大程度上影响着学生的身心。新媒体时代，要想做好、做细网络思政教育，那么就不能将重心局限在网络平台的搭建上，还要注重平台监管，力求给学生创造优良的环境。具体应注意以下几点：

第一，健全监管制度。对网络平台信息进行分析，依据相关制度，剔除消极、负面信息，尽可能地减轻其对学生的影响。第二，加强学生思辨能力、防控意识，主动规避不良信息，或是加以举报。第三，有意识地引导网络舆论，以健康、向上的意识和言论为主，并加以有效传播，对于影响网络安全和思政教育的行为，要采取必要措施，加强监管工作，以免其局限于浅层。

（二）加强软件应用，设置咨询平台

新媒体时代，管理人员与学生之间的信息传递渠道愈加广泛，如校园网站、微信、钉钉等，这些移动交流平台凭借自身的优势获得了广大师生的认可。在日常管理工作中，相关人员可以加强对这些优质软件的应用，提高管理工作的质量和效率。例如，通过钉钉对学生进行日常教育，了解学生学习效果；在请假、销假时，可以使用易班等软件；在学校相关平台上，学生能够畅所欲言，发表自己的想法和建议，管理人员通过学生的评论或留言，及时了解情况；对于新奇的意见、点子，可以予以采纳，保证学生管理工作的顺利实施。

在高校学生管理工作中，学生心理健康也是至关重要的一部分，管理人员要高度重视。大部分高校设有专门的心理健康咨询室，但是在心理方面存在疑惑，且主动寻求帮助的学生数量不多。究其原因，或是怕泄露自己的隐私，或是怕被他人区别对待。针对这种情况，管理人员可以根据实际情况，在校园公共网站创建心理咨询服务平台，学生可以通过匿名评论、留言等方式来寻求帮助。这样，可以有效打消学生心中的顾虑，让他们能够更好地进行心理咨询。

（三）了解网络舆情，把握思想脉搏

新媒体时代，人们的沟通方式更加丰富、便捷。在高等院校学生管理工作中，相关管理人员可以利用新媒体技术，适当增加和学生交流、沟通的频率，拉近彼此的距离，增进双方的了解。如今，国际交流日益密切，愈来愈多外来文化涌入网络，对中华优秀传统文化带来了一定的冲击。

信息时代各种文化相互碰撞，思想观念日新月异，相关管理人员要善于从新媒体渠道入手，及时了解信息，不断增强自身的信息预见评析能力，精准把握网络舆情，尽可能地寻找学生喜欢或感兴趣的话题，牢牢把握学生的思想脉搏，并适当进行拓展和延伸，有序开展管理工作。例如，相关管理人员要加强和学生之间的交流，对他们喜闻乐见的新媒体、关注的时事热点、话题以及喜好等有一定的了解，从学生的视角入手，浏览和收集信息，并加以有效整合，给学生提供更加科学、专业、正面的资讯和理念。如此一来，能够有效避免学生受到不良影响，促进其身心健康、全面发展。例如，通过和学生的交流，管理人员发现不少学生在升学、就业以及人际关系的处理上存在一些问题，针对这种情况，相关管理人员可以根据个人对新媒体信息的认知、解读和研判，提炼有价值的信息，并将其分享给学生，鼓励学生利用课余时间观看。这样，学生就能从中受到启迪，更好地解决这些问题。

相关管理人员要发挥好引路人作用，引导学生过滤消极信息，锻炼其是非辨别能力，以免传播错误、不健康的信息。在条件允许的情况下，相关管理人员还要关注学生的微博、抖音、视频号等，了解学生的思想动态、生活以及学习状况等，一旦发现他们存在问题，要及时寻找其谈话，帮助他们形成积极的价值观念，开心地度过校园时光。

（四）开展实践活动，提高综合素质

新媒体技术的飞速发展和广泛应用，使得国内教育教学事业发生了翻天覆地的变化。新媒体开放性、多元性、创新性的特征，和学生兴趣喜好较为契合，在学生政治素养、道德水平以及价值取向的培养与形成方面有着一定的现实意义。其中，红色文化是党领导人民在革命、建设、改革进程中创造的，以中国化马克思主义为核心的先进文化，是中国特色社会主义先进文化的源泉。高校管理人员要借助新媒体技术的力量，开展红色文化教育，令学生在无形之中受到感染和熏陶，强化政治信仰，提高思想水平。当然，如果管理人员一味地进行说教、灌输，很难激发学生的兴趣，学生不愿意参与其中，最终效果必定大打折扣。这个时候，就需要多开展一些实践活动。

　　高校社会实践活动丰富多样，较为常见的有公益服务、教学实践、假期社会实践等，有利于增强学生的综合素质，提高学生的思想水平和人文素养。在此期间，管理人员要有意识地融入红色文化，将其与校园实践活动有机整合起来，在提高校园文化传播效能、教育效果的同时，将红色文化的育人价值发挥到极致，为国家储备更多高质量复合型人才。一方面，管理人员要在各类实践活动中渗透红色文化，利用各种新媒体技术手段，如云数据、VR、AI 等，以地方爱国主义教育基地和数字展馆为载体，开展实践活动，使学生畅游于红色历史和故事的海洋中，更加深刻地感知红色文化，增强其历史使命感和社会责任感，帮助学生塑造积极的思想观念和价值取向。另一方面，通过新媒体技术的应用，在地方爱国主义教育基地打造混合式教学，呈现形式、模态不一的红色文化经典，让学生全方位、多角度地感知红色文化的内涵和魅力。

第六章 新媒体环境下高校教材、教法改革

第一节 教材改革与实践

一、教材内容改革

（一）基于教学标准、构建课程教材框架

教材是学生学习的首选工具，是教师教学内容、教学模式及教学评价的重要支撑，是教学改革精神的具体落实和现实呈现。教材在"三教"改革中发挥着承上启下的重要作用，教材内容的选取关系着培养的学生是否满足企业需要及社会要求。

教材是执行和实现教学标准载体的渠道，其内容的深度、广度必须遵循教学标准，教材是将标准中对人才培养目标的定位和相对宏观的教学内容、教学要求，具体、形象、直观地表达出来，并对教学实施起到支撑作用。

课程教材框架搭设要根据专业调查、研究结果，针对学生未来就业岗位的工作任务及工作过程，确定学生应具有的知识、能力及素质，构建课程体系，制定该课程的教学目标，再通过归纳、总结、提炼并遵循认识规律将教学内容整合为学习项目，在项目的教学实施中，进一步将其分解成学习型工作任务，形成课程教材框架。

（二）思政元素、劳动教育融入教材各环节

为了培养智能制造所需要的新一代产业技术人才，就要强化学生的社会担当意识，将"知识、技能、价值观"的多元目标融入教学项目，实现传统项目化教材的转型升级。在教材的学习目标设计上，当前应该强化价值引领，突出教学的思想性和目的性，在态度和价值观目标描述中结合具体项目，提出工匠精神、创新精神、科学精神、质量意识、环境意识等要求，实现"课程思政"与专业教学的深度融合，让学生明白为谁学习、为谁工作，潜移默化地为中华民族复兴储备高素质人力资源。

二、教材形式上改革

随着信息化发展、学情的变化、教学方法手段的变化，教材作为学生最直接的学习载体，从传统可见的纸质教材，到云端的信息化教材，教材编写形式也是常编常新。利用网络技术手段将纸质教材与数字化教学材料紧密结合，可以形成新的教材形态，充分体现高等教育的教材特质。不同形式的教材各有特点，在信息化时代，纸质教材是信息化教学资源的"导航器"，而信息化教学资源是在理论教室、实训基地、企业车间及各种生活场景中随时可以利用的"移动教材"。

（一）传统教材形式

教材是课程学科的教学内容按照一定的次序组成，传统教材常指狭义的纸质教材，其内容主要以文字、图表直观呈现，方便学生学习。对于理论体系完善、相对稳定的基础课和一些专业基础课，传统学科式的教材，因直观且成本低受众面广，一直以来受到大家青睐。

（二）新型教材形式

1. 立体化教材

立体化教材是将 AR、VR、二维码等现代信息技术与纸质教材有机结合的多媒体交互教学产品，具有将教学重点难点立体呈现、教学方法灵活多样、教学内容动态更新、教学资源丰富、交互功能强大等特点，可为学生提供完美的全新学习体验。

立体化教材打破了以往以纸介质为知识传播载体的局限，表现出人们在现代科技中寻找突破的强烈动机，立体化教材建构的体系，综合考虑了内容的多学科、教学对象的多层次、表现形式的多媒体、解决问题的多角度等不同层面的要求，综合运用了各种媒体并发挥其各自优势，形成媒体间的互动，强调各种媒体的立体化教学设计，注重激发学生的学习兴趣，根据不同学科、不同应用对象、不同的应用环境来设计教学，以满足多样化、个性化、实用化的教与学的需求。立体化教材体系的建立和完善，有利于学生自主学习能力和创新能力的培养，也为培养适应信息化社会学习、生活和工作的高素质人才奠定坚实的基础。

2. 活页式教材

活页式教材具有"活页"和"教材"的双特征，不但具有传统教材意义，更具有结构灵活、模块丰富、表达多样、内容常新及素材有趣等特征，符合教学、自主学习、个性化学习的需要。活页教材很适合与反映行业专业岗位需求、职业标准联系密切的专业方向课程的教材编写。

活页式教材装订形式和传统教材不一样，其结构灵活程度根据课程特点及实际需要而定，一般有三种结构形态。第一种是典型活页式教材，以活页夹或档案袋方式保存各模块内容，随时变化各模块内容，成本低，使用灵活；第二种是分模块装订方式，将一个完整的教学单元模块进行装订，根据需求变化的模块内容，既容易保存又方便部分更新；第三种是活页与装订相结合，对于内容趋于稳定、变化不大的主干部分装订成册，而对部分变化性较强的内容以活页形式呈现。

3. 工作手册式教材

工作手册式教材是基于工作过程、双元合作编写来反映工作流程、具有指导功能、框架灵活、内容实时更新的教材。工作手册式教材需要在调研的基础上，收集整理典型工作任务，并把工作任务改造为可实施的教学单元材料，按照教学规律编写各教学单元学习目标、实施流程、相关知识、课后任务及评价内容。

工作手册式教材内容既要体现出新一代信息技术知识与传统技术知识深度融合，还要与思政元素、劳动教务、创新意识有机融合。工作手册式教材，需要随实际工作过程的变化及时修订教材内容，具有"活"的特征，可以说是基于工作过程的活页教材的另一种形式。

工作手册式教材以学生为中心，教师安排任务，学生确定任务、设计方案、实施任务、检查成果，并从中获得对知识和价值的理解，体现了"做中学"的学习方法。

总之，工作手册式教材的最大特点是基于工作过程把工作手册改编为教材，其内容与技术发展同步更新，框架形式灵活多样，教学模式以"教"为辅，以"导"为主。

三、教材编写队伍、教材编写内容、教材表达方式及选用

（一）教材编写队伍

编写教材的实施主体是教师，教材的编写质量关键在教师，所以教材编写前要选好编写队伍，教材编写队伍要满足以下要求。

主编，在教材编写中担任重要角色，发挥决定性作用，主编负责制定教材编写大纲，负责规划教材选题及编写风格，并及时监督、审核、指导参编人员的编写，负责教材的统稿，所以要求教材的主编要治学严谨，具备"双师"素质，洞悉企业需求及先进技术工艺，熟知课程建设要求及先进的教学理念，能灵活使用先进的教学方法、手段进行教学，教学效果良好，承担和参与过教育教学研究或改革项目，教材编写经验丰富，在校企合作中承担过多项科研技术服务项目，具有丰富的实践经验。

编写成员，教材编写队伍中具备"双师"素质的教师和有企业经历的教师及行业企业参与的专家不少于80%，校内参编人员至少有5年执教经验，有先进的教学理念，能熟练运用先进的教学方法进行教学，具有企业锻炼经历，能积极参与完成教育教学研究或改革项目。

（二）教材编写内容

教材内容是教材编写的核心，是传授学生知识技能的关键，是教师备课的重要参考，它体现了课程学科的发展水平，选取时要注意以下几方面：

1. 思想性

教材内容的思想观点正确，符合辩证唯物主义，无政治性和政策性错误观点，体现教改理念。能结合课程内容把思想政治教育有机融入教材中去，做到教材建设与思政教育同向同行。

2. 科学性

教材的内容要符合客观实际，能反映出事物的本质和内在规律，概念、定义、论点正确，论据充分，试验材料、试验数据、试验结果正确可靠。

3. 一致性

教材内容要与课程专业人才培养方案一致，与课程标准良好匹配，尤其是选取的知识点和技能点与课程标准中相关的知识点和技能点要完全匹配，要符合专业就业岗位对

本课程核心能力培养的要求。

4. 实用性

教材内容符合大学生认知规律，反映学生需要掌握的知识和技能点，既能夯实学生的理论基础，又能拓宽学生的未来发展空间；内容富有启发性，利于引导学生积极思考、乐于实践；便于学生创新能力的培养和现代教育技术的应用。

5. 动态性

能根据社会发展、企业需求及学生特点，及时把新的教学理论、计算方法、学科发展、设计规范、行业企业需求等融入教材，做到教材内容常讲常新，满足社会不断发展的需要。

6. 层次性

内容选取既要满足一致性，又要考虑学生的差异性，以学生为中心，借助信息化技术，采用微课、动画、仿真等优质素材，为不同层次的学生提供对应知识和技能点，满足个性化教学需要。

（三）教材表述方式

教材表述方式决定着它能否调动学生学习积极性，是否体现以学生为中心，是否有利于学生有效学习，表述方式要满足以下几点要求：

1. 条理性

教材体系做到层次分明、条理清楚，能反映内容的内在逻辑及本专业特有的思维方式；教材中章节内容、活动设计安排顺序符合高校的教学规律及学生的心理规律。

2. 互动性

要打破传统教材常用的陈述性表述方式，要从主要为教师服务、方便教师的教学，转化为为学生服务、方便学生学习，按照课堂教学活动进行设计。要适合混合式教学和翻转课堂教学等教学模式方法改革，要体现教、学、练、测、评、拓（创）相结合。

3. 立体化

满足内容的多学科、教学对象的多层次、表现形式的多媒体、解决问题的多角度等不同层面的要求，将AR、VR、二维码等现代信息技术与纸质教材有机结合，实现教学重点难点立体呈现、教学方法灵活多样，以满足多样化、个性化、实用化的教与学的需求。

（四）教材选用

教材在立项、编写、出版、使用的过程中，涉及多个参与主体。教学主管部门、专业带头人决定教材的需求及立项建设，高校师生是教材的使用者；出版社对教材进行出版策划；企业人员要参与教材编写，审核教材的实用性、职业性。故教材选用要由教学主管、专业带头人、企业人员及学生成立专门的教材选用机构，对每学期的教材选用把关。

四、高校教材评价体系构建

（一）高校教材评价体系构建的重要性

1. 保证教材科学适切

高校教材主要根据课程标准编写，是高校教师开展教育教学工作及学生进行专业学习最为重要的媒介资源。积极开展高校教材评价体系构建工作，可以对教材的科学性和适切性进行有效的甄别与检验。前者主要是通过教学评价对教材知识逻辑性、内容思想性和编排系统性等进行细致检查，确保其与高校学生学习基础或身心特点保持高度契合。后者是科学地判断教材是否符合国家意志、贴合教学实际，符合时代发展的新理论、新知识和新技术等内容。

2. 不断提高教材质量

不断提高高校教材质量和促进高校教材的可持续发展，是高校教材评价体系构建的核心价值所在。通过开展高校教材评价体系构建工作，可以对教材的科学性、时代性等进行洞察与了解，引导高校坚持与时俱进，并不断收集教材相关信息、监测教材使用过程、分析师生教材诉求等，对现有教材进行改编与修订，不断提高高校教材编写质量。

3. 落实人才培养目标

高校教材评价体系构建有助于保证教材编写质量，有利于人才培养目标的贯彻落实。学生通过学习教材，有效培养自身的专业能力和综合素养。教材评价体系对落实人才培养目标情况进行有效监测，为新时代高校人才培养工作开展提供强有力的支持。

（二）高校教材评价体系构建面临的困境

1. 评价思维不够科学

评价思维是否科学全面，将直接影响教材评价的基本方向。目前，一些高校教材评价体系构建沿用传统实体评价思维，主要表现为高校教材评价更为侧重教材概念性知识体系、结构性编排设计等实体要素，却忽略了教材理论与实践、主体与客体、主观与客观相结合评价等方面，这不利于帮助学校对复杂的教学实践活动进行全面的了解与分析。

2. 评价内容有待明确

明确评价内容是高校教材评价体系构建的重要环节，这样可以更好地把握教材的科学性、时代性、拓展性等。目前，高校教材评价体系构建出现教材评价内容不够明确、不够合理的情况，主要表现为更侧重教材是否有严密的体系，教材内容精选性和科学性体现不足，教材评价重心落在教材能否满足学生对基础性内容的需求上，而对教材内容的内在联系及其能否锻炼学生理论联系实际能力等方面较少涉及，这会降低高校教材评价质量。

3. 指标体系不够完善

评价指标在高校教材评价体系构建中扮演着十分重要的角色，评价指标体系是否健全完善，会直接影响教材评价的科学性、全面性和有效性。目前，在高校教材评价体系构建中，评价指标还不够完善，主要表现为教材评价主要围绕内容、编校和印刷一级指标展开，教材的思想水平、图文水平、设计水平、装订水平等二级指标还不够健全完善，教材的思想性、逻辑性、理论性、语言文字、图表、封面版式等指标不够细化，不能准确展现高校教材的实际情况。

4. 评价方法比较传统

目前，高校教材评价体系构建采用的评价方法较为传统，即仅通过量化方法对高校教材进行评价。虽然采用定量数据分析法对高校教材进行评价，可以增强评价结果的客观性与准确性，但仅采用量化评价方法，对评价对象的软性指标有所忽略，会降低评价的信效度。

5. 评价标准有待健全

高校教材实行国家、地方和高校三级管理制度，若教材编写、评价等缺乏统一的权威标准，则容易引发评价过程主观性和随意性比较突出等问题。目前，高校教材评价体系构建的评价标准还有待健全，如可以根据教材评价核心观测维度对可量化的教材评价标准维度进行有效构建，可以结合高校教材结构要素对相应评价程序规范进行建立完善等。

（三）高校教材评价体系构建的有效路径

1. 转变教材评价思维

评价思维是高校教材评价体系构建的逻辑根基，树立什么样的评价思维就会有什么样的评价实践。在构建高校教材评价体系之前，应及时转变教材评价思维。具体措施包括：①加大宣传力度。加强教职人员对高校教材评价工作的思想认识，引导教师、教辅人员献言献策，为教材评价工作科学有序开展打下良好的基础。同时利用现代信息技术手段，对教材评价工作和教材评价体系构建进行广泛宣传，宣传过程要结合实际工作内容，并将其以图文结合形式展现出来，以起到增进理解和吸引参与等作用。②形成实践评估思维。在深化高校管理人员及教职工对教材评价体系构建工作的认知后，采用有效的方式转变传统实体评价思维，并引出实践评估思维对教材评价工作进行优化创新。以教师和学生在教材使用过程中取得效果的动态实践为核心依据，对高校教材的科学性、适切性等进行科学判断，评价教材的实际价值。同时要求教材评价不能脱离师生主体和实践环境，促使教材评价的重要价值得到充分发挥。

2. 明确教材评价内容

教材作为高校学生获取专业知识、发展能力和素质的重要载体，在对教材评价体系进行构建时，必须对教材评价内容进行明确。具体包括：①教材内容的科学性和精选性。考虑到高校教材涵盖的知识内容丰富，应保证学生通过教材学习能够对重要知识内容进行有效了解与把握，在评价时要对内容的科学性和精选性加强关注，即通过教材评价判断教材编排是否有较为严密的体系、是否有清晰明确的内容解释、有无出现重复内容、是否具有举一反三功能等。②教材内容的基础性和完整性。高校教材必须满足不同专业学生对基础性内容的学习需求，并确保其在完成教材学习后可以形成完善的知识结构体系，而且教材整体内容是相互联系的。在保证教材内容基础性的同时，还要从理论联系实践的角度入手对教材内容完整性进行评价分析，确保学生在完成教材学习后可以发展自身解决实际问题的能力。③教材内容的时代性和前瞻性。随着社会的不断进步与发展，高校教材内容要持续优化完善，使其更加贴合时代发展与学生实际学习需求。在构建教材评价体系时，需要对内容的时代性和前瞻性进行评价，以便指导高校对教材内容进行及时更新、补充和修正，使教材呈现出综合性、交叉性等特点；还可以从促进学生个性化发展角度入手，将开放性和拓展性资源融入教材，使学生的个人发展需求得到满足。

3. 完善教材评价指标

高校教材评价体系的构建离不开完善的评价指标，以助力评价工作科学开展，使教材评价结果可以真实反映教师及学生的使用情况及效果。具体包括：①构建系统完善的评价指标体系。高校教材评价体系的一级评价指标是内容质量、编写校对和印刷装订。内容质量对应的二级评价指标是思想水平、科学水平、图文水平等；编写校对对应的二级评价指标是加工水平、设计水平、绘图水平等；印刷装订对应的二级评价指标是印刷水平、装订水平等。二级评价指标下的三级评价指标包含思想性、逻辑性、教学适应性、结构完整性、封面设计、绘图版式、套印插画等，以此形成系统完善的教材评价指标体系。②科学确定评价指标的权重。在完成高校教材评价指标体系建设工作后，要想促进评价工作有效展开及确保评价结果质量，就要对评价指标占据的权重进行确定。内容质量占据教材评价权重的 70% 以上，编校占 20%，印刷占 10%。与内容质量、编写校对和印刷装订相对应的思想水平、设计水平、印刷水平等二级指标，以及思想性、系统性、结构完整性、图表文字、版式绘图等三级指标，各自权重也要科学划分。通过教材评价体系的运行，高校有效掌握教材使用的效果，及时发现教材使用中存在的不足，并进行有针对性地改进。

4. 创新教材评价方法

随着现代科学技术不断发展，高校教材评价体系构建需要对评价方法进行优化创新。具体包括：①教材评价质与量的有效结合。高校教材评价对定量数据分析法的过多使用，会制约高校教材评价体系良性发展，因此有必要将质性评价与量化评价相结合。其中，质性评价是指通过调查分析，有效把握评价对象的各种特质，为高校教材优化完善提供科学的意见。量化评价是指采用客观数据作为支撑，通过对各项数据进行有效挖掘、分析和整合，提高教材评价的信效度。②有效利用现代信息技术。在信息化时代，高校开展教材评价体系构建工作应坚持与时俱进，对大数据、人工智能等新技术进行有效利用，实现对高校教材评价信息采集平台的有效建设，并通过大数据运算，将高校教材存在的问题反映出来，将这些结果直接通过网络反馈给相关主体，助力高校教材内容的修正和整体质量的提升。

5.健全教材评价标准

高校教材评价体系构建应重视教材评价标准，具体包括：①设定评价核心观测维度。评价过程要以教育政策为价值引领，对高校教材评价的核心观测维度进行确定。②加强教材评价标准研发。在建构教材评价标准方面，尝试从转变教材评价的价值取向、革新教材评价的多维体系、改进教材评价的具体方法等方面进行教材评价标准研发。同时充分考虑评价主、客体的文化背景与环境，以达到增强评价标准适切性的目的。

五、高校数字教材的发展及其建设路径

对于互联网上相对孤立的教学资源、在线课程和虚拟实习实验仿真中心，只有教材是能将它们串接起来，传授知识，进而培养人才的最佳方法。但是仅用传统单一的纸质教材不能很方便地对这些资源进行有效组织，也不能将这些内容条理化。因此，在新时代、新背景下，无论是国家主动推动，还是新技术赋能驱动，高校的数字教材建设都会应运而生且会变得如火如荼，成为串接"资源库中资源，课程，虚拟仿真实验、实习、实训"的载体，继而成为教育信息化的重要组成部分，因此其得到了各高校的重视。

从继承层面来看，数字教材可以是脱离已有纸质教材的升级换代过程，也可以是数字在线开发课程精选后打包出版的子集成果，还可以是从零开始依据新时期教材开发方法，聚焦国家战略及区域经济发展，串接各项已有资源的全新建设成果。

从数字教材蕴含的媒体元素来看，数字教材呈富媒体形态。相比纸质教材，它能有效融合文字和音频、视频、图片及动画等元素，呈现形式更加立体化、场景化，更加生动形象，有利于实现有效的互动交流。

从技术角度来看，数字教材能充分发挥信息技术的优势，是近年来人们讨论的热门话题，它一出现，就自带网络化、电子化，甚至是智能化的特点，灵活性更高，更易更新，相比纸质教材修订起来更加灵活方便。无论从哪个角度理解数字教材，其第一属性首先是教材。这是数字教材区别于教学资源库、课程、虚拟仿真中心等教学资源的一个重要属性。

（一）拓展适用于纸质教材的教学资源，创新教材的呈现形式，维护和打造一批纸质经典教材

像由同济大学编写、高等教育出版社出版的《高等数学》之类的经典纸质教材，已经足够优质，故维护其权威性、典范性是首要任务，具体可以采用组建老中青结合的教材建设梯队，建立传承创新机制，不断提升经典教材的生命力和影响力。对于这类使用时间长、影响范围广、师生认可度高、已有良好建设基础的优质教材，无须脱离纸质教材而另起炉灶，最应该做或与时俱进的办法如下：在其资源拓展上做大量升级，进行数字化建设，如增加 MATLAB 等数学工具、数学软件，模拟、实时计算各类复杂的三维空间场景，并给出计算结果，帮助学生验证纯手工计算结果，佐证学生推理是否相符，提升教材的趣味性、可查性，从而促进纸质教材的升级与延续发展，确保教材的生命力。这种不脱离纸质教材原本内容，拓展其资源的数字教材建设方式，就像给原先的纸质教

材插上一对数字翅膀，拓展教材的媒质载体、拓展教材的使用空间，确保了更立体的、更数字化的呈现形式。

至于教材采用什么形式，不再重要，既可以采取"纸质教材＋二维码数字资源"新形态教材形式，也可以建设"一套独立的数字教学系统支撑配合纸质教材、拓展纸质教材功能"的形式，还可以维持原本"纸质＋光盘形式、纸质＋出版社资源网站"的形式。

（二）将已获得的"国家级、省两级在线开放课程、学校精品一流课程"进行改造、打包，出版成数字教材、数字课程

国家级、省两级优质在线课程资源应该是丰富的，同时课程平台的教、测、评功能也日趋完善，具备改造成数字教材的基础，从课程到教材，只需要增加一些设计，如优化整合教学内容、增加指导教师，以及添加方便学生使用的导航、索引、方法、情境，就能使教与学更方便、细致。即要将课程中原本蕴含的大量原创的音视频资源进行有效编排，序化为教材的行文结构，加强各孤立资源的联系，使其有效支撑教与学。另外，通过出版社的三审、三校，实施数字出版。当然，出版后的音视频资源大概率为原来课程资源的一个子集，但是其相比原课程有一个显著特征，就是打包出版后的课程是有版权的，有正式的 ISBN 音像出版号，有数字出版的证书。因此，对比没有版权的原课程，可以说是向前跨越了一步。从实质来讲，可以称打包出版的课程为"数字教材"或"数字出版课程"，此时出版的课程已经是教材了。

（三）全新开发一批数字教材

充分利用新一代信息技术，整合优质资源，创新教材呈现方式，以纯数字教材为主，新编一批理念先进、规范性强、集成度高、适用性好的数字教材。

此教材开发必然基于产教融合背景下校企双元合作的教学资源，例如，经过多年的校企深入合作，企业愿意无条件将部分复杂的新工艺、新技术、新规范共享给学校使用，不存在商业机密的保护；企业的产品说明中，已有大量的音视频格式资源，且恰巧需要学校介入，由此学校可以让学生学习其技术、推广其技术，同时企业可以接纳学生做产品维护；企业的资源、复杂的工艺流程可能就是典型的工作任务和待学习的岗位技能，其难以用单一的纸质文字说明清楚，却适宜用音频、视频、虚拟仿真的形式呈现出来。双方合作落地的成果就是编写的数字教材。当然，学校与企业仍需搭建校企混编团队，对企业的资源进行深度加工，将其从单纯的企业资源转换成教学资源，甚至对于无法表达的工艺流程，可求助第三方公司，由学校投入资金，将其转换成可以教学的虚拟仿真系统。

最后一个就是选择合适的信息化平台建设数字教材。目前，高等教育出版社、机械工业出版社、清华大学出版社都提供了数字教材建设平台，也提供了串接文字、图片、视频、动画等素材的编辑器，据此，教师能更方便地编写教材，出版社编辑也能更方便地审核教材。在编辑器中，资源被平台的功能串接、固化、保存下来。教师的编写结构就是序化这些资源的方法，通过校企合作、深入教改等一系列操作后，教师编写团队必然能有效重构传统的一元的、单一的学校课程，使其具备服务国家战略及经济发展、服务职业岗位的功能。

有些学校也选择第三方公司的开发平台，在第三方公司的信息平台上建设数字教材，此时数字教材只是建设在平台上，没有版权，也没有出版社的正式审核，可以称其为"校本数字教材"，待第三方公司与出版社对接后，将达到出版要求的"校本数字教材"进行审核、出版，此时的数字教材就具备了版权，就如同直接从出版社审核出版的数字教材一样。

六、高校立体化教材建设

（一）立体化教材的内涵及其表现形式

立体化教材其实是以纸质教材为基础，将互联网上多途径、多形态、多媒介的共享信息资源整合在一起的教学集合体。立体化教材的建设应当围绕教师教学需求和学生学习需求来进行，同时满足教育市场的需求，提高教师的教学质量和学生自主学习的能力。立体化教材应由三大板块组成，即电子教材、多媒体教学和纸质教材，只有以这三大板块为基础，才可以进行相应的线上教学模块的拓展。

立体化教材的表现形式主要有数字教材、电子教案、试题库、网络教学课程、资料库、虚拟仿真实验、学术论坛等。

1. 数字教材

现代信息技术下的数字教材，并非简单地将纸质教材内容照搬到电子书上，而是利用互联网交叉关联的思维，联合出版社、高校学科专家以及网络技术专家等共同建设，既能保证数字教材内容的深度和合理性，又能满足不同教师的教学需求和不同层次学生的多元化学习需求。

2. 电子教案

在现代网络信息化课堂中，教师需要对每节课的内容进行调整，并不断优化已有的教学板书，确保教师所提供的教学内容符合学生需求并为学生所接受，同时教师需要将与知识点相关的视频、图片等影像资料合理链接到电子教案中。立体化教材中的电子教案不仅是教师课堂的教学工具，更是教师与学生互动的关键，教师可以通过学生对教案的反馈不断优化教案，形成良性循环。立体化教材中电子教案板块的不断优化，使学生可以很好地将课本知识的重难点建立起立体性的框架，从而达到教学目的。

3. 试题库

试题库包括试题管理系统和试题储存系统。试题是教学过程中检验学生学习情况的重要手段之一。与传统试卷出题相比，立体化教材的试题库无论在试题的质量上或者在试题的数量上都更加丰富，并且试题库的试题对知识点的掌握情况有很强的指向性。试题库的构建，使教学质量评价的客观性得到了有效提高，在一定程度上减少了教师出题的工作量。

4. 网络教学课程

网络教学是近年来出现的一种打破传统课堂教学模式的新型教学模式。因网络资源的开放性和共享性，网络课程可以制作成一些内容丰富且时间较短的教学视频，这样不仅大幅精简了课程的内容，还满足了学生利用碎片化时间学习和重复观看视频中相应知识点的需求。生动的内容以及较短的时长，使其能够通过精细讲解教学案例，实现知识的传播，打破了传统课堂"教师讲授—学生接受"的授课模式，将其转变为课前预习、课上解惑、课后回顾强化的自主学习模式。

5. 资料库

资料库的构建是以学科为单位，以网络上传者的身份，将教学资料以 PPT 课件、影像资料、电子书等不同的表现形式进行上传，学生可以通过网络在线下载的方式来达到自主学习的目的。

6. 虚拟仿真实验

虚拟仿真实验能够借助现代信息技术，搭建仿真的实验环境。学生通过平台发放的账号密码进入仿真实验室，模拟实验室是 3D 立体的环境，在这种立体环境中学生通过控制人物进行模拟实验。通过仿真实验，学生能够熟练掌握所学科目的实验流程，达到传统实验教学难以达到的教学效果，有效锻炼其分析问题和解决问题的能力。

7. 学术论坛

学术论坛是立体化教材为教师和学生搭建的重要交流平台，教师可以通过平台发布学习任务，学生可以通过论坛进行讨论，通过讨论可以加深学生对理论知识的理解。同时，学术论坛也是学生之间的交流平台，学生遇到无法解决的问题或者对布置的学习任务完成有困难时，都可以在平台求助；别的同学看到时，可以在该求助下留言交流，该学生就可以了解其他人的思路，完成自己的学习任务。学生在开放、互动的环境下，经过思想的交流与碰撞，可以构建更完善的知识框架。

（二）立体化教材建设的思路

1. 充分利用互联网平台

网络信息技术对立体化教材的建设既是机遇也是挑战，但总体来说是利大于弊的。立体化教材在利用网络技术实现多元化教学的同时，在一定程度上降低了立体化教材的开发成本。

2. 建立高素质教师队伍

立体化教材的建设工作是一个十分复杂的过程，不能只凭编著团队的主观和热情进行建设。优秀的立体化教材除了需要编著团队具有渊博的知识之外，还需要团队成员熟练掌握互联网信息技术、计算机软件等较强的现代教学技能。因此，对于立体化教材的建设，组建一支高素质的教师队伍势在必行。

3.立体化教材的建设要做到统筹全局

立体化教材并不是单独服务于某一科目或者某一学科，其兼顾的应当是整个高校的教学。因此，在建设立体化教材时，应该统筹兼顾、协调发展，对教学现状进行科学分析，在符合教师教学目标的同时，兼顾大多数学生的学习需求和学习兴趣。

4.学校要大力支持

立体化教材的建设并非一蹴而就，其建设是一个十分漫长且需要不断优化的过程。以往高校立体化教材建设的实践证明，孤军奋战、闭门造车所建设出的立体化教材往往顾此失彼，不仅浪费大量的人力物力，而且对于所建设的课程只能一拖再拖，最后不了了之。因此，立体化教材的建设要团结所有可以团结的力量，将可以凝聚的力量全部聚集，才能有效整合资源。在这个过程中，必须得到学校的大力支持，否则很容易半途而废。

（三）立体化教材建设设计的要点

立体化教材的建设，不仅是对作者的挑战，更是对编者的一种全新的挑战。因为以往的调整与优化都是在传统纸质教材中进行的，而现在需要整合互联网资源，并与传统教材进行合并、优化，这样的工作量与其中需要突破的技术对于编著团队无疑是一个巨大的挑战。立体化教材的编辑是从前期策划开始的，但教材出版后并不意味着立体化教材建设就已结束，编者还需实时根据教师、学生的反馈不断进行优化调整，而这往往是新的开始。

1.做好相应的技术对接和内容的严格把控

在立体化教材建设中，大纲和样章的审核是建设的重要环节之一。教材建设者所提供的样章除了对已建设的教材进行资源配套外，还对正在建设、准备建设的资源以"二维码"或"超链接"的方式进行标注。对于大纲建设来说，应该以纸质教材大纲为基础，再提交详细的建设规划文件。规划文件应有详细的资源名称、来源、文件大小、内容形式和拟建成时间等。编辑根据所提交的规划表安排相应的技术对接工作，以合理的方式将网络共享资源融合到教材建设中，对于难以突破或者成本超出预算的情况，应该及时与学校沟通，并进行合理的解决。

2.做好资源的更新及平台的维护

与传统教材一旦印刷就代表工作结束相比，立体化教材编写的结束并不代表工作的结束，这往往代表新一段的工作即将开始。因为立体化教材涉及的数字化资源内容较多，编者需要适时根据教师的教学情况和学生学习的课后反馈进行内容的更新和优化，这些都需要编者与平台的维护工作配合好。总而言之，立体化教材是一个多元化的网络教学系统，编者不仅是教材的建设者，更是教材的维护者，进而为教学提供坚实的保障。

3.对教材内容进行严格审核

立体化教材的建设需要进行严格的审查，建设者不能因为内容不落实到纸面就心存侥幸。立体化教材的审核主要集中在技术层面，互联网在提供多元化资源的同时，其资源的质量也存在各类问题，如音频的清晰度、视频的清晰度以及流畅度等，都对立体化教材的建设者提出了更高的要求。建设者不仅要对所提供资源的内容进行严格审核，还要从技术层面进行相应的审核。技术审核要通过实际操作进行，简单来说，就是对所得到的资源进行版权的审核，同时，作为用户角色审核资源能否准确无误地打开。

（四）立体化教材建设应当注意的问题

1.转变传统教材建设理念

立体化教材摆脱了以传统纸介质为媒介的教材形式，使课堂教学内容脱离了以文字为主的单一教学引入模式，融入了图像、视频等多元化的导入方式，使课堂无论是在内容上还是在形式上都得到了极大的延伸和拓展。多年来，我们的教材建设往往局限于所出版的纸介质教材，对于立体化教材的认知程度远远不够。随着现代信息技术的不断发展和教学模式的不断革新，立体化教材在教学过程中的作用越来越不可替代。因此，立体化教材的建设者在建设立体化教材时必须转变以往传统教材建设理念，同时加强立体化教材的宣传工作，让立体化教材理念被广大师生所认可。

2.旨在为教学服务

立体化教材的建设旨在为教学服务。建设者在建设中可以分学科搭建学习交流平台，教师和学生可以在平台进行信息交流和学术讨论等，同时平台提供反馈机制，教师和学生可以通过反馈机制向建设者及时反馈教材的使用意见和改进意见。多元化的学习方式保障了教师对课堂的高效管理，提升了学生上课的积极性与趣味性，同时，使教师能够及时得到学生的课后反馈，对于立体化教材的优化形成了良性循环。立体化教材搭建的平台为教师和学生建立起一个以网络为纽带、以数据库为基础、以网站为门户的立体化学习与实践体系，用便捷的信息反馈机制和优质的教学服务促进教学改革。

3.充分利用网络各媒体的优点

互联网中媒体众多、优势不同，立体化教材的建设应当取其精华，使其能够相互关联、彼此补充。例如，纸介质教材的优势在于便于学生阅读；CAI 课件的优势在于可以利用音像资料加深学生对知识的理解；虚拟仿真实验的优势在于可以让学生身临其境地进行一些在现实中较难进行的实验；网络试题库的建立则为学生提供了一个更加公平公正的考试途径，试卷出题的随机性和自动化的阅卷模式不仅减少了教师的工作量，而且能够提高教学评价的客观性，教师也可以根据具体题目的错题量占比对学生进行有针对性的帮助。

第二节　教学模式改革与实践

一、有效课堂的教学模式

（一）高效课堂与有效课堂

1.高效课堂的含义及特征

高效课堂是指教育教学效率或效果能够有相当高的目标达成的课堂，具体而言是指在有效课堂的基础上，完成教学任务和达成教学目标的效率较高、效果较好，并且取得较高影响力和社会效益的课堂。

高效课堂以尽可能少的时间、精力和物力投入，取得尽可能好的教学效果。好的教学效果从以下两个方面来体现：一是效率的最大化，也就是在单位时间内学生的受益量；二是效益的最优化，也就是学生受教育教学影响的积极程度。只有效率的最大化或只有效益的最优化的课堂，都不是真正意义上的"高效课堂"，只有二者的和谐统一，"高效课堂"才能形成。简言之，"高效课堂"至少在教学时间、教学任务量、教学效果等三个方面有突破，概括为轻负担、低消耗、全维度、高质量。

高效课堂教学的特征就是最大限度地把课堂还给学生，发挥学生的主体性、主动性和创造性，让学生"身动、心动、神动"，最通俗地说就是让学习、进步和成长"发生"在学生身上。

2.有效课堂概念

有效课堂是指在预设的基础上、有效的时间内一个班级不同层次的学生都能完成课标最基本的要求，并且在课堂上使不同层次的学生都能实现对应层次的能力提升和对应的目标要求。有效课堂不过分强调课堂上知识传授的完成度，更关注每节课每位学生是否都有对应层次的收获，让不同层次的学生产生不同的层次成就感，这是有效课堂最为关注的内容。

有效课堂的有效性又可以按照不同层次的学生分为不同层次的有效性，打个比方：某门课程教学目标基本要求高度为 1 米，那么基础好的班级或学生每节课在掌握 1 米的基础上，再能掌握超出 1 米高度的 50% 就算有效；基础中等的班级或学生每节课在掌握 1 米的基础上，再能掌握超出 1 米高度的 20% 就算有效。也就是说不同层次的班级或学生有效性是不一样的。不论是哪个层次的课堂，实现对应层次的教学目标，相对这个层次的班级教学来说都可以被称为有效课堂。

从高效课堂含义及特征来看，高效课堂更多的是以教师在单位时间内完成规定的教学任务作为基本的评价指标。这样的课堂更关注课堂的完整性，强调的是目标任务的完成，从表面来看教师把一节课该传授的知识按原来的教学设计、教学目标完成了，但学生听明白没、听明白多少，需要有人去关注；一节课内容是全班都理解了，还是一部分学生理解了，也需要有人去关注。

高效课堂几乎是学校和老师们的理想追求，但要真正达到高效课堂的确不容易。尤其对于不同生源、不同基础、不同类型的工科类学生，每节课用同样的授课方法、同样的内容讲给不同知识基础、不同学习态度的学生，最终实现同样的目标，做起来困难，目标也不容易实现。

（二）有效课堂教学模式研究

1. 常用教学方法

课堂教学方法很多，高校课堂常用的教学方法如下：

（1）项目教学法

项目教学法是制定、指导有实际意义的项目与计划，组织学生自主设计项目实施计划，进行自主学习、践行、操作，以培养学生的学习能力、方法能力、社会能力为目标的教学模式。

（2）案例教学法

案例教学法是一种运用典型案例，将实际工程引入教学中，"模仿真实工作中的情境"，使学生像从业人员那样思考和行动的教学方法。

（3）任务驱动教学法

任务驱动教学法是一种建立在建构主义学习理论基础上的教学法，它将以往以传授知识为主的传统教学理念，转变为以解决问题、完成任务为主的多维互动式的教学理念，使学生处于积极的学习状态，每一位学生都能根据自己对当前问题的理解，运用已有的知识和自己特有的经验提出方案、解决问题。

（4）分组教学法

分组教学法是一种教学形式，它要求把学生分成一个个学习小组，使学生在学习小组中一起从事学习活动，共同完成教师分配的学习任务。

（5）问题教学法

问题教学法是指在教学中从学生的认知规律和实际出发，科学地设计问题，巧妙地提出问题，通过师生间的互动，启发学生敢于和善于提问，理论联系实际，解决学生认知上的错误和模糊观点，然后得出正确结论的教学方法。

（6）情境教学法

情境教学法是指让学生置身于所讲的环境当中，调动学生的想象力、思维力和感受力，再经过教师巧妙设问，使学生得到预期教育效果的教学手段。

（7）讨论式教学法

讨论式教学法是在教师指导下学生自学、自讲，以讨论为主的一种教学方法。

（8）头脑风暴法

头脑风暴法即无限制地自由联想和讨论，其目的在于产生新观念或激发创新设想。

（9）演示法

演示法指的是教师通过展示实物、教具，进行示范性试验，或通过动画、录像、模拟仿真，使学生获取感性知识的教学方法。

2. 有效课堂教学方法及教学模式

有效课堂需要教师精心设计教学方法及模式，才能实现让不同层次学生都有相应收获的教学目标，有效课堂教学方法及模式设计很重要。设计选取教学模式时，要重视学生对过程的学习与参与，要考虑高校特点、教材结构、学生情况及学习的有效性。针对教材框架、学情、课程特点及教学条件，根据学习金字塔特点及常用的教学方法，演示法、头脑风暴法、问题教学法、讨论式教学法是课程常组合使用、简单易行的有效教学方法。分组教学法、情境教学法常融合在理实一体化教学过程中。

在"互联网+"教育时代，借助信息化课程丰富的教学资源，采用理实一体化教学、混合式教学及差异化分层次教学等教学模式，是把不同层次学生培养为复合型高技能人才，打造有效课堂的有效教学方法。

二、分层次差异化教学模式研究与实践

（一）分层次教学概念

分层次教学就是教师根据学生现有的知识、能力水平、潜力倾向和学习态度、习惯，把学生科学地分成各自水平相近的群体并区别对待，这些群体在教师恰当的分层策略和相互作用中得到最好的发展和提高。

（二）分层次教学实施

分层次教学法是在学生知识基础、智力因素和非智力因素存在明显差异的情况下，教师有针对性地实施分层教学，从而达到不同层次教学目标的一种教学方法。分层次教学充分体现了因材施教的教学原理，最大限度地为不同层次的学生提供全新的学习机会。广义的分层次教学包括学生、教学目标、教学内容、教学方法及要求、作业任务、考核评价等 6 个层次。

1. 学生分层次

根据学生的知识基础、思维水平及心理因素，在调查分析的基础上将学生分成不同层次。分层次教学常用两种分法：一种是根据高考成绩或上一学期成绩按班级分层次，称为 A 类分法；另一种是采用原有行政班不变分层走班模式，根据学校进行的主要文化课摸底结果，按照学生知识和能力水平、学习态度、学习习惯分层组成新的上课集体，称为 B 类分法。无论采用哪种分层次方法，对学生分层前要让学生清楚，分层次教学的目的不是要放弃或不管基础差的学生，而是更关注基础差的学生，针对他们的学情授课，让他们每节课都能有收获，每个人都有出彩的机会。

2. 教学目标分层次

在实施分层次教学过程中，要因材施教制定不同层次的教学目标。教学目标的制定

一定要体现因材施教，要能使学困生掌握基本知识与技能，学优生在满足课程标准基本要求前提下适当提高拓展。

3. 教学内容分层次

依据分层次教学目标，探讨、完善、制订不同层次的授课计划及需要掌握的知识点、技能点。根据课程标准、教学目标，同一课程不同层次学生掌握知识技能点多少有所不同，同一知识技能点不同层次学生要求的深度也不一样，对不同层次教学内容多少及深浅度的把握，需要教师根据学情在教学中不断实践完善。

4. 教学方法及要求分层次

分层次教学方法是分层次教学实施的重要环节，对于不同层次学生，基础不同，习惯不同，学习态度不同，培养目标、要求也不同，其教学方法及教学要求也不同。对于基础好的学生，采用学生自学、教师适当指导为主的教学方法，这对学生的学习能力、学习态度及核心素养都有较高要求，教书育人要同行；对于基础差的学生，采用教师授课、教学活动引导相结合的教学方法，把良好的学习习惯、学习态度的培养作为首要任务，让学生明白学习的目的及意义，在育人基础上再进行知识技能的传授。

5. 作业任务分层次

教师针对学生的学习水平要设计不同层次的作业，使不同层次的学生都能得到不同程度地练习、巩固与提高。对于基础好的学生，作业既有基本概念练习，又有适当的知识应用、技能提升及综合练习；对于基础差的学生，作业主要是基本概念、基本技能掌握和完成最基本计算。

6. 考核评价分层次

课程考核评价关系到学生价值体现及教学效果的诊断。针对不同层次学生，要设计一个合理、公开、公正、量化的过程与结果相结合的考核评价方法。对于基础差的学生，考核内容偏基础简单，对其学习态度考核权重较大，次数要多，多给学生考核机会，让学生在一次次参与中增强自信和获得感；对于基础好的学生，考核内容的难、一般及简单三个层次都要有，对其知识技能考核权重较大，过程考核及结果考核同样重要。

分层次教学是个系统工程，学生按层次分班后要根据各班情况不断进行教学目标、教学内容、教学方法设计及学习任务的实践与完善，并制定可实施量化、能调动不同层次学生学习积极性的考评方法，在实施过程中通过交流、问卷、成绩分析等方式不断完善分层次教学体系，这样分层次教学才能真正发挥其作用。

分层次教学给老师带来比传统教学多数倍的工作量，教师应以自身素质提高为出发点，积极探索分层次教学的方法，提升其效率。对于分层次教学，学校要制定对应的激励机制，调动老师的积极性，促使其产生分层次教学改革动力。

三、知识图谱与数字技术对高校教学模式改革的促进作用

(一)简介

数字化时代,高校的教学模式面临着新的挑战和机遇。传统的课堂教学模式存在着缺乏互动性和个性化的问题。为了解决这些问题,学术界和教育机构已经开始探索将知识图谱和数字技术相结合的教学模式的转变。知识图谱作为一种表示和组织知识的工具,可以帮助教师和学生更好地理解和应用知识。数字技术为教学提供了更多的可能性,例如在线教学平台和人工智能辅助教育。本部分旨在探讨如何将知识图谱与数字技术相结合,以促进高校教学模式的转变。

(二)知识图谱与数字技术的基本概念

1.知识图谱的定义和原理

随着人工智能的不断发展壮大,知识图谱技术也越来越受到人们的关注。知识图谱技术作为人工智能技术的一种,在搜索引擎、智能客服、智能问答等领域有着广泛的应用。

知识图谱是谷歌提出的一个概念,是一种用于存储、管理和显示人类语言知识的结构化数据模型,类似于人类大脑的思维模型。它是对人类语言知识进行语义提取并建立相互关系而形成的树状结构的知识库,包括各种事物的属性、特征和关系,从而为人工智能技术提供更丰富的语义信息。

知识图谱是知识的结构化表示,以图形形式呈现现实世界中的实体、概念和关系。知识图谱旨在捕捉和组织知识的语义关联,使计算机能够更好地理解和推断知识。它基于图谱结构,以实体和关系的形式对知识进行建模。知识图谱的核心是建立实体和关系之间的联系,通过知识推理和关系推理来表达和查询知识。

早期,知识图谱主要用于智能语义检索。但随着计算机的广泛应用,知识图谱也开始在银行、公安、卫生管理等部门得到广泛应用。知识图谱主要分为两类:一般知识图谱和专业图谱。一般知识图谱主要用于 web 的查询、促销和问答等服务场景。国外通用知识图谱的代表性项目包括数据来源于维基百科并应用于智能查询和推广的 WikiData 项目,以及数据来源于维基并应用于语义标注的 DBPedia 项目。中国通用知识图谱的代表性项目包括应用于语义相似性统计的知网项目。

2.数字技术的应用潜力

随着社会的发展,教育行业正逐步进入数字化时代。从在线教育、移动学习到虚拟现实技术,数字技术正在帮助教育部门实现更高效、更方便、更智能的转型。例如,通过在线教育平台,学生可以随时随地参与学习课程,轻松获取知识。利用虚拟现实技术,学生可以在虚拟场景中进行实际操作,加深对学科知识的理解和印象。同时,数字技术也可以为教育领域带来更好的教学资源。学校可以通过数字技术整合高质量的教学资源,让学生更容易获得丰富、全面的知识内容。数字技术的应用将为未来教育领域带来更多机遇,促进教育转型。

数字技术在教育领域具有广泛的应用潜力。例如，通过在线教学平台，学生可以随时随地学习，教师可以根据学生的学习情况提供个性化教学。人工智能辅助教育可以通过智能系统为学生提供个性化的学习建议和资源。

（三）高校教学模式存在的问题与挑战

1.传统课堂教学的局限性

传统课堂教育最突出的特点是教师的主动教学和学生的被动反应。教师往往专注于通过语言和行为传授知识，而实现教师设定的知识目标是课堂的中心或唯一目的。多年来，教学一直被视为学生的一种特殊认知活动，而这种理论概括只被理解为对知识的学习和掌握。教师的主要准备工作是学习教材和组织课程计划，课堂是执行课程计划的整个过程。在整个过程中被忽视的一点是，学生是不同的个体，不同的个体之间也有差异。在传统课堂上，学生由老师指导，而且完全由老师指导，学生在学习中的主体性被忽视，个人发展受到抑制。不可否认，认知发展是课堂教学的中心任务，也不可否认教师钻研课本和编写课程计划的实践，但传统的教学思想确实存在局限性。

2.学生对学习缺乏兴趣

填鸭式的知识传授导致大学生在情感和行为上对学习缺乏兴趣。这是目前大学生普遍存在的问题。他们经常表现出无聊、逃学和玩手机等行为，甚至整个学期都不读书，而为了不挂科，在学期结束时学习。大学生是国家的宝贵人才，他们的学业疲劳不可避免地会对中国未来的发展产生影响。如何提高大学生的学习兴趣，成为当前亟待解决的重要问题。

（四）知识图谱与数字技术在教学模式改革中的应用

在数字教育高质量发展的背景下，人工智能作为推动数字化建设的有力工具，在教育教学深度融合和教育创新中不断提升。知识图谱构建在智慧教育中的应用场景也拓展到了更多领域，教育行业的新发展开始了。新时代的教师和技术工作者要把人工智能技术与教学业务相结合，推动教学创新改革，助力学校数字化转型和智能化升级，推动数字教育工作在新时代迈上新台阶。

1.个性化学习

将学科知识、学习资源、学习路径和其他信息集成到知识图谱中。知识图谱可以包括主题的概念、关系、属性和其他信息，以及学习资源的分类、标记和难度。通过分析学生的学习历程、兴趣、学习目标等信息，结合知识图谱中的学科知识和学习资源，为每个学生推荐个性化的学习路径。学生可以根据自己的需求和兴趣选择合适的学习路径。根据学生的学习需求和兴趣，结合知识图谱中的学习资源信息，为学生推荐合适的学习资源，包括教材、课程、视频、论文等。学生可以根据自己的学习进度和兴趣选择合适的学习资源。

2. 知识管理

通过利用知识图谱的语义相关性，可以更好地管理教学资源和学习材料，帮助教师和学生更有效地获取和利用知识。知识图谱可以为大学生提供强大的知识管理工具，帮助他们组织、存储和利用大量的学习和研究材料。学生可以使用知识图谱对学习材料进行分类和组织，帮助他们更有效地管理大量信息和知识资源，从而提高学习效率。知识图谱可以帮助学生快速准确地检索和导航到他们需要的学习资源，提供一种结构化和语义化的方式来组织和搜索信息。学生可以将自己的学习成果和知识存入知识图谱，形成个人知识库，并与他人分享和交流自己的学习成果。为了更好地进行学术研究和创新，学生可以通过整合和分析大量的学术文献和研究成果，发现新的研究方向和创新点。基于知识图谱的智能系统可以为学生提供个性化的学习帮助，根据他们的兴趣和学习需求为其推荐相关的学习资源和路径。知识图谱可以为大学生提供强大的知识管理工具，帮助他们更好地组织、利用和共享学习及研究材料，提高学习和研究的效率和质量。

3. 评估和反馈

通过知识图谱对学生的学习行为和成绩的总结，来评估学生对知识点的掌握情况。根据评估结果，可以为其推荐相应的学习资源和任务，帮助他们提高学习成绩。通过分析学生的学习行为和成绩来跟踪他们的学习进度。它可以提醒学生及时完成学习任务，避免拖延和降低学习效率。根据学生的学习行为和成绩，为他们提供学习反馈和建议。根据学生的学习情况，为其提供相应的学习策略和方法，帮助他们改进学习方法，提高学习效果。

（五）知识图谱与数字技术相结合转变高校教学模式的策略

1. 教师培训和支持

高校可以加强对教师的培训和支持，增强教师的数字技术能力和教育教学理念。大学可以组织专门针对数字技术能力和教育教学理念的培训课程，涵盖信息技术应用、在线教学工具、教育技术趋势等方面，帮助教师掌握新技术和新概念。为教师提供在线学习的平台和资源，让他们轻松学习并掌握数字技术工具和教学理念，包括数字教学方法、课堂管理技能和其他内容。建立导师制，由经验丰富、技术娴熟的数字教学教师担任导师，并与新教师进行一对一指导和交流，分享实践经验和教学技能。鼓励教师积极参与学术研讨会、教学研讨会和其他活动，为他们提供接触最新教学理念和数字技术工具的机会，促进其教学方法和技能的更新。为教师参与培训提供相关资金支持，并建立激励机制，鼓励教师在数字技术能力和教育教学理念方面的提升和创新。建立教师协作平台，让教师共享教学资源、经验和教学案例，共同成长，相互学习。

2. 资源建设与共享

构建以知识图谱和数字技术为支撑的教育资源平台，实现资源共享和互动。要构建一个以知识图谱和数字技术为支撑的教育资源平台，首先，确定平台的目标受众和服务范围，包括学生、教师、学校和教育管理者，同时还要明确平台的内容形式，如知识图谱、在线课程、教学资源、智能问答等。其次，构建知识图谱是平台的重要组成部分。自然语言处理和机器学习技术可以用于从各种教育资源中提取知识信息，构建知识图谱，并建立知识之间的关联和语义关系。这可以帮助用户更方便地搜索信息和获取知识。之后要整合以数字技术为支撑的教育资源，收集和整合数字教学工具、在线课程、教学视频、教学案例等教育资源，覆盖各个学科和年级，并确保资源的质量和权威性。再设计一个友好的用户平台界面，提供直观的搜索和浏览功能，允许用户轻松浏览和访问所需的教育资源，同时考虑不同用户群体的特点，如学生、教师和家长。还需要结合人工智能技术，利用自然语言处理和推荐系统等人工智能技术，提供智能搜索和推荐功能，为用户提供个性化的学习和教学支持。还可以结合知识图谱和教育资源，为用户提供在线学习和教学功能，包括在线课程、作业指导、在线评估等，满足用户个性化的学习需求。最后，要提供社区互动功能，让用户分享教学经验，讨论教育问题，促进教育工作者之间的沟通与合作。

3. 评价体系改革

基于知识图谱和数字技术的分析结果，可以引入更全面、客观和实时的评价指标和方法。传统的学生评价指标，如考试成绩，可能无法全面反映学生的实际能力和潜力。而利用知识图谱和数字技术，可以综合考虑学生在不同维度上的表现，如创新能力、协作能力、批判性思维等，以提供更准确、公正和全面的评价。

通过数字化的学生评价数据，学校管理层可以进行更有效的决策和改进措施。根据学生数据分析的结果，教师可以调整教学计划、改进课程设置和改革教学方法，以促进学生成长，并提高教育质量和学校的竞争力。

结合知识图谱和数字技术改革，高校学生评价体系可以实现个性化评价、精细化辅导和全面发展学生能力的目标。这将促进学生的个人成长，提高教学质量和教育效果，推动高校教育持续改进和创新发展。

（六）未来研究前景

未来，我们可以进一步探索知识图谱和数字技术在大学教学中的应用，如虚拟现实和增强现实，以提高教学效果和学生的学习体验。高校知识图谱和数字技术的未来研究和前景非常广阔，主要包括以下几个方面的发展趋势和应用前景：

1. 学习分析和个性化教育

知识图谱和数字技术可以帮助大学教师更好地了解和分析学生的学习行为、学习轨迹和学习习惯，从而实现个性化教育。将知识图谱和数据分析技术应用于学习过程中，可以为每个学生量身定制学习计划和提供教学资源，提高教学效果。

2. 资源整合与共享

知识图谱和数字技术支持可以帮助大学更好地整合、管理和共享教学资源，包括课程内容、教材、教学方法等方面。建立一个全面的知识图谱和数字资源库，可以更好地支持教师的教学设计和学生的学习过程。

3. 智能辅助教学与评估

通过利用知识图谱和数字技术，大学可以开发智能辅助教学系统，为教师和学生提供个性化的教学支持。同时，基于知识图谱和数据分析的教学评价体系也可以提供更科学、客观的评价结果，为提高教学质量和学生素质提供支持。

4. 优化教学内容和课程体系

利用知识图谱和数字技术对学科知识结构和课程体系进行分析和优化，可以帮助高校更科学地设计和更新课程内容与体系结构，使教学与实际应用和行业需求更紧密地联系在一起。

5. 教学研究和教学改革

知识图谱和数字技术的发展也可以推动教学研究和改革。通过分析学习和教学数据，可以促进教学方法的创新和教学模式的改革，促进大学教学质量和效果的提高。

总体而言，高校对知识图谱和数字技术的研究将主要集中在个性化教育、智能教学辅助、教学评价体系、教学内容优化和教学改革等方面，为高等教育提供更多可能，促进高等教育的不断发展和进步。

第七章 高校网络教学空间构建

第一节 教育教学环境空间

一、网络基础环境构建

（一）高校校园网简介

高校校园网通常是由学校建设和管理，以计算机网络技术为依托，由校园内的计算机、服务器等终端，路由器、交换机、防火墙等网络设备和各种通信线路组成，覆盖校园内的办公区、教学区、学生宿舍区，把校园内部资源连接起来，为师生提供信息交流和资源共享的平台，同时为全校师生提供互联网接入的一种局域网，是高校重要的基础设施。随着教育信息化2.0的推进，高校校园网的建设水平也成为衡量高校信息化工作的重要标志。

我国高校校园网的建设开始于1993年，最早开始建设校园网的是清华大学、北京大学等著名高校，1996年前后在全国高校中掀起了建设校园网的热潮。随后，国家方面也出台了相关政策鼓励高校提高教育信息化的程度，这极大地推动了校园网的发展。目前我国高校都有自己的校园网，校园网已经渗透到师生的学习、工作和生活的方方面面，给高校的教学、科研、办公、生活服务和对外交流提供了极大便利，对高校管理决策也产生着积极的影响。

高校校园网连接校园内重要的业务系统，实现各个系统间信息的高速交换，目的是为高校的各项工作提供高效智能的信息交流和资源互享平台，满足高校各项工作的需要。总结起来，校园网主要包括教学、科研、管理和服务等职能。

（二）校园网关键技术

1. 组网技术

校园网的本质是一个大的局域网，在局域网中，最常见的是以太网技术。

以太网是美国施乐公司于1975年研发成功的，以曾经在历史上表示传播电磁波的以太（Ether）命名。20世纪90年代后期，以太网在局域网市场中占据了垄断地位，并且几乎成为局域网的代名词，是全球使用最为广泛的局域网技术。以太网的发展很快，到1995年时，IEEE发布的快速以太网（Fast Ethernet），能提供达100 Mbps的传输速度。而且随着光通信技术的不断进步，现如今高速以太网广泛使用光纤作为通信介质，传输距离不断增长，传输速度也得到极大提高。

除有线网络以外，无线网在校园中的覆盖范围也在逐渐扩大。无线局域网是利用无线通信技术构成的局域网络，它不需要铺设网络线缆，节点布局也不受地理限制，具有易于扩展、安装简单、使用方便等优点，可以作为有线网的扩展。常用的无线局域网是IEEE802.11标准。目前使用最多的是802.11n（第四代）和802.11ac（第五代）标准，它们既可以在2.4 GHz频段工作，也可以在5 GHz频段上工作，传输速率可达600 Mbit/s（理论值）。

无线局域网的拓扑结构可以分为对等式拓扑和有中心拓扑。在校园网中一般采用有中心的拓扑结构。在校园网中通常使用高性能的无线控制器（AC，Access Control）作为中心，所有无线接入点（AP，Access Point）都连接到AC，并统一归AC管理，管理员平时所有配置都在AC上进行操作，AC会将配置自动下发到AP。

2. 组网架构

校园网是承载所有信息化应用的基础设施，构建一个高带宽、运行稳定并且易于管理和维护的校园网是至关重要的。在建设校园网之前，首先需要考虑的是网络的架构设计。网络架构通常采用层次化的设计思想，其设计优势是可以将一个大而复杂的问题分解成若干小而容易解决的问题。

（1）三层网络架构

在校园网中通常使用的是三层网络架构，三层网络架构的优点在于每个层次负责的功能明确固定，如果网络中出现问题，依据层次结构可以快速定位故障点，管理和维护起来比较方便，因此，三层网络架构在园区网（包括校园网）中得到了广泛的应用。

传统的三层网络架构在汇聚层设备与核心层设备之间通常运行OSPF、IS-IS等IGP动态路由协议，实现校园网内路由互通，这些路由协议原理都比较复杂，在配置和维护时对于网络管理员的技术要求比较高。再加之现在很多高校与运营商合作，而运营商方面上网通常使用的是PPPOE拨号的方式。运营商使用BRAS设备作为用户网关，终结用户VLAN和PPPOE报文，并且与认证、计费系统联动，以实现用户接入和计费功能。

这种方式就要求BRAS下的网络层次"扁平化"，也就是处于不同层次的网络设备之间实现VLAN的透传，成为一种"大二层"的网络。

（2）物理三层、逻辑二层的网络架构

结合三层网络架构层次结构清晰、管理维护方便的优点和运营商PPPOE拨号上网的需求，高校校园网中可以采用物理三层、逻辑二层的网络架构。从设备的角度看，校园网依然是核心层、汇聚层和接入层设备组成的三层结构。但是从逻辑上来看，又是一种"大二层"的网络，接入层依然负责用户接入并划分VLAN；而汇聚层不再终结VLAN，通常也无须运行动态路由协议，只是简单地实现接入层设备的汇接和VLAN透传，如果需要，在汇聚设备上会使用QinQ技术以更好地实现VLAN隔离。核心层通常会直挂或旁挂BRAS作为用户网关。

（3）数据中心的网络架构

起初，数据中心的网络也是采用三层架构，但是随着虚拟化和云计算技术的应用，数据中心中以东西向流量占主导地位，原来的三层架构网络已经远远不能满足数据中心的需求。

随着智慧校园建设的逐步推进和教育信息化2.0的提出，高校数据中心也在不断发展，虚拟化和云计算等新技术被不断应用于高校数据中心的建设中。

如今，高校数据中心的网络架构越来越多地由传统三层架构向较适合云计算和虚拟化应用的 Spine-Leaf 架构过渡。

（4）校园网整体网络架构

其实，校园网是非常复杂的局域网，需要连接学生宿舍、教学区、办公区和数据中心（有些高校的校园网还覆盖了教师家属区）等多个区域，承载的业务繁多，接入网络的人员复杂，针对不同人员的接入策略和计费策略灵活多变，而且校园网通常拥有多个运营商出口，这些都决定了校园网整体架构的复杂性。

由于校园网早已渗透到高校每位师生及员工的工作、学习和生活中，所以保证校园网的安全平稳运行是网络设计和管理人员的第一要务。为了避免单点故障，在校园网中也要使用冗余的设备和链路。在设备冗余方面，汇聚层以上设备使用两台设备进行堆叠，这样不仅实现了高可靠性，还扩充了端口数量；在链路冗余方面，层与层的网络设备之间使用端口聚合的方式，不仅实现了链路冗余，还能提高设备之间的连接带宽。

多数高校的校园网拥有多个运营商出口，在出口设备（如防火墙）上，可以设置多出口链路的负载分担，校园网内部访问外部的流量可以被均衡分担到各个出口上，一旦某个出口出现故障，可以将流量调度到其他出口，不会影响校园网用户的正常上网。

3. 网络设备

（1）出口防火墙

在校园网出口上通常会部署防火墙。防火墙不是纯粹的软件和硬件，而是一个综合的系统。在安全等级不同的网络之间部署防火墙，可以通过配置策略对通过防火墙的流量进行控制，阻断非授权的访问，从而确保网络的安全性。

防火墙的访问控制机制有两种：一种是防火墙拒绝所有未经定义的访问，采用这种机制可以最大限度保护网络内计算机的安全，但是对于每开通一个服务，用户都必须申请，然后在防火墙上配置相应的放行规则，所以这种方式在提高了安全性的同时，可用性也相应降低了；另外一种是允许所有没有明确禁止的访问，这样一来可用性的地位上升，但是牺牲了安全性。在校园网实际应用中，比较常见的是第一种控制机制，以达到安全性的要求。

防火墙技术经历了包过滤防火墙、电路层防火墙、代理防火墙、状态检测防火墙等几代技术演变，到现在防火墙已经成为集路由和防火墙功能于一身，提供防病毒、IPS、反垃圾邮件网关、行为管理与审计、WAF 和流量管理等多种模块化服务，使用专用处理芯片，性能强劲的综合性安全产品。

在校园网出口上部署防火墙，可以购买各种模块，实现自己的管理需要。校园网出口防火墙通常使用以下功能和服务：

①路由功能。路由功能是最基本的功能，通常要在防火墙上配置动态路由和静态路由以实现校园网与外部网络互通。校园网通常拥有多个运营商出口，还可以在出口防火墙上配置策略路由进行选路。

②NAT 功能。虽然很多学校已经完成了 IPv6 校园网的建设，但目前绝大多数校园网仍是以使用 IPv4 为主，这就不可避免地要使用 NAT 技术。校园网内部使用的基本上都是私有地址，必须使用源 NAT 将校园网内部私有地址转换成运营商分配的公网 IP 地址才能正常访问互联网。在校园网数据中心内有大量提供外网访问的服务器，必须使用目的 NAT 将私有地址映射成公网地址才能被访问。

③IPS。网络上有很多别有用心者扫描、攻击校园网内部的服务器，为保证校园网内部系统的可用性和完整性，在防火墙上开启 IPS 是十分必要的。

④反垃圾邮件。校园网内部通常搭建了邮件服务器，为师生提供邮件服务。但是恼人的垃圾邮件十分影响人的心情，严重影响工作效率。有些欺诈、钓鱼邮件和包含病毒的邮件甚至会引发网络安全问题，在防火墙上部署反垃圾邮件功能之后，不仅会对进入的邮件进行过滤，还可以保护校园网内部的邮件服务器不受攻击。

⑤行为管理与审计。部署行为管理功能后，可以对内网访问互联网的行为进行管控，基于内建的特征库阻止用户使用某些互联网应用。

对于 Web 应用还可以使用 URL 过滤和 Web 关键字过滤的功能，禁止用户访问某些网址或访问内容中包含敏感信息的网站。

近年来，我国越来越重视网络安全，所以在防火墙上必须开启用户审计功能。现在很多防火墙支持用户审计功能，只要购买相应模块并开启即可对用户访问互联网的行为进行日志记录，方便日后查找、溯源，而无须购买专门的审计设备。

⑥流量管理。通过流量管理功能对某些应用进行限速可以解决该问题。流量管理的方法灵活多变，例如可以依据现有带宽建立多个"隧道"，基于特征库来识别校园网用户的应用，把不同的应用划分到不同的"隧道"中去，实现应用的隔离，从而达到限制某些应用对带宽的占用，保障其他应用带宽的目的。厂商的特征库会不定期升级，以应对互联网上层出不穷的各种应用。在实际使用中，还可以根据 IP 对每个用户单独限速，这样一来，每个用户都分到一定的带宽，在用户分到的带宽内不再依据应用限速，实现用户的隔离。流量管理还可以做到对某些应用、某个 IP 做固定的带宽保障，这些功能在实际中都比较常用。

（2）主干核心

核心交换机位于校园网架构的核心层，核心层顾名思义是整个校园网布局的核心部分。核心交换机承载、汇聚着所有传输流量，是网络性能的重要保障。核心层除了核心交换机外，还有路由器、防火墙、BRAS 等设备，主干核心层设备通常配置性能较强的设备。

评价主干核心设备性能的一项重要指标是主机最大交换容量，校园网的核心层设备整机最大交换容量至少应达到 300 Tbps。此外，核心层设备主机应支持多个业务板槽位，可以根据需要进行扩展，并且应该支持 100GE、40GE、10GE、GE 等多种端口，支持运行多种路由协议，支持配置复杂的安全策略。

（3）楼栋接入

楼栋接入通常使用接入层交换机，为用户提供网络接入服务。目前来看，多数学校已经和运营商合作，所以接入层交换机选择接入端口较多的普通二层交换机即可。但考虑到网络技术的发展，在选择设备时必须考虑的是交换机端口带宽和背板带宽。从稍稍超前的观点看，选择接入层交换机通常需要多个万兆上行端口，并且拥有较多的千兆端口，支持端口聚合和端口安全等配置。

（三）网络环境的运维

1. 网络管理

我们可以把校园网看作一个繁忙而又复杂的分布式系统。在校园网中运行着大量的网络设备，它们类型不同，型号各异，甚至来自不同的厂家。在这些网络设备上运行着多种协议，在网络设备之间还会交互大量的信息，网络设备的运行状态和链路状态总是在不断发生变化。

为了保证校园网高效、稳定运行，正常地为师生提供优质的服务，校园网管理员总是希望能够通过各种方式，对网络资源进行监控，实时了解网络设备的运行状态，及时发现网络中出现的问题并处理，这种行为通常称为网络管理。

校园网管理员常常借助简单网络管理协议（SNMP）来实现对网络的管理。简单网络管理协议 SNMP 是 TCP/IP 协议族的一个应用层协议。使用 SNMP 协议，管理员就可以对校园网中不同物理位置、不同类型、不同厂家生产的设备进行监测和管理，只要该设备支持 SNMP 协议。常见的监测目标有操作系统、硬件设备、服务应用、软硬件配置、网络协议状态、设备性能及资源利用率、设备报错事件信息、应用程序状态等软硬件信息。

2. 网络监控

网络监控软件应该具备设备状态监控、应用程序监控、告警等功能模块，并能够以图形化的方式直观显示校园网的网络拓扑信息以及校园网中各种设备的运行状况。当网络发生故障时，它能够通过声光告警、短信、邮件、弹窗等多种方式及时通知管理员。

成熟的网络监控解决方案有很多，国外知名的大型管理平台有 HP OpenView、Sun NetManager、IBM NetView 等，很多网络设备厂商（如 Cisco、Juniper 等）也都有面向自身产品的网络监控软件，国内也有很多网络设备厂商（如华为、锐捷等）推出了自主开发的网络监控和管理平台。这些平台功能都比较强大，可以对多种网络、多种协议进行管理，缺点是这些商用软件往往价格比较昂贵，并且由于不是针对校园网量身定制的，其灵活性不够高。

除了商用软件以外，还可以使用开源的网络监控软件。开源软件得到社区强有力的支持，其插件丰富，可扩展性强。只需要在开源软件的基础上进行简单的配置或二次开发就可以满足自己的需要，可以节约大量的资金。常用的开源监控软件有 Zabbix、Nagios 和 Cacti 等。

3.机房动力环境监控

网络汇接机房和数据中心已经成为校园信息化的核心部件。校园网承载着 OA 系统、学生选课系统、后勤服务系统等重要系统的业务流量，数据中心的服务器和磁盘阵列内保存有海量的数据，这对网络汇接机房和数据中心机房的安全可靠运行提出了更高的要求。

良好的机房动力和环境状态，是安放在机房中的各种设备正常运行的前提和基础。一旦机房的动力和环境状态出现问题，必然会影响机房中各种设备和应用系统的运行，对数据的处理、传输和存储构成威胁，甚至导致系统宕机、业务中断，危害数据的完整性，造成严重的后果。

现实逼迫我们不得不重视机房运行状态的监控。传统的做法是安排专人 24 小时值班，定时巡查。但这种做法不仅加重了人员的负担，而且在很多时候不能及时发现并排除故障，这种做法投入了巨大的人力，但是收效甚微。

得益于近年来关于机房动力和环境监控技术的不断发展，人们对机房的监控手段越来越科学、越来越智能、自动化程度越来越高。现在很多高校都建有完整的机房动力环境监控系统，早已摒弃掉专人在机房值守的这种落后且极不人性化的监测手段。

机房动力环境监控系统把网络技术、数据库技术、通信技术、自动控制技术和传感器技术综合在一起，构成了一个分布式的计算机系统，以机房的动力设备（UPS、配电等）和机房的环境（温度、湿度、空调、门禁等）为监控对象，通过自动化监测，加上有效的触发报警模块，达到解放人力，实现机房监控的集中化、智能化、自动化和高效化的目的。

机房动力环境监控技术发展至今，产业已经具有相当规模。国内外都有多家专业公司研发机房动力环境监控系统，这些产品集成度很高，监测功能丰富，可以实时监测机房环境的各项指标（包括配电电压、电流、功率和用电量，机房温湿度、空调漏水、烟雾、门禁等），当遇到机房环境异常，如温湿度异常、非法入侵、火灾或漏水等情况时，能够触发报警系统通知管理员，并将报警信息记录下来备查。

（四）网络环境的优化及管理

1.网络优化

（1）生成树

为了保证校园网稳定运行，避免单点故障，在设计校园网时，会充分考虑冗余性，如设备冗余、电源冗余、链路冗余等。链路冗余能为校园网中两个节点之间提供几条传输通道，其提高了可靠性。但是在二层交换网络中，这种多链路的网络会形成环路。网络中一旦形成环路，报文就会在网络中不断循环和增生，产生广播风暴，最终会把网络中所有带宽和设备的 CPU 等资源耗尽，使网络瘫痪。

为了提高网络稳定性，避免在校园网中产生环路，在校园网中部署生成树协议就十分必要了。

目前使用的生成树协议主要有 STP、RSTP 和 MSTP 三种类型。STP 是最早的生成树协议版本，但是其收敛速度太慢，在现实中几乎不再使用。RSTP 是在 STP 的基础上发展起来的，其相对于 STP 最大的优点就在于收敛速度得到了较大提升。在 MSTP 中增加了"实例"和"域"的说法，把 STP 和 VLAN 结合在一起了，把一个或多个 VLAN 映射到某个实例中，可以实现流量的负载均衡，这是 STP 和 RSTP 都不能实现的功能。

在校园网中配置生成树协议可以选择使用 RSTP 或 MSTP，在部署时建议根据实际情况，通过修改桥优先级的方式干扰根桥选举，指定合适的交换机作为根桥。根据生成树协议原理，如果当新加入网络的网桥具有更低桥 ID 时，会"抢占"根桥，引起全网生成树的重新计算，这是我们不愿意看到的，所以在实际配置中应该开启根桥保护功能，防止根桥被其他设备抢占。如果配置了边缘端口，一定要同时配置 BPDU 保护，否则一旦该端口下的用户无意间接进来一台交换机，也会参与 STP 计算，使二层网络动荡。

（2）非法 DHCP

DHCP（Dynamic Host Configuration Protocol）是校园网提供的基础服务之一。在校园网中架设 DHCP 服务器可以为用户自动、动态地分配 IP 地址、子网掩码、网关和 DNS 服务器等网络参数，简化了网络配置，提高了管理效率和 IP 地址的利用率。

但如果在内网中存在私自架设的非法 DHCP 服务器，那么用户在获取 IP 地址时，很可能最终拿到的是由非法 DHCP 服务器提供的错误的 IP 地址。在校园网中最常见的非法 DHCP 服务器是用户自己接的无线路由器。市场上销售的无线路由器都内置了 DHCP 服务功能，校园网用户不明就里，买来无线路由器不经配置就当作普通的二层交换机来使用，往往会出现由无线路由器分配的 IP 地址而无法上网的情况，有些甚至影响到处于同一 VLAN 内的其他用户。

DHCP Snooping 是 DHCP 的一种安全特性，用于保证 DHCP 客户端从合法的 DHCP 服务器获取 IP 地址，并且能够把 DHCP 客户端 IP 地址与 MAC 地址等参数的对应关系记录下来，防止局域网中针对 DHCP 的攻击。

在校园网交换机上配置了 DHCP Snooping 以后，交换机的端口将呈现 trust 或 untrust 两种安全级别。把连接合法 DHCP 服务器的接口配置为 trust，只有 trust 接口上收到的来自 DHCP Server 的报文（如 DHCPOFFER、DHCPACK、DHCPNAK，或者 DHCPLEASEQUERY）才会被放行。在 untrust 接口上收到的来自 DHCP Server 的报文则被过滤掉，这样就可以防止非法的 DHCP Server 接入对其他用户造成影响。

配置了 DHCP Snooping 的二层设备还会自动生成 DHCP Snooping 绑定表，其中记录了 DHCP 客户端 IP 地址与 MAC 地址的对应关系，提取报文中相应的信息与 DHCP Snooping 绑定表进行匹配检查，能够有效防范非法用户的攻击。在校园网中部署 DAI 防范 ARP 攻击也需要使用 DHCP Snooping 绑定表。

（3）ARP 攻击

ARP 攻击是利用 ARP 协议的设计缺陷，通过发送伪造的数据包来实现攻击，是局域网中最常见的攻击类型，校园网中用户复杂，所以在校园网中存在 ARP 攻击难以避免。

在没有部署相应防范措施的校园网中，一旦发生 ARP 攻击，将极大影响用户的网络体验。用户的直观感受是上网时断时续，网速很慢甚至根本无法上网，有时系统会出现 IP 地址冲突的警告。如果查看 ARP 表项，会发现不正常的 MAC 地址，或者 MAC 地址对应多个 IP 地址的问题。

在校园网中常见的 ARP 攻击有以下几种类型：

① ARP 泛洪攻击。其攻击原理类似于拒绝服务攻击手法，攻击者向网关发送大量 ARP 报文，导致网关的 CPU 利用率急剧上升，难以响应正常服务请求，而且网关会被错误的 ARP 表项充满，无法保存正确的表项。

②中间人攻击。其攻击原理是攻击者充当中间人，同时欺骗局域网内的主机和网关，主机与网关交互的信息都会经过中间人转发。被攻击者和网关都难以察觉到中间人的存在，攻击者从而获取了用户的关键数据。

③ IP 地址冲突攻击。攻击者对局域网中的物理主机进行扫描，扫描出局域网中物理主机的 MAC 地址，然后根据物理主机的 MAC 进行攻击，局域网内的主机产生 IP 地址冲突，影响用户的正常使用。

ARP 攻击通常比较隐蔽，也容易造成更严重的后果。应对这类攻击，可以在校园网中部署动态 ARP 检测（DAI，Dynamic ARP Inspection）来防范。DAI 需要与 DHCP Snooping 配合使用。这是因为 DAI 是利用 DHCP Snooping 绑定表来防范 ARP 欺骗攻击的。当设备收到 ARP 报文时，将此 ARP 报文对应的源 IP、源 MAC、VLAN 以及接口信息和绑定表的信息进行比较，如果信息匹配，说明发送该 ARP 报文的用户是合法用户，允许此用户的 ARP 报文通过，否则就认为是攻击，丢弃该 ARP 报文，从而避免了 ARP 欺骗的发生。

2. 流量控制

（1）服务质量

服务质量（QoS，Quality of Service）指利用各种技术，为网络通信提供更好的服务能力，主要用来解决网络延迟和拥塞等问题。如果网络上发生拥塞，所有的数据包都可能被丢弃，用户会觉得网络非常糟糕。网络上承载着各种各样的应用流量，有些服务对于实时性要求较高，如语音、视频等应用，使用 QoS 后可以对于这部分实时性强并且比较重要的数据优先处理。

QoS 有一些关键指标，主要包括可用性、时延、时延变化（包括抖动和漂移）和丢失，这些指标中无论哪一项不正常都会使服务质量不达标。

在校园网中，如果带宽没有得到合理地分配和管理，一些并不重要的应用如 P2P 下载、在线视频等都会长期占用带宽，而其他的 HTTP 等关键的应用就得不到保障。在校园网中通常会部署专门的流量管理设备，或者在出口防火墙上配置流量管理模块，来实现对关键应用的服务质量保证。

（2）策略路由

普通的路由过程都是路由器基于 IP 报文的目的地址来查找路由表进行转发，而策略路由（PBR，Policy-Based Routing）可以依据管理员定义的策略进行报文转发。使用策略路由，管理员可以根据 IP 报文的源地址、目的地址、协议以及报文长度等特征来定义转发策略，提高路由选择的灵活性和可控性。

例如，使用策略路由，把不同的数据流引到不同的链路进行发送，或者指定不同的用户通过不同的链路传输数据，又或者在满足业务服务质量的前提下，选择费用较低的链路传输业务数据，降低数据服务的成本。

（3）负载均衡

负载均衡在应用模式上可分为服务器负载均衡和链路负载均衡，这里主要介绍链路负载均衡。对于单出口校园网来说，如果出口链路一旦中断，校园网内部的用户将无法访问互联网，VPN 也随之中断，校园网内部的网站和邮箱都无法对外提供服务。因此，高校一般都在校园网出口部署了多条运营商链路。为了利用好多运营商出口，传统的做法是在出口防火墙上将内网用户 outbound 的流量通过策略路由方式引到指定链路。这种方式由于是静态地将用户流量分开，可能会出现某条链路在上网高峰期已经成为流量瓶颈，而其他的链路却空闲的情况。

在出口设备上开启负载均衡功能，就可以根据链路带宽、链路成本、链路剩余带宽等参数进行加权计算，应用调度算法会根据加权值，科学合理地将流量分担到不同的出口上去。

现在很多厂商的设备还支持链路的健康监测功能，即通过 ICMP 或 TCP Half Open 判断链路是否可用，实时监测链路通断，实现用户流量的动态调度。有些设备还通过探测链路的延迟、路由跳数，选择最优链路，将数据流量分发到响应最快的出口链路上。在校园网中使用链路负载均衡功能可以让网络出口更高效、更可靠和更智能，给师生带来更好的上网体验。

二、数据中心环境构建

（一）数据中心概述

1. 数据中心简介

数据中心简称 IDC（Internet Data Center），也叫互联网数据中心，是安装计算机及计算机之间的通信连接、电源、环境设备等要素相关设备的场所所在，用来传递、展示、计算、存储数据信息。从某种意义上讲，数据中心与交通、网络通信一样是现代社会基础设施的一个重要组成部分。

随着互联网技术的不断发展，在高校校园网上运行的应用系统越来越多，这些应用系统让学校师生的工作、学习和交流方式发生着巨大的变化，高校对应用系统的依赖越来越强。如果校园网中应用系统的稳定运行得不到保障，很多工作都将无法正常进行。同时，随着数字校园建设的不断深入，无论是保障硬件的正常运行还是软件的友好使用都需要花费大量的人力、物力，曾经各个应用系统从硬件到软件完全相互独立的运行模式的弊端逐渐显现。将学校重要业务系统的软硬件集中存放，同时配备专业的技术人员统一管理，保证服务器在一个良好的环境中运行，这就催生了高校数据中心的建设和发展。

由于数据中心机房拥有通畅的网络和标准的精密空调、UPS 等设施设备的保障，设备集中管理、统一调配，可以方便有效地整合各类资源，充分发挥各个设施设备的作用。不管是遭遇地震、火灾等不可抗力，还是盗窃、网络安全攻击等人为破坏，数据中心专业的安全措施能将损失降到最低。同时，数据中心设置专人对从基础设施到硬件设备、从操作系统到业务数据等方面进行全面管理，其专业技能和从业经验等将更有利于数据中心的有效运行。

2. 高校数据中心的职能和作用

高校数据中心承载着学校信息化的各类软硬件资源，是数字校园的神经中枢，也是高校各种信息的汇总和数据支撑的场所。通常情况下，高校数据中心的职能主要包括各类软硬件系统的运行与维护、整合资源、数据存储与管理、提供服务器托管及租用。

数据中心的集中式、规范化管理，降低了人力、物力等多方面的成本，能够更好地应对快速响应等业务要求，更有利于保障业务的连续性、灾难恢复以及能耗和空间。高校数据中心的作用主要包括集中管理数字校园所需的各种设备，支撑高校各项工作的正常开展，保障各个应用系统的正常运行，为师生提供优质的信息化服务。

3. 高校数据中心的现状及发展

目前，数据中心的相关技术已经较为完善，数据中心的建设和日常的维护具有一定的规范，相应标准也在逐渐形成。在硬件层面上，新技术的发展使得服务器的计算能力得到急速提升，通过云计算等技术将多台设备联合起来同时计算还可以突破单机计算能力的限制。数据中心在标准化、规范化的基础上朝着以高弹性、高效率、高可靠为特征的规模化、集约化、自动化、智能化的方向发展。在这种趋势下，数据中心的运维也必须进行相应的转变，以实现柔性化、精细化、自动化的管理。

就高校数据中心的发展现状而言，其明显落后于企业的数据中心。高校数据中心保障着科研、管理、教学等各类应用系统的运行，其稳定是第一要义。只有成熟的、经过众多实践证明的新技术才会在高校数据中心得到大量应用。目前，高校数据中心仍然是以传统架构、虚拟化架构相结合为主。另外，高校数据中心也紧跟时代步伐，运维人员在保障日常运维工作之余在云计算、大数据、物联网、人工智能等新兴技术领域进行着相关的研究，这些新兴技术在高校数据中心也逐步进入试用或已有少量应用。

（二）数据中心的架构模式

1. 传统架构

传统的数据中心采用完全硬件化的三层架构，单服务器、硬件相对独立、应用系统独立依附于硬件设备是传统架构的主要特征。在传统架构中，CPU、内存、磁盘等资源平均利用率低，管理复杂度高。随着系统使用时间的增长及使用人数的增多，数据的增长使得业务对资源的要求提高，各类资源逐渐出现瓶颈。对传统架构中的设备进行扩容势必影响业务的正常运行，且容易顾此失彼。业务数据增长存在许多不确定因素，资源扩容量大会造成资源浪费，扩容量小又会承受频繁扩容的压力。

存储进入数据中心有效弥补了单服务器架构在扩容和容错方面的弊端。传统 SAN（Storage Area Network）存储是将存储设备与服务器用光纤接口连接起来的专用存储网络。通过 SAN 存储，不同服务器可以跨平台使用存储设备。通过对存储设备统一管理和容量按需分配或扩容，可以降低维护和使用的成本，提高存储的利用率。通常情况下，使用 SAN 存储以后，存储的利用率比单服务器架构的存储利用率提高了 60% 以上。

2. 虚拟化架构

在传统数据中心架构中，由不同厂商提供的各个设备独立承载单个业务，单独管理服务器的硬件资源利用率低、故障处理效率低、资源扩容难、管理维护难度大。新业务从市场调研、规划、预算到硬件采购、测试部署上线，周期长，且事务繁多。为了解决传统数据中心的这些问题，就出现了以 VMware 为代表的虚拟化技术。

作为目前数据中心的主流架构，虚拟化技术将多台性能较高的服务器组成集群，对外提供虚拟机。通过虚拟化架构，不仅解决了资源利用率的问题，同时也减轻了硬件运维的负担。

虚拟化架构相对于传统架构而言，将单个硬件服务器的计算资源整合，构造计算资源池，然后将资源集中统一并按需分配，可用性高、资源利用率高、能源消耗低。

使用虚拟化架构以后，通过虚拟化平台统一管理计算资源池，按需建立虚拟机，在虚拟机里部署业务，实现平台上虚拟机的统一维护和管理。通过克隆模板建立虚拟机，快速部署规范的业务操作系统，在业务资源大量空闲或不足时可以及时通过虚拟化平台进行动态调整。对用户而言，虚拟机与物理机性能相当，扩容及迁移方便。对数据中心运维人员而言，通过虚拟化平台管理计算资源，可以减少出入机房的次数，在提高工作效率的同时减少机房电磁辐射对人体造成的伤害。

采用虚拟化架构以后，当数据中心的计算资源不足时，可以直接通过将新的硬件服务器或存储加入虚拟化集群的方式快速扩容，然后将业务手动或自动迁移到新增加的硬件资源上，在不影响业务正常运行的情况下动态扩充计算资源。当某一台物理服务器发生硬件故障时，业务也可以根据配置自动或手动迁移到其他正常运行的服务器上，业务不中断，数据不丢失。

3. 高校数据中心拓扑

在经历了较长时间的发展之后，由于老旧设备淘汰不及时，以及某些特殊业务的特殊需求，造成高校数据中心的架构模式为传统架构、虚拟化架构以及云计算架构模式同时并存。

（三）数据中心的运维

1. 数据中心运维简介

数据中心运维是指对数据中心的基础环境、设施设备、系统及数据等相关方面资源的运行和维护管理。数据中心运维工作涉及从数据中心机房的设计、暖通、动力、消防、服务器、存储、网络、综合布线、系统、应用、开发、信息安全、数据分析、数据挖掘等相关的所有专业，涵盖了所有与 IT 相关的技术。虽然数据中心涉及面广，但数据中心需要高可靠性，数据中心的所有日常运维都以业务稳定运行为首要目标。因此，数据中心通常使用的都是稳定性高的、相对成熟但是经过实践检验的 IT 技术。

2. 数据中心基础设施运维

数据中心基础设施主要包括机房的供配电、空调、安防、消防、监控系统等。基础设施的运维工作主要是指运维人员了解相应设施设备的基本属性，定时巡检。通过看、闻、听、摸等方式查看场所内环境是否清洁、是否存在异味、异响、各仪器仪表的显示是否正常（温湿度、电压电流等）、设备有无外观异常及发热异常、设施设备有无报警信息等。在发现异常情况时及时处理，若自身不能处理时及时报告并联系相关设备厂商或维保单位寻求解决办法。

3. 数据中心设备运维

数据中心设备运维中所指的设备是除了数据中心机房的基础设施之外的硬件设备，包括服务器、交换机、存储等。数据中心设备运维的主要工作是定期（通常是每天）对数据中心机房的设备进行巡检，发现问题及时解决。设备发生问题或故障以后，通常需要花费大量的时间和精力去解决问题。因此，通过及时巡检避免故障的出现显得尤其重要。以设备实时运行状态为依据，对设备状态了然于心是数据中心运维工作人员的工作常态。

除了对设备当前状态的运维之外，数据中心设备运维还需对设备日常运行状况进行及时记录总结，根据运行状态制订相应的运维计划。通过周期性地分析、记录历史数据，判断设备是否处于正常的运行状态和可能发生的变化趋势，以便及时采取合理的措施防止故障突然发生，让运维人员措手不及。

数据中心设备运维从某种程度上类似于地震预测，即使提前一点点时间发现地震并预警，也可以及时采取相应的措施，减少甚至避免发生人员伤亡及财产损失。数据中心设备运维需将数据中心所有设备之前运行的所有状态（日志、告警、故障表现及处理方式等）数据都集中起来，从中总结出一定的经验。

随着数据中心业务量的增多，仅仅依靠人工经验进行设备运维是远远不够的，这就需要借助大数据、物联网、人工智能等新兴技术来分析设备的工作状态。比如设备内部温度每升高一度，状态效率就要下降 20%，类似这样的预测分析就需要新兴技术来定量分析。例如，通过监控服务器的 CPU 时钟、Catch 内存、指令运算等指标并在发现 CPU 异常时及时报警，在服务器的 CPU 彻底崩溃之前及时将业务迁移到其他设备上去，就可以避免 CPU 彻底崩溃导致的业务宕机，减少不必要的损失。不过就目前的数据中心运维的实际水平来看，要做到预防运维还有很长的路要走。

4. 数据中心系统及数据运维

数据中心系统运维的主要目标是采取必要措施保证数据中心承载的操作系统及业务安全、稳定、高效运行，其主要工作包括通过日常对各系统的巡检，及时发现问题并快速有效地解决问题；通过优化数据中心架构模式、应用系统的布局及各应用相关软件，提高应用系统的稳定性和运行速度。数据中心数据运维的主要工作包括集中优化设置有益于各系统数据共享与交换的合理的数据库模式；通过集中的数据备份与恢复软硬件等统一的数据安全保障机制，保障数据不会因意外的灾难而损毁；通过安全审计、日志分析对用户的行为进行记录及事后分析等。总体上讲，数据中心系统与数据运维涉及从操作系统到应用程序、从数据库到中间件、从业务数据到配置文件及各类日志等相关的各类工作。

与数据中心设备运维类似，在系统及数据运维中，我们也无法预知可能发生的故障。为了减少损失，我们仍然需要尽力去预防各种错误，及时处理各种问题，因此，系统与数据运维有许多工作要做。比如，通过监控业务运行的核心进程等方式进行业务快速恢复，通过容灾备份等方式快速修复无法预防的突发状况所造成的业务宕机。

为了做好系统与数据运维，保障系统和数据的完整性，减少系统业务中断时间，数据中心一项重要的工作就是容灾备份。

灾难恢复是指迅速将因灾难而造成故障的业务系统恢复至正常运行状态的过程。为了顺利实现灾难恢复，需要对保障业务正常运行相关的所有数据、程序、配置文件、基础设施、运维能力等进行备份。这种备份称为灾难备份（简称"灾备"）。通常情况下，业界将支撑正式使用的业务系统的正常运行的场所称为生产中心，将在灾难发生时接替生产中心支撑业务运行的场所称为灾难备份中心（简称"灾备中心"）。从严格意义来讲，灾备中心应包含与生产中心相同的设施设备、工作环境、技术支持及管理人员。由于灾备中心用于应对无法预知的灾难，必须能够提供全天候不间断的业务恢复支持。

对高校数据中心而言，通常没有专门的灾备管理中心，灾难恢复也是数据中心运维人员的常规工作。因此，如何让数据中心运维人员在完成日常运维工作之余处理好灾备中心的事务是数据中心运维的一个难点。日常管理中应当采用各种各样的方式进行经常性的演练，以熟悉每一项工作的步骤，确保在灾难真正来临时能顺利完成灾难恢复。

保证灾难恢复的有效性是一项非常专业的工作，普通数据中心无法达到相应的标准，而数据备份是一项更加行之有效的工作。广义的数据备份不仅仅指数据库的备份，还包括备份保证业务系统正常运行所需要的程序文件、配置文件、日志文件以及用户上传的文件等。通过多种备份方式、备份介质进行数据备份可以降低硬件故障造成的数据丢失、误操作或人为破坏造成的损失等风险。作为提升数据中心可靠性的必备技术之一，数据备份是数据中心必须进行的一项重要工作。目前，数据中心的数据备份主要通过专业的备份软件进行异机／异地备份。

备份技术包括完全备份、增量备份、差量备份以及即时（有选择性地）备份与灾难恢复类似，数据恢复也是小概率事件。如何保证备份数据的有效性，如何做到快速的数据恢复等是数据备份的难点。就高校数据中心而言，数据恢复演练是保证备份数据真实有效和测试数据恢复时长的重要方法，也是数据中心系统与数据运维的一项重要工作。在日常工作中，数据中心运维人员需要定期进行演练，熟悉每一项工作的要点，才能确保在真正需要数据恢复时候能顺利恢复数据。

（四）数据中心的优化及管理

1. 设施设备的优化及管理

对数据中心设施设备的优化及管理主要从降低能源消耗、优化空间管理、降低安全隐患、提高工作效率等方面进行。

由于数据中心集中存放着大量全天候运行的设施设备，其能源消耗巨大，设法降低数据中心的能源消耗是数据中心设施设备运维优化管理的一项重要工作。具体方式方法主要包括：定期清理或清除不再需要的工作负载，关闭僵尸应用所占用的服务器等资源；运用高性能、低能耗的新型服务器替换陈旧的高耗能服务器；通过部署虚拟化等新型的数据中心架构，整合资源，提高服务器的利用率，降低数据中心能耗。

随着数据中心设施设备越来越多，如果无法有效利用空间，数据中心将无法继续承载新业务。数据中心空间管理优化的措施主要包括：在新设备进入机房上架时对设备间距、网络布线、电源线路等做好规划，避免空间浪费及线路繁杂；淘汰老旧服务器，定期将关闭的僵尸设备下架，给新设备腾出存放空间；通过虚拟化技术、配置服务器 BMC 管理口等方式管理服务器，减少在机房插接显示器等外设访问服务器，节省机房机柜空间，提高工作效率。

随着数据中心的发展，机房的设施设备越来越多，有效的机房监控可以降低安全隐患，提高工作效率。通过机房各类监控，数据中心工作人员可以通过相关 App 清楚地了解机房的温湿度、气流、有无漏水及异味等信息，并及时根据报警信息进行应急处置。同时，历史数据永久保存，方便追踪分析事件的前因后果，为进一步优化数据中心设施设备管理提供有力的数据支撑。

2. 数据与系统的优化及管理

高校数据中心数据管理的目的是保证数据中心数据的完整和安全，同时又为整个学校的数据共享提供支持。通过建立集中统一的中心数据库，统一运维管理，在保证数据可用的同时，大大降低对普通系统管理员的技能要求，达到数据优化的目的。在硬件方面，数据中心统一规划，采用可动态扩展的计算节点、存储节点及冗余方案，容量和性能都可以根据实际需求动态调整，提高资源利用率，保障数据完整、安全，降低硬件设备损坏及更新换代对业务运行连续性的影响。在软件方面，减少了采购数据库及相关软件量，避免了重复采购造成资源浪费、增加运维难度、软件版本不统一等诸多问题。在日常管理中，通过数据中心集中实施的数据库巡检、监控、容灾备份，优化数据的管理。

数据中心系统运维管理的目的是保证操作系统及应用系统的可用性和安全性。由于应用系统受开发者的个人习惯及职业素养等各种因素影响，在数据中心的系统运维管理中，应用系统的优化管理主要包括采取更规范的管理方式，在应用系统上线前通过漏洞扫描、渗透测试、签订保密协议等方法减少应用系统的安全漏洞；通过操作手册、部署架构等文档规范应用系统的操作；通过数据备份、快照等方式加强数据安全性保障。在操作系统的优化管理上，通过数据中心集中管理操作系统，以及运维操作标准化手册编写自动化脚本，实现自动化批量操作。同时，通过优化数据中心架构，根据需要对操作系统进行快照、迁移，不仅可以实现操作系统备份，还可以跨平台、跨服务器地灵活管理操作系统。

3. 流程与制度的优化及管理

由于数据中心运维管理工作的综合性、专业性以及复杂性，日常的维护工作量较大，许多工作需要跨部门，协调工作的工作量也不小。流程与制度管理优化是在不改变部门组织架构的情况下，优化部门之间沟通渠道，缩短数据中心业务响应及处理时间，将被动管理转化为主动管理。在具体实施时可以通过各类平台数据接口二次开发，将预警数据实时传输到工作群等平台，以实现实时数据共享，提高沟通效率，降低沟通成本。

数据中心的高精度设备、纷繁复杂的各类应用系统以及日新月异的高新技术，要求数据中心工作人员掌握专业所需的各种技能。因此，数据中心运维人员在完成日常运维工作之余还需要进行周期性的技术培训及应急演练，以便更好地规范化运维、快速应急响应及故障排查。通过安全培训、技术实施培训，让工作人员一专多能。通过贴近实战的应急演练切实提高基础设施运维管理人员的应急处置能力。适度签订维保，引入专业的第三方运维公司提高数据中心运维质量。通过与有资质的第三方测评公司合作，对数据中心运维进行检测评估，及时发现数据中心运维中存在的风险隐患并提出完善意见。数据中心必须在流程和制度管理上足够优化，才能更好地适应云时代的进程，完成数据中心模块化和标准化的运维，降低硬件故障、系统问题、人为失误等对数据中心整体业务服务质量的影响。

三、教室及学习环境构建

（一）教室管理机构

1. 教学运行保障部门

高校课堂教学环境由教学运行保障部门构建。随着高等教育的不断发展及各高校教学规模的不断扩大，教学运行工作不仅仅依赖提高教学设备管理水平，更需要提高教学服务保障质量和服务时效。每所高校均设置教学环境保障部门，该部门主要职责是保障教学设施设备的正常运转、教学秩序的正常开展，教学环境的规划、打造及建设。高校教学保障部门一般归属网络与信息化中心、教务处或后勤。

2. 高校教学运行部门职能划分

（1）教学设施管理及分工

多数高校教学设施由教务处／研究生院、后勤部门和网信中心三个部门进行管理。主要分工如下：

①教务处／研究生院：负责全校公共教室的使用和调配工作。教学任务内的教室使用由教务处／研究生院统一安排，如需临时使用教室，可通过线上或线下流程进行申请使用。

②后勤部门：负责全校教学场地日常管理工作，具体为：开关门、配置教具（如：时钟、粉笔、黑板擦等）、耗材，课桌椅、窗帘、水电维护及教室内清洁卫生等。

③网信中心：负责全校教学场地多媒体设备，如多媒体教室、智慧教室、计算机机房、语音室及其他教学场地的规划、建设、检修维护和日常管理工作。

（2）教学运行保障部门职能

教学运行保障部门的职责主要包括：负责学校教学活动辅助支持；学校多媒体教室和计算机公共机房规划、建设和管理；计算机教学实验室辅助教学；计算机等级考试及其他上机考试的计算机设备管理；以及辖区内综合治理与安全管理等。其日常工作主要是：负责多媒体教室及机房的日常管理、运维工作；深入开展教学信息化推进工作及教学信息化研究工作；负责计算机教学实验室工作；负责计算机等级考试和各类计算机上机考试工作；负责多媒体教室及机房建设工作，包括新技术研究、前期调研、需求分析、规划、方案设计、招标及建设实施工作；负责科室管辖区域综治安全，如对科室安全责任区域、重要设备、重要系统、重要数据及日常工作运行进行实时监控；为学校其他部门提供计算机相关技术服务工作。

（3）高校教学保障特点及发展方向

①高校教学保障部门特点。首先，高校具有100间以上的教学场地，分布在不同楼宇，每一批次的教学设备采购时间不一，设备型号种类多样，表现出设备维护的复杂性；其次，随着教学方式的不断改进，从传统多媒体教室扩展到录播教室、智慧教室；教学模式从传统的"填鸭式"教学，变成了情景教学、互动教学、MOOC教学、直播、录播、远程互动教学等多种方式。教学设置和教学模式的多样性，同样也增加了教学保障难度。教学保障工作伴随着教学工作的开展，在时间以及空间的层面均具有很长的维度，基于广阔性层面进行相应的教学保障工作开展，体现出了教学保障工作的复杂性特点。

②高校教学设施维护与管理措施。

a. 完善的教学设施维护与管理制度。完善的制度能够创造良好的管理环境。高校应加强对教学设施维护及管理的制度建设，加强管理意识，规范多媒体设备维修和维护、设备使用、设备管理以及管理人员行为手册。以确保设备管理能够明确到人，设备出现故障时能够得到及时维护。制度的建立同样需要落实，严格落实监管力度，让措施落到实处，长此以往，学校师生及管理员都将自觉维护好教学场地，营造良好的教学氛围。

b. 新型设备的投入及信息化的监管。教学设备繁多且杂，一般多媒体教室设备包含十余种，如电脑、显示器、投影设备、幕布、中控、IP电话、音响设备等。部分设备性能不稳定，安装环境复杂且灰尘大，极易造成设备故障，单台的设备故障则会对教学造成影响。因此，高校应尽可能引入产品稳定设备，从源头减少故障率；提高设备集成性，将单台分散的设备集成为一体机，方便更换及管理；采用激光投影或互动教学屏，减少投影仪的更换；将全校单台计算机的管理，更换为云桌面进行管理，提高管理效率。这些措施，都将极大减少设备的维护工作量。除了引入新型设备外，作为管理部门对设备的监管也需要科学化，信息化的管理方式，如开发或引进设备故障监控平台，可实时监管各设备的运行状态；设备管理平台，对设备状态、设备地址、借用、维修等进行管理。

c. 加大设施管理人员的投入。各高校应加强技术人员投入。目前各高校对教学管理部门的人员投入并不重视，认为这只是属于技术含量较低的工作。教学在整个高校中处于核心地位，教学设施的软、硬件建设关系到整个高校将采取什么样的教学模式开展本科及研究生的教学工作；教学设备的运行及管理好坏将直接影响教学质量。因此，教学运行保障部门应为学校的重点保障部门，应引入各层次人才，如引入教育学专业人员，并能够在教学设施建设方面做出整体规划；引入网络维护人员对教学环境网络进行规划和日常维护；引入服务器管理员对教学服务器、教学云桌面、教学存储设备及教学资源平台进行维护和管理；引入熟悉强、弱电的专职维修技术人员，进行设备日常的维修及保障。只有加大人才的投入，才能保障高质量的教学设施环境。

③高校教学保障部门发展方向。

a. 教学设施建设顶层设计。国内高校建设有各类型的教学设施，如多媒体教室、录播教室、智慧教室、研讨室、计算机机房、实训中心、专业实验室、学生自习室、英语实训室、场外学习空间等；各类教学应用平台，如课程资源中心、教学互动软件、学情分析系统、教学及考场监控系统、教评系统等。国内高校具有智慧校园顶层设计，但缺乏教学保障的理论研究及高校教学设施的顶层设计，存在跟风、随意建设教学设施的现象。作为教学设施保障部门，应该根据本校实际情况，对高校各部门、各学院教学设施进行统一规划、统一管理、统一调配使用。建立高校教学设施规划的顶层设计，以达到高校资源合理分配和利用的目标。

b. 促进高校教学，从软硬件上推动教学变革。教学设施保障在高校教学中为奠基石，具有极其重要的作用。教学设施是为了更好地支撑高校本科/研究生教学、人才培养模式改革、专业建设及课程建设等。高校教学建设、改革和管理由教务处/研究生院负责；专业、学科建设、教学课程改革由各学院负责。但没有教学设施的保障及支撑，将会严重影响高校本科教学质量，以及各类教学管理措施的落实，教学、课程体系改革以及专业建设也无从谈起。教学保障部门的职责就是建设及保障各类教学环境，通过软硬件来改变、推动教学方式及模式的变革。

（二）高校教学基础设施及软件平台

高校教学的多样性，决定了教学设施的多样性。在教学硬件上，各高校配置多媒体教室、精品录播教室、常态录播教室及智慧教室等；从高等教育所需软件来说，线上资源中心、学情分析系统、评教评学系统、毕业管理系统等都是围绕高校教学进行配置。下面从高校教学需要的软硬件配置分别进行介绍。

1. 教学保障基础设施简介

多媒体教室在最传统的黑板教室的基础上，加入了视听技术、视频影音等，可以让师生在时空上看到距离他们极其遥远的事物，使得教学更丰富、形象。录播教室则是在多媒体教室技术基础上加入了录制模块，为各教师之间探讨教学规律，研究教学方法，推广教学经验，打造精品课程提供了一个重要途径。而智慧教室则是在多媒体教室及录播教室的基础上，通过教学学习环境的改造、教学互动软件、教学资源平台、教学设备、物联网以及组合可移动桌椅形成的一套互动式的教学方式，对教室结构进行了重组，主旨是打造以学生为主的"小班教学""互动教学""研讨性教学"等教学模式。

2. 教学保障软件平台简介

高校教学的顺利开展需要软硬件建设协调同步发展，教学基础设施建设是物质基础，是软件运行的前提；教学保障软件平台搭建是核心，为硬件建设提供导向和动力，只有二者相互依存、协调配合，才能更好地发挥软硬件功能，为教学提供更优质的服务。围绕高校教学搭建的教学保障软件平台包括线上教学资源中心、学情分析系统、课堂教学监测系统、教室考场监控系统、评教评学系统、智慧课堂教学平台、智慧教室软件平台、教学设备管理系统、毕业设计管理平台、教学质量大数据监测系统等。

（1）线上教学资源中心

教学资源的开发需要耗费教师大量的时间和精力，部分重点课程或者精品教学资源的开发时间需要长达一年甚至更久才能完善。然而，在教学资源开发过程中存在资源重复开发、缺乏系统整合、资源更新维护缓慢等缺点。随着高校数字化、网络化的不断深入，建立线上教学资源中心能够实现资源聚合，打破信息孤岛，对学校教学资源进行统一管理，有利于改善教学资源保存零散、杂乱、不成体系的缺点，方便师生查询使用各类型教学资源，实现教学资源的利用最大化。线上教学资源中心包括自建资源和第三方资源，支持资源的上传、下载、搜索、引用以及推送等功能。

①自建资源是由高校教师独立或者协作建设的教学资源，包括教学课件、测试题库、录播视频、线上课程及教案等。教师可在线上资源中心创建线上课程，并可对建立的课程进行编辑、教案管理、教学课件更新维护、测试题库管理等，创建后的课程在资源中心展示，以便学生进行选课学习。教师在建立教学资源时，通过平台的搜索功能，对已有资源进行查看和整合，避免重复资源以及单一资源的建设。平台可对最近更新的教学资源进行展示，推荐最受欢迎的教学资源以及教学资源下载排行榜，实现优质教学资源

的共享。

②第三方资源包括中国大学精品开放课程、尔雅通识课、中国大学 MOOC（慕课）、学堂在线精品课等，教师可引用优秀精品课程示范包，示范包里面包括教学大纲、教学视频、PPT 课件、教案、课后练习题以及测试题库等，教师可结合学生及自身情况，对相应的教学内容进行修改，实现快速建课。

（2）学情分析系统

学情分析系统以数据科学为基础，对学生的学习过程数据和学习结果数据进行全方位的采集，通过对采集的数据进行诊断分析，基于学习者个体的差异，为学生提供个性化的学习诊断与学习建议，帮助学生寻找学习的盲点，查漏补缺，从而更有针对性地学习。教师、家长及教学管理人员通过动态数据更新与可视化分析结果，能够全面直观地了解学生的学习状况，及时调整相应的策略，制定更为科学的教学决策。学情分析系统通过对教学数据的全面采集和分析，为不同对象生成多维丰富的报表分析结果，既可以帮助师生实行精准教学，也方便学校教学管理人员及时掌握整体教学状况，对教师进行客观评价和教学均衡。

①学生层面：学生可以看见自己的各项互动情况（如参与互动次数、视频观看时长、评论次数、资源下载次数等）、学习分数排名、知识点掌握情况、历史考试的变化曲线，能够接收到教师或系统的学习干预，及时掌握自身学习进度。

②教师层面：教师可以通过统计分析结果查看学生学习过程状态及学习结果状态。a. 学习过程数据包括学生学习资源使用数据，如下载资源次数、视频观看次数、观看视频时长、视频暂停位置、视频回看部分、提问最多的问题等，通过分析这些数据可知道学生感兴趣的知识以及难以掌握的知识；学习互动数据，如回答问题次数、互动次数、答疑次数、主题讨论次数等，教师可以查看针对某一个同学的统计分析图，也可查看整个班级的分析图。b. 学习结果数据包括学生的课堂测评、平时成绩以及期末成绩，通过对测评结果的具体分析，教师可以掌握学生对每个知识点的掌握程度以及整体学习效果。通过对学习过程状态的观测，系统会给学生进行学情预警，当学生的各项学习评分较低、学习进度缓慢时，判定学生处于风险学习阶段，教师应当对学生进行学习干预，及时帮助学生解决问题。

③家长层面：家长能够通过曲线图、柱状图等可视化诊断报告，了解学生的历史学习情况、历次考试情况、在班级的排名情况及学习水平情况、学习进度情况等，随时掌握学生的学习状态，帮助学生进行针对性的强化训练。

④教学管理者层面：教学管理者可通过系统了解所有班级学生的学习成绩分析统计、平时各项学习情况对比、教师排名情况、教师教授班级情况等，能够根据分析结果对教师进行客观的评价，制定更加精准的教学决策。

（3）课堂教学监测系统

课堂教学质量是衡量教师教学效果的重要内容，通过监测学生的听课状态，可以更加直观地了解学生的学习情况，帮助教师及时调整教学策略，提高教学质量。传统课堂教学教师主要通过课堂观察、提问、互动等方式来监测学生的听课状态，这种监测方式工作量大、数据零散、速度慢、数据无法保存，不利于教师客观、科学地对学生的听课状态进行量化统计。搭建课堂教学监测系统可以主动监测并采集数据、对数据进行描述、分析统计数据，最终生成学生课堂听课状态的评估报告，科学量化地帮助教师了解学生的学习状态。

监测系统以传感器为硬件基础，对学生上课期间的肢体状态、面部表情、语音等数据进行周期性地采集。肢体状态的采集包括抬头、低头、趴桌、歪头、举手等，通过统计抬头次数可计算抬头率，抬头率是许多高校衡量课堂教学质量的重要指标，互联网"入侵"大学课堂的现象屡见不鲜，学生上课低头沉迷网络信息，教师经常一个人唱独角戏，抬头率在一定程度上反映了教师的教学能力和水平，如何改进教学方式，提高学生的抬头率也是高校教师需要不断思考的问题；通过对举手次数的统计，教师可以分析班级活跃学生与被动学生，对被动学生加以关注和引导，提高整体教学效果。面部表情识别如倾听、疑惑、理解、抗拒、不屑等，学生的面部表情传达了大量的信息，教师可以通过对学生面部表情识别的统计分析，判定学生是处于积极、疑惑或者是消极的听课状态，及时对某一教学环节或知识点进行调整。语音数据采集包括回答问题的内容、次数、位置等，教师可以对学生回答问题的内容进行再分析，判断学生所在位置是否影响学生听课状态等。通过对这些数据的综合分析可以全面了解学生的听课状态，有效地帮助教师进行课堂教学监测。

（4）教室考场监控系统

网络与信息技术的发展使得作弊手段越来越多元化，作弊现象层出不穷，传统的人工监考方式无法全面监测所有考生，也不利于教学管理者对考试过程进行巡考。教室考场监控系统的搭建能够有效防止考生的各类舞弊行为，同时为考试违纪行为提供依据，既是保证考试公平公正的需要，也是互联网时代下新型考试管理方式的需要。教室考场监控系统的主要功能包括网上巡查、视频监控、作弊防控、公共广播、声音采集以及日常教学巡查。

考场监控系统以教室安装的电子摄像头、拾音器、屏蔽器等为硬件基础，对考试全程进行电子摄像监控和视频记录留存，通过网上巡查和观看视频记录回放，有利于各级教学管理人员根据实际需要了解每个考场的考试情况。通过公共广播可以向考生传达考试要求、注意事项、考试铃声等信息；利用金属探测仪、手机屏蔽仪、电子探测狗、无线电侦测和阻断设备能够发现并防控学生的作弊行为；拾音器可以敏锐地捕捉到考场中的各种声音，考试期间由专人值守考场监控室，综合视频监控和声音采集的信息，对考场情况进行严密地监控，严防作弊行为的发生。此外，考场监控系统也可用于日常的教学课堂监控，学院督导组可以通过监控系统对教师的教学情况进行抽查，督促教师提高教学质量。

（5）评教评学系统

教学评价是对教学过程及结果进行综合判断，并根据判定结果实施教学决策的活动，其两个核心环节是：对教师的教学工作进行评价、对学生的学习效果进行评价。教学评价的结果可以帮助师生及时修订教学计划、调整教学行为，取得更好的教学效果，对教师和学生具有监督和强化作用。在传统的教学评价中，学生的学习效果直接由教师给出评价，教师的教学效果通常依据学生的学习成绩来判定，这种评价方式简单单一，不利于对教师、学生进行全面的评价。评教评学系统通过教学建议（主观评价）和指标评分（客观评价）两种评价方式相结合，能够让评教评学更加客观、科学和全面，对教师教学工作的评价，支持学生评教、教师评教、督导评教，对学生学习效果的评价支持教师评学、生生互评以及自我评价。

学生作为学习的主体，对教师进行客观的评价能够让教师了解自己教学的优缺点，便于教师根据学生的需求进行教学调整，形成良好的师生互动关系。但是，也存在部分学生依据教师的严格程度对教师进行评分，要求低的反而分数高。因此仅凭学生评教是不全面的，还需引入教师同行互评以及督导评价。

同行互评能够从不同的角度对教师的教学提出相关的建议，专业的评价也更有利于教师的快速成长。督导评价指的是相关的教学管理者对教师的教学进行评价，可通过网络巡课、观摩教学、教师教学成果统计等方式对教师进行综合评价，多方位评估教师的教学能力。

传统教学对学生的评价往往仅由教师进行判定，教育评价权全部掌握在教师手中，忽视了学生主体性和能动性，需引入生生互评和自我评价对学生的学习效果进行综合评价。自我评价能够帮助学生进行自我反思，从自身找原因，对自己的行为进行监督和调整，作出相应的学习规划，促进自身成长。生生互评的一个重要作用是同伴认可感，同伴的肯定能够极大地增强学生的自信心和学习动力，同时客观的建议也能帮助学生更好地改进学习的缺点，取得更好的学习效果。

（6）智慧课堂教学平台

教学板书留痕是提高课堂教学效率的有效手段之一，尤其是对于理工科的学生而言，单纯地呈现 PPT 教学课件不能有效地帮助学生理解相应的知识点，教师经常需要对讲解的知识点进行推算、演练，在普通多媒体教室教师只能在黑板上进行推算，黑板空间用完之后教师擦干净黑板继续推算，无法对教学板书进行保留。对于部分理解能力较差的同学而言，需要不停地做记录以便课后回顾理解，这种记录方式对学生的听课效果会造成一定程度的影响，教师重复讲解同一知识点也会增加教师的工作量。搭建智慧课堂教学平台的多媒体教室，能够有效地保留教师教学过程痕迹。教师可以在触摸电脑上进行推算并投屏，此时教师的所有推算过程都可以通过软件保留下来，学生上课可以专心听课，不懂的内容课后通过回顾教学板书加以理解，减轻了师生的负担，具有普通多媒体教室不可比拟的优势。

智慧课堂教学平台主要由触摸式电脑、智慧课堂教育软件以及投影仪构成，软硬件环境搭建简单快捷，兼具黑板的互动性和媒体资源呈现的丰富性，支持录制课程、书写／批注、自定义截图以及高拍仪拍摄功能。其中录制课程可对相应的知识点、演算过程及批注过程进行录制。书写 / 批注可用电磁笔在空白区域书写，书写区域不够时，两指以上触摸屏幕向左滑动可继续书写；也可在 PPT/Word 上进行标注，支持标注内容的回看；可进行分屏板书，在播放视频的同时，在另一区域进行板书，对视频内容进行相应的讲解。自定义截图可使用屏幕剪刀图标或电磁笔截取电脑图片或教师所画示意图，通过高拍仪拍摄实物 / 图书共享给学生。

（7）智慧教室软件平台

智慧教室是综合大数据、物联网、人工智能等技术手段与教学课堂深度融合的一种智慧教学环境，其智慧性主要体现在智慧互动、智慧评价、智慧管理和智慧资源获取等方面。智慧互动不仅包括师生互动，还包括生生互动、人机互动及学生与信息资源的互动；智慧评价利用大数据分析技术，将教师的教学过程数据和学生的学习过程数据进行统计、分析、综合评价，为教学改善提供可视化依据；智慧管理利用物联网技术，对教室的设备、光线、温度等进行智慧调节；智慧资源获取主要是结合学生的学习状态，动态地向学生推荐个性化学习资料，满足不同学生的学习需求。智慧性的实现需要搭建系列教学软件来支撑教学，包括教学智能交互系统、高清课堂录播系统、学习分析系统、远程教学系统以及智能物联控制系统。

①教学交互是课堂的重要环节之一，教学智能交互系统利用互动教学大屏、平板电脑、手持终端、无线网络等设备，可实现多种交互形式，包括师生交互、生生交互、人机交互以及学生与信息交互。师生交互支持文件发送、随堂测试、锁定学生终端、课堂反馈、弹幕讨论等常规功能；生生交互可开展多种教学模式，如小组讨论、合作学习、探究式学习等；人机交互支持屏幕批注、分组投屏、小组多屏对比，在分组教学或研讨时，教师可以利用分组投屏功能，将各组任务下发到小组互动展示屏上，支持小组多屏对比；学生与信息交互支持学生从云端下载各种类型的学习资源，也可将平板电脑内容共享在互动教学大屏或者同学的平板终端上。

②高清课堂录播系统是解决大批量教学资源制作的最有效工具，传统的人工拍摄方式需耗费大量的人力与时间，录播系统可以从各个方位对教学过程的所有环节进行实况拍摄，为后期视频剪辑提供全方位的素材，有利于制作优质的教学视频。录播系统主要由多镜头视频采集系统、音频采集与处理系统、视频跟踪系统和导播系统组成，其中多镜头视频采集系统和视频跟踪系统协调配合，可实现对教师、学生、屏幕展示、教室全景、学生特写的五机位自动跟踪录播，记录整个教学过程，利用多镜头素材剪辑出的视频能够很好地展现出真实授课现场；导播系统则具备完善的录课导播功能，可在教师、学生、屏幕画面进行场景切换，支持添加字幕、调节音效、调节焦距、多画面显示布局等功能。

③学习分析系统通过采集学生上课期间的学习行为，以及在学习平台产生的学习记录，利用大数据技术对学生学习情况进行综合评价，为学生提供个性化的指导。

④远程教学系统提供远程实时互动式教学、异地同步授课 / 学术交流、公开课观摩、课程答疑等多种模式，打破地域空间限制，让更多的学生能够与优秀教师进行交流。

⑤智能物联控制系统利用物联网技术对教室的光线、温湿度、通风、窗帘等进行智

能调控，对教室内的教学设备进行监控，对故障信息进行预警，实现对硬件设备的自动化管理。

（三）高校教学设施运维保障及管理模式

1. 传统教学设备运维保障

在早期的学校教室中，黑板是最重要、最核心的知识传授工具。老师通过黑板将复杂的知识结构体系逐级分解，灌输给学生。黑板在老师和学生的沟通中发挥了重要作用。随着信息时代的飞速发展，多媒体教室已成为必不可少的教学工具。老师利用多媒体教学设备进行课堂教学已经成为普遍的发展趋势。现有的多媒体教室的教学设备主要包括投影机、投影幕布、中控、机柜、音箱、功放、计算机等，利用多媒体教室中现代化设备能够实现教学、学术交流和讲座等教学活动。高校多媒体教室的发展已有一定的历史，早期传统的多媒体教室存在一些弊端，主要包括以下几个方面：

（1）教学设备对教室环境要求高

传统多媒体教室的投影机在日常教学中对环境光线有着较高的要求。在师生正常上课期间，应保证门窗关闭、灯光关闭等，否则将影响学生的观看效果。

（2）教学设备布线复杂，维修成本高

传统多媒体教室包含的设备种类繁多，每种设备又具有不同型号的线路输入与输出。繁杂的线路使得设备故障率极高，给后期的运维带来了极大的技术难度和高额的维护成本。其中，投影机所占维修费用最大。投影机灯泡的使用寿命理论上在 3000 小时左右，而在多媒体教室的实际使用中，投影机灯泡的使用寿命为 1500 ～ 2000 小时，极大地增加了维护成本。

（3）教学设备的安置存在安全隐患

早期的多媒体教室设备众多且烦琐，线路裸露的现象较为普遍。众多的多媒体设备均安置在讲台附近，而此处通常是学生活动较为密集的场所。设备安置在此处既增加了设备的损坏概率，线路破损后也存在漏电风险，对师生造成危害。

（4）教学设备的管理、使用方式原始

早期的多媒体设备由教学运行保障部门教师采用钥匙的方式统一管理。师生借用某个教室的多媒体设备，只能用钥匙设备，给教学运行带来了极大的不便。同时，在早期的多媒体教室中，教师针对每件教学设备只能采用单独开关的方式，包括投影、幕布、计算机、中控等，极大地降低了课堂效率。

2. 网络教学设备运维保障

网络教学设备架构的出现较好地解决了传统教学设备架构所带来的一系列问题。技术人员通过远程服务器端，直接操纵中控设备，实现了多媒体教室所有设备的远程操作。

单个多媒体教室中设备管理的枢纽为中控系统。中控系统可联动控制机柜、电子锁、投影仪、幕布、计算机及功放等设备；在音频方面，教师使用的无线话筒可通过红外接收器、音频转换器等设备进行音频信号传输，最终通过功放、音箱播放；计算机的音频也可通过中控设备传输到功放、音箱，以输出音频。在网络信号传输方面，通过交换机传出的网络信号可传输到外接笔记本面板、IP 电话、中控、计算机等设备，以保证多媒体设备具有稳定的网络信号。

3. 云桌面教学设备运维保障

传统计算机的众多缺点由"终端分散化"所引起，为了降低高校的运维成本，提升信息安全管理水平，"云端集中化"模式应运而生，通过云桌面技术将办公桌面集中部署在服务器上，使得不同设备之间可以任意进行访问，实现业务数据集中化、桌面维护简单化。

根据高校多媒体教室和公共机房的特性，高校可以分别采用 VOI 和 VDI 架构模式进行计算机桌面管理，通过运用"教育桌面云"管理软件平台进行管理。

4. 高校教学设施管理模式

高校教学设施的运维场所包含多媒体教室、公共及专业机房、录播教室、智慧教室、教学服务器机房以及 UPS 机房等，涉及网络、电力、设备设施、系统数据等方面的运行维护与管理。如何避免、减少因教学设施故障影响课堂教学秩序是运维保障关注的重点。不断优化运维模式，提高专业人员技术水平，给师生提供无感知的保障服务，将更有利于教学的高效进行。由于多媒体教室及机房保障工作的综合性，许多工作需跨部门合作；积极打通各部门之间的沟通障碍，避免相互推诿，建立部门之间的有效合作渠道，将有利于提高教学场所运维保障效率。

多媒体设备故障率与使用年限有较大的关系，设备在使用 6 年以后，故障率会明显偏高，性能等也出现明显的下降。高校应对多媒体设备建立定期更换机制，以保证设备正常运行。机房的计算机使用年限一般为 7～10 年，在条件允许的情况下，可以考虑在 7 年后更新计算机设备，使其保持较好的使用体验。

在日常工作中，运维人员要根据以往的经验有针对性地进行运维管理，对出现的顽固故障要坚决、彻底处理。值班人员不能处理的，交由技术人员或维保公司人员进行专项检修；多次出现的故障要及时记录并探讨故障的原因，为运维管理留下经验。预防故障比当场处理故障更重要，除了被动地接报修电话，运维人员要定期对多媒体教室进行检修，争取提前发现故障并进行处理，避免课间出现故障，影响教师授课。多媒体教室故障有一定的规律，同批次购买的计算机可能出现同样的开机启动慢的情况；同批次维护的投影机可能在相近的时间点出现需要深度清洗的报警；投影机在使用 2 年左右需要更换灯泡和光路。所以，运维人员要记录好多媒体教室的故障，对近期及以往的故障进行汇总分析，有针对性地预防可能出现的故障。这样不仅能更好地提供保障服务，还可以减少工作量，提高师生的满意度。

下面，我们对教学设施运维管理模式进行介绍。

（1）传统教学设备运维管理模式

高校教学场地数量多、分布广且类型复杂，使得高校教学设备运维难度陡增。传统的教学设备运维基本上都是单点维护，即任一教学设备出现故障，运维管理人员都需要赶到现场进行处理，这样的模式已不能适应现有教学的需要，主要体现在以下几点。

①运维管理人员与故障数量的不平衡。由于教学场地位置分散、数量繁多，加之教学设备长时间的使用及线路老化导致故障率增大，单靠运维管理人员到现场处理故障，会导致维修速度无法保证正常上课进度，影响正常教学。

②无法满足批量操作的需求。随着多媒体教学的深入开展，教师对教学软件的需求越来越多，当涉及需要对一批次教室的相关软件进行更新、卸载或安装时，就需要批量操作的支持。

③不能支持多种考试配置环境。不同的上机考试需要配置不同的考试环境，如计算机等级考试、计算机实验课程考试以及各类社会机构计算机考试等。传统运维模式只能根据每次的考试需求配置考试环境，需耗费大量的人力及时间才能保障考试的正常开展。

基于以上问题，有必要引入更高效的运维管理模式对教学场地设备进行集中化管理。改变传统运维模式弊端，提高教学运行质量。

（2）基于网络的运维管理模式

基于网络的运维模式依赖于网络教学设备架构。通过多媒体教室控制系统，可以远程对部分多媒体设备进行操作，能够在很大程度上减轻运维管理人员的工作量。控制系统可查看计算机、投影机的运行状态，当计算机、投影机在无人使用仍处于待机状态时，可远程关闭计算机、投影机，延长其使用寿命。系统可远程打开多媒体机柜电子锁、计算机、投影机，对计算机、投影机的联动性进行相关设置，当投影机、计算机无法正常启动或意外关机时，无须运维人员到达现场即可通过系统启动，在降低运维人员工作量的同时提高了运维效率。

（3）基于云桌面的运维管理模式

在网络运维的模式上引入 VOI 和 VDI 架构的云桌面，可以解决传统运维中无法对大批量教学场地及机房软件、系统进行批量操作等弊端，提高软件、系统等方面的运维效率。

①多媒体教室计算机配置 VOI 架构的云桌面，当涉及批量操作时，如更新办公软件、教学常规软件及教学专业软件，或是教室需要重装系统等，运维管理人员无需到现场对单台计算机进行操作，可直接通过云桌面管理平台对相应的教学模板进行更新，然后下发到对应教室的计算机。这样的管理模式改变了传统的分散、独立的桌面系统环境；实现了软件的集中部署、自动化运维，全面提升了软件运维效率。

②计算机机房使用 VDI 架构的云桌面。对于专业机房而言，大多数专业软件对机器配置以及运行环境都有较高的需求，安装专业软件相较于普通软件更为烦琐复杂。通过云桌面管理平台，将软件安装至相应模板进行模板更新，在办公室即可完成，实现软件安装批量化；对于公共机房而言，需支持不同的教学环境（如英文教学、中文教学）及不同考试环境配置（如计算机等级考试、校内各计算机实验课程考试及社会机构考试），利用云桌面建立不同的教学场景并配置不同的考试环境，根据需要进行教学场景切换以及调用相应的教学模板，从而实现对多样化教学的支持。这能够大幅

降低运维的工作量。

（4）各教学场地管理

虽然以上基于网络和云桌面的运维模式能够将教学设备进行集中化、自动化、批量化管理，协助运维人员远程处理部分教学设备故障，但是教学设备的运维仍然离不开运维管理人员的现场处理及巡视。建立完善的制度能够创造良好的管理环境，提高故障处理速度，降低教学设备故障率，提升教学运行质量。教学相关人员应明确教学运维及管理制度，严格执行制度规定，自觉维护教学设施。下面将介绍多媒体教室、公共及专业机房、服务器机房、UPS 机房的运维管理，以及教学场所综治安全工作。

①多媒体教室／智慧教室运维管理。多媒体教室／智慧教室需要较长时间的值班，耗费的人力比较大，以高校为例，通常高校教学楼比较分散，拥有多间教室值班办公室，值班人员承担学校上百间多媒体教室的值班及维护任务。每周 7 天均需要安排人员值班，每天值班 15 小时。

在办公室的值班人员要在上课前半小时开启中控平台服务器，开放有课的教室的电子锁，以便任课教师到教室时，可以直接打开多媒体机柜及设备，没有课的教室则不能打开机柜，不能使用多媒体设备。

上课前半小时，在不同的教学楼及区域安排值班人员就位，任课教师尽量在上课前发现多媒体故障，这样可以及时报修并解决故障，保障教学时间不受影响。值班人员接到电话后需要判断故障能不能在电话里解决，电话里不能解决的故障，及时联系区域值班人员，值班人员不能处理的问题交由技术人员处理，技术人员不能处理的故障及时报告科室长，并通知维保公司尽快处理。影响上课的，可以在征得教师同意后调换教室。

该岗位长时间连续的工作性质需要考虑值班人员的调休方式，可以设置轮班的方式进行值班，根据教学的需求部署值班人数及时间，确保值班人员每周的平均工作时间和学校里其他的教辅职工相近。

②公共及专业机房运维管理。公共和专业机房需要值班人员进行日常管理，以及技术人员进行技术管理和维护。

教师到机房上课前，需要到值班办公室排课，由技术人员提前安装好所需要的教学软件。值班人员根据排好的课表在上课前打开机房，检查机房的环境状况，上课过程中要不定时对机房进行巡检，课后由值班人员关闭机房。课程中出现的软硬件故障由技术人员进行处理。

为了规范学生的上网行为，机房采用了上网认证功能。学生在机房免费开放的时候可以自由上机，在自由上机前需进行实名认证。在机房上课的师生应当严格遵守计算机机房管理制度。

③服务器机房运维管理。教学服务器机房内有核心交换机、服务器和存储等设备。教学保障技术人员要对软件系统、硬件设备和机房环境进行定时巡检，巡检内容包括软件系统的运行状态、硬件设备运行日志、机房内的环境温度和湿度、场所内有无外观、气味及响动异常等。发现故障后要及时处理，并通报相关负责人。服务器机房的设备和

系统比较复杂，牵扯的终端比较多，处理故障的人员在不清楚故障时要保持与技术人员、负责人及公司技术人员之间的联系，避免操作失误。

④UPS 机房运维管理。UPS 机房为服务器、核心交换机、云桌面存储等重要设备提供不间断电源。机房内有 UPS 电源控制器、UPS 电池组、电源线路、空调、排气扇、灭火器、温度计等。由教学运行保障技术人员进行定期巡检，巡检内容包括UPS控制器的运行状态、UPS 的输出电压和功率、UPS 电池组的工作状态、UPS 电池组有无出现发烫等异常情况，以及室内的温度和湿度情况，排气扇的工作状态。此外，UPS 电池组在工作时会释放出氢气，需要通过排气扇及时排出室内的气体，避免氢气的堆积。

值班人员及机房管理员要严格遵守 UPS 机房管理制度，做好安全管理措施，保障 UPS 的正常运行。

⑤教学场所综治安全工作。教学运行保障所管理的机房与多媒体教室等存在较多的强电线路等设施，面向全校师生，需要重视教学场所的人员和设备的安全。

对于机房，在使用计算机机房后，应及时由机房管理人员检查机房的环境状况，需要注意机房内有无漏水等情况，漏水可能导致机房短路。在检查好机房后，要关闭好机房的总电源及窗户等。

多媒体教室在下课后，教师关闭好机柜等，机柜的关闭会触发多媒体设备的关闭。值班人员每晚应对每间多媒体教室进行检查，确保所有多媒体教室及设备正常关闭。每周区域负责人要对多媒体设备进行检查，有故障及隐患要及时报告并进行维修。

教学服务器机房、UPS 机房等由技术人员进行检查，每周检查 3 次以上，其他人员进入该机房需要技术人员陪同。

综治安全工作要形成制度、形成重点、形成习惯，在平时做好安全工作的基础上，也要做好相关的防范措施，制定相关的应急处理办法。

第二节　数字化平台空间

数字化平台空间主要由校级数据管理、公共服务系统、管理信息系统、辅助教学及资源等平台构成。校级数据管理中心主要集中管理全校所有信息数据，同时为各个信息系统提供数据归集和流转服务。公共服务系统主要实现人员身份、系统入口的统一管理，并提供 E-mail·站群、在线支付、即时通信等公共服务。管理信息系统主要包括人事系统、科研系统、教务系统、财务系统、图书馆管理系统等主要业务系统，为师生服务提供后台支撑。辅助教学及资源平台主要是用于对电子教学资源的管理。

一、校级数据管理中心构建

数据管理中心的建设目标是以教育部颁发的《教育管理信息化标准》和相关行业信息标准为基础，结合学校实际情况，制定学校数据字典和信息编码标准，统一数据交换标准，形成以信息编码为标准，主题数据为基础，共享数据为流转，决策数据库为分析的校级中心数据库。

（一）数据管理中心逻辑构成

整个体系共分为三层，从下到上分别是存储层、服务层和应用层。

1. 存储层

存储层包括共享数据库和数据标准库的建设。共享数据库主要是业务数据库的汇集中心，是数据标准库的来源。共享数据中心的数据经过数据标准规范清洗后形成数据中心标准库数据，基于标准库建设校级全局应用。

2. 服务层

服务层包括数据集成平台和数据访问平台，数据集成平台统一为各系统及部门提供数据交换服务；数据访问平台为各应用系统提供统一的数据访问接口服务，减少系统耦合性。

3. 应用层

应用层包括部门级应用、校级应用两部分。部门级应用基于业务库，构建围绕局部的业务应用；校级应用基于数据标准库，构建围绕全局数据应用。

运行和管理规范包括数据平台建设与管理规范，为数据中心正常运行提供保证。

（二）数据管理中心业务构成

1. 业务数据库

业务数据库是业务数据的提供者，也是数据集成的受益者。各业务数据库把本系统的业务数据提供给集成中心数据库供其他系统使用；并从集成中心数据库中提取所需的其他业务系统数据。

2. 填报数据库

填报数据库主要用于收集各业务系统没有的现存数据，是业务系统的补充数据库，该数据库通过填报系统收集数据，收集的数据同样提供给集成中心库的其他系统使用。

3. 数据集成平台

数据集成平台主要完成数据集成过程，其中包含集成过程、集成方法调用以及集成架构和集成策略。集成的过程即为ETL，它是通过数据抽取（Extract）、转换（Transform）、清洗（Cleansing）、装载（Load）的过程，完成数据从数据源向目标数据库传送。数据集成平台按照标准清洗形成全局数据库。

4. 数据集成监控平台

数据集成监控平台完成业务系统数据集成的监控、统计和分析，并进行故障预警。

5. 数据标准库

数据标准库为上层应用提供基础数据，是面向综合应用的业务数据源。数据标准库数据流向只有下行没有上行，即数据仅从共享数据中心到标准库，标准库不提供数据给共享中心。

6.数据仓库

数据仓库是为了完成数据的统计分析挖掘功能所创建的数据存储。一般以数据主体作为其基本设计模型。数据仓库的数据可以是由数据共享平台提供的，按照时间的维度和既定的主题，进行数据的存储和集成。

二、公共服务系统构建

公共服务系统是面向全校师生的服务平台，是实现用户开放性、整体性、联动性的关键。

（一）公共服务系统逻辑构成

整个体系共分为三层，从下到上分别是支撑层、服务层和展示层。

1.支撑层

支撑层是指利用数据平台、统一身份认证、校园 GIS 平台、信息中心引擎、流程事务引擎、支付平台等基础支撑平台，为系统提供服务能力支撑。

2.服务层

服务层基于支撑层，利用微服务架构，为用户提供信息化服务场景。

3.展示层

公共服务展示层为用户提供多终端集中式的服务中心。

（二）公共服务系统业务组成

公共服务系统包括统一身份认证平台、统一服务门户、统一移动门户、网上办事大厅、统一支付平台、校园 GIS 平台、统一通信平台、微服务应用平台、站群管理平台等。

1.统一身份管理平台

管理教工、学生、校友等各类用户身份数据的基础平台，实现基于身份数据的标准服务。

2.统一服务门户

基于 PC 端，针对全校师生，提供教师服务门户、学生服务门户、管理者门户统一服务入口。

3.统一移动门户

基于移动端，针对全校师生，提供教师服务门户、学生服务门户、管理者门户统一服务入口。

4.网上办事大厅

面向教师、学生等，集成学校所有办事事项，提供一站式办事的统一入口。

5.统一支付平台

通过全新的模式，彻底转变传统的收费服务方式，整合零散的网上支付接口，提升学校财务服务水平。

6. 校园 GIS 平台

基于"数字环境"的理念，有效地对空间数据进行采集、存储、检索、建模、分析和输出，使校园资源信息在空间上直观、明了地显示出来，并能为这些信息的深层次挖掘和后续信息服务及辅助决策提供空间属性上的支持。

7. 统一通信平台

集成校内各类系统的待办、催办、消息、通知，并通过各种终端方式，包括手机短信、E-mail 等进行统一推送。

8. 微服务应用平台

微服务应用平台提倡将应用分割成一系列细小的服务，每个服务专注于单一业务功能，运行于独立的进程中，服务之间边界清晰，采用轻量级通信机制相互沟通、配合来实现完整的应用，满足业务和用户的需求。

9. 站群管理平台

站群管理平台为全校的二级网站提供一个统一化管理和个性化建设平台。站群系统采用一套数据库体系、一套管理发布系统，不仅实现网站管理维护的便捷性，同时强化了网站安全性和可靠性。

三、管理信息系统构建

管理信息系统主要是解决业务管理的系统，主要面向的是业务管理者。

（一）管理信息系统逻辑构成

管理信息系统处于基础服务平台和信息服务展示平台之间，对应的其实也是服务层，只是服务的对象主要是二级单位业务管理员。

（二）管理信息系统组成

学校管理信息系统主要包括协同办公系统、人事管理系统、财务信息管理系统、科研系统、资产管理系统、设备管理系统、教务管理系统、学工系统、档案管理系统等。

1. 协同办公系统

协同办公系统为学校的校内行政、党政办公人员提供公文批办、公文归档、用户授权、信息发布、个人待办事务处理等功能，促进校级、部门内部及部门之间的协同办公，提高各个部门的办公效率，使学校日常办公实现无纸化、自动化和网络化。

2. 人事管理系统

人事管理系统实现了对在职人员、离退人员、死亡人员等进行分类管理，并通过业务流程的管理方式实现了对人员的新进、离职，基本工资及二级单位每月绩效的管理，提供包括请假、职称申请、个人信息修改申请、办事预约等教职工自助服务。

3. 财务综合信息门户

教职工可以通过财务综合信息门户查询、下载各类经费到款、项目总账及明细账、工资、酬金、无现金报销转卡记录、个人借款借票情况等，同时可以实现网上预约报销，减少教职工排队时间。各学院欠费催缴人员可以查询到本学院的学生缴费、欠费情况。

4. 科研管理系统

科研管理系统主要是为实现对学校各部门、研究机构和教师的科研项目、科研成果进行高效管理，以及对科研活动的全程跟踪，同时实现科研考核，为全校教职工提供的一个科研服务的平台。

5. 资产管理系统

资产管理系统的管理对象涵盖了学校固定资产（房屋及构筑物、仪器设备、文物陈列品、家具、图书）、无形资产（土地、软件等）、低值耐用品等各类资产；可以由各级管理人员按照各自的权限，在校园网上快速、有效地开展各项资产管理活动（资产验收、增加、处置、变动、清查、折旧、统计、账表、产权登记等），及时传递各种资产管理信息，方便快速地报送各类资产数据。

6. 设备管理系统

设备管理系统是适用于高校的专业化设备管理系统，该系统融入了设备管理理念，涉及设备采购、设备使用、大型设备开放共享、设备下账处置等功能，基于互联网为高校设备管理提供先进可靠的信息化管理手段，为设备管理人员提供更好的服务。

7. 教务管理系统

教务管理系统能够充分满足学分制教学管理模式的需要，全面支持学分制下的弹性修读年限、培养方案体系、教学任务管理流程、课程排选模式、考试管理、收费方式、辅修专业管理等管理工作，涵盖了教务、教学过程中的所有环节；实现了结构化的培养方案体系、受控的先选后排模式，先修读后注册的辅修模式等强大功能；体现了柔性化管理机制以教学目标管理为基础，管理过程的监管控制等特征；为学校实施学分制教学管理模式提供了有力保障。

8. 学工系统

学工系统梳理并优化学生管理工作流程，从学生、生活、思想等各方面进行全面的管理。整合并规范学生管理业务，实现全校学生管理模式规范化，为学生处内部各科室以及院系学生工作管理部门的协同工作提供无纸化的办公条件。该系统实现了日常管理工作超越时间和空间的交流机制，为相关职能部门和个人提供实时数据的查询与分析功能，实现学生系统与学校其他系统的联动，提高学生管理工作的效率和管理水平，大大提高了学生工作管理的效率。

9. 档案管理系统

档案管理系统，通过建立统一的标准，规范整个文件管理，包括规范各业务系统的文件管理，构建完整的档案资源信息；支持档案管理全过程的信息化处理，从档案的收集、入库、整理、发布、归档、查询、借阅、销毁等方面进行全过程控制和管理，实现档案信息管理传输的自动化、档案资料一体化、标准化、规范化和共享化。

10. 校友管理系统

校友管理系统是一个面向校友展示母校发展动态的平台，利用互联网技术充分发挥学校校友总会、地方校友会、院校校友会多方的能动作用，共同收集整合校友详细信息，为学校提供一套完整的动态校友信息库。校友管理系统使校友在世界各地都能及时地了解母校的现状，为母校的发展献计献策。促进校友之间在教育、科研、文化等方面的协作与交流，以及联谊活动，从而架起校友与母校、校友与校友之间的感情纽带。

11. 学生公寓系统

学生公寓管理平台可以实现公寓信息共享，方便各级领导准确了解公寓当前使用情况；能够实现床位自动分配，提高管理效率；能够方便院系领导和辅导员及时掌握学生在寝室的情况，实现高校宿舍管理的数据信息化、流程信息化、决策信息化，最终达到数据共享、管理自动化、管理智能化。

四、辅助教学及资源平台构建

基于信息技术手段搭建辅助教学平台和资源平台，为教师的"教"和学生的"学"提供丰富、多样化且易操作的教学资源获取途径，促使信息技术与教育教学深度融合，打破高校传统的教学模式。在现阶段发达的信息技术条件下，打造互联网在线教育平台，开发优质教学资源，打破传统的教师班级授课方式在时间和空间上的限制，一方面提高了教学方式的灵活性，便于学生随时随地开展学习；另一方面通过丰富的教学资源为学生提供私人定制化的学习资料和强大的数据库支持，促进诸如MOOC、SPOC、翻转课堂等基于网络技术的新型教学模式的形成。辅助教学及资源平台由教学资源库、图书馆管理系统等组成。

（一）辅助教学及资源平台各模块的功能

1. 教学资源库

丰富、优质的资源是教学的基础。为了实现优质教学资源的共建共享，需要构建面向课程、教师、学校等多个层次的教学资源中心。教学资源库是资源共建共享的基础，是实现优质教学资源有效聚合、广泛共享和充分应用的基础。以某大学为例，教学资源库作为资源类分享网站，主要包括某大学教学资源中心和校本资源库两部分。教学资源库作为资源服务工具为校内师生提供免费的教学资源，供教和学使用。

2. 图书馆管理系统

图书馆管理系统由图书馆纸电一体化管理系统、电子图书数据库、读秀知识库、电子期刊库组成。随着物联网、大数据、云计算、人工智能、微服务等新技术的不断涌现，图书馆的数字化管理将发生一场新的变革，在不断应用各项新技术的前提下，重新规划和建设以智慧数据和智慧管理为基础，以满足图书馆各种智慧服务为目标的开放、可生长的平台，逐步实现从数字图书馆向智慧图书馆的转型。

①图书馆纸电一体化管理系统可以对纸质、电子、数字三种资源元数据进行统一管

理，同时支持纸质、电子、数字资源的馆藏管理。平台拥有中央知识库作支撑，能够实现本馆元数据与中央知识库的挂接。元数据编目支持多种国际国内编目标准，CNMARC、USMARC、DC、DCTERMS 及规范 MARC 的元数据支持。可进行回溯编目或验收编目，选择系统模板或设置自定义模板，平台提供 MARC 编辑器和行列编辑器，UNICODE、UTF-8 字符集，实现多语种编目，USMARC 的 RDF 和 BIBFRAME 展现。元数据分屏编辑和帮助提示，可合并与拆分、简繁互换，自动生成相应字段。馆藏分屏界面，能够以套、册方式按新书分配规则进行分配。系统提供本地检索和联机检索（可单独本地检索或联机检索），支持多索引组检索。同时联机检索可通过 Z39.50 广播查询下载，包括国图、CALIS 等多数据来源检索。系统还支持批量编目，通过编目工作池加入个人工作区实现批量编目。

②电子图书数据库可以实现图书资源的数字化建设。图书馆在社会中位于知识信息搜集、储存、传播的中心地位，面对着四面八方不同人群对于知识的获取压力，以及人们知识需求的增多，图书馆在馆藏发展中应该合理配置馆藏资源和网络资源，加快馆藏资源特色化和数字化进程。电子图书馆数据库则根据高校特点、科研方向，集成数字资源数据，以满足读者日益增加的数字化图书需求范围与阅读体验。

③读秀知识库是由海量全文数据及资料基本信息组成的超大型数据库。以海量的中文图书和全文资料为基础，为用户提供深入内容的章节和全文检索，部分文献的原文试读，以及高效查找、获取各种文献类型学术资源的一站式检索，周到的参考咨询服务，是一个真正意义上的学术搜索引擎及文献服务平台。

④电子期刊库是为了应对学术期刊面临的挑战应运而生的数字化图书资源平台，它采用了全新的"域出版"模式，与传统编辑出版模式里每期内容的"栏目化"组织方式不同，各个期刊编辑部按学术规范处理完一篇稿件后，根据稿件内容所涉及的主题来决定该论文放到哪个专题栏目。按"域"组织发布和出版传播数字论文，就是期刊的"域出版"。每一个学术刊物的背后，都是一个空前活跃的学术社群，形成了一个非常专业的学术共同体。学术刊物通常就是这些学术社群的标志，体现了他们独特的学术价值、问题意识、学科倾向和专业尺度。

图书馆纸电一体化管理系统、电子图书数据库、读秀知识库、电子期刊库相辅相成，共同构成特色图书馆管理系统，形成了有效的辅助教学资源补充。

（二）辅助教学及资源平台模块间的互动

要整合多个异构平台，实现数据交互与共享，具体通过标准接口和模拟人工操作两种方式实现。标准接口方式，有许多系统提供了标准接口，通过标准接口可以实现与本平台的无缝对接；模拟人工操作方式则不需要这些系统提供接口，不用直接读取他们的数据库，也不用修改数据库，只需要通过模拟人工操作获取系统反馈的结果，并进行解析后展现，这样的做法相对安全、易于操作。

完善、成熟的辅助教学及资源平台模块可以构成有机的网络资源系统，将纷繁复杂的教学资源进行有效地组织，并通过网络工具快捷、方便地提供给每一个参与教学活动的主体。辅助教学及资源平台模块间的网络资源共享与互动，可以实现教学的课内外结合、理论与实践结合。

第三节　教学资源空间

教学资源库建设是一个动态过程。教育信息资源库，既要为教师备课、上课服务，提供各种教学辅助资料、优秀案例、教学用多媒体课件和素材，还要为学生服务，提供优秀教师的教学辅导和学生自主学习的资源。教学信息化资源库建设面向学校各个专业，以核心课程和平台课程为重点，建设体现学校教育教学改革最新成果和特色的、开放共享型的教学资源库。

一、数字媒体资产管理系统构建

面对海量的视频资源，需要对媒体资产进行有效的数据管理与数据挖掘。数字媒体资产管理系统可实现对数字媒体资料的集中管理，主要包括数据的存储、编目、上传、搜索、信息发布等，是数字化媒体制作的必要辅助工具。将媒体资料以数字化的形式存储在媒体资产管理系统中，通过不断地完善媒体资产管理系统，提高媒体资产的利用率。

（一）数字媒体资产管理系统的功能

数字媒体资产管理系统满足资料管理的个性化编目规则，具备海量数字媒体资源的数据管理与数据挖掘需求，利用数字资源管理工具实现海量视频资源的网络化、智能化、数字化管理的目标。通过对海量的媒体资源进行有效分析，从媒体资源中快速地找到自身所需要的资源，从而提高资源的管理效率。数字媒体资产管理系统具有高效入库、高效编目、便捷查找等特点。

（二）数字媒体资产管理系统的运维

数字媒体资产管理系统根据素材的来源、类型不同，媒体内容入库管理的策略也有所不同。对于存储于录像带、磁带等传统介质的素材，需要首先经过数字化处理，再上传到媒体资产管理系统中进行编目和存储；日常拍摄的数字化素材则在拍摄结束后第一时间在数字媒体资产管理系统中完成编目和上传、存储。编目时通常采用一次编目的方案，初编目字段满足内容检索、内容归类和远程控制等需求。为了满足海量素材的快速检索目的，媒资编目也体现了简要、快捷的特点，在较短的时间内完成媒体内容入库管理、资源编目、归档管理、资源的高效组织和利用等工作。

（三）数字媒体资产管理系统的优化与管理

在数字媒体资产管理系统中，媒资编目面临着新的挑战，编目的字段和编目内容都需要有新的变化，以满足快编、快用的需要。根据媒体融合下的业务发展要求，从快速分类、关键词优化、素材检索优化、热点数据分析、大数据分析等方面提高数字媒体资源管理系统的信息组织与利用的效率。

二、课程中心构建

对于高校教育教学而言，网络教学平台是必不可少的辅助教学工具。尤其是在当今在线开放教育开展如火如荼的时代，线上教学已经成为传统教学的重要补充方式。构建网络教学平台作为网上教学和教学辅导、网上自学、网上作业、网上测试以及质量评估、网上师生交流等多种服务在内的综合教学服务支持系统，为高校师生提供实时和非实时的教学辅导服务。

（一）课程中心的功能

以某大学为例，课程中心作为该校的网络教学平台，以课程为中心，提供全面的网络教学功能，包括在线课程学习、主题讨论、作业、考试、通知、互动课堂、统计、移动学习等，是学校在线网络课程资源的主要载体和工具。同时，在教学和学习过程中，能够直接无缝对接海量在线资源，实现对名师课程视频、教材教参、文献资料等的轻松调用，随时随地为教与学提供丰富的资源支持。

课程中心的主要功能包括：

①以教师为中心进行课程建设，支持个性化、多种模式的教学设计；以学习者为中心呈现学习内容和活动，支持按知识单元或教学进程进行学习导航。

②以资源建设为主线，支持学生个性化定制资源推送策略，支持将本校专业与专题资源、联盟课程、国内外开放课程等直接推送至个人学习空间，实现优质资源的共享共用。

③支持基于微视频的交互式学习设计，支持微视频导向的即时测试反馈、跨模块多维度学习分析和评价、基于学习社区的讨论与分享。

④支持精品资源共享课程和视频公开课程的建设、申报和校内评审，支持网络课程与精品课程内容复用，减少教师的重复劳动，带动优质教学资源的长期共建共享。

⑤以专业建设为基础，支持教学管理部门针对专业与课程架构统一建设、管理与评价，实现网络课程、精品开放课程和优质教学资源与专业建设成果的对外关联显示。

⑥支持基于网络教学平台的全校课程两级的自主学习、探究式学习、协作式学习等研究型教学模式。

⑦依托课程中心，不仅可以开展辅助教学、翻转课堂、纯网络教学和网络修学分等多种教学模式，还支持精品课程建设和评审、分级管理教学、质量工程与评审，可以满足师生随时随地的移动学习，访问个性化学习空间。

（二）课程中心的运维

课程中心将名师课程、专题及学术视频，相关图书、期刊、论文、教材等和数千门校本课程资源进行整合，实现了统一运维。利用课程中心平台，教师可实现便捷建课，达到教学网络化、自动化的目的；并通过实时大数据统计追踪，真实反馈每个学生的学习状况。学生获取资料更便捷，并能随时与老师同学交流互动。随着网络应用普及程度的提高，传统课堂教育的死板和局限性有望被打破。利用课程中心，特别针对师生之间的互动性进行开发设计，将互动环节的内容、空间进行深入挖掘，形成了一种具有创新性的网络教育教学模式。在课程中心的运维过程中，将学校的教学资源进行积累，形成学校的无形资产；移动教学工具的使用促进学校课堂教学改革。

1. 课程管理

师生可将自己正在开设或者学习的课程收藏其中，可查看各种课程的进展，并制订相应的教学或学习计划。

2. 过程管理

教师可随时把握各个课程的进展，了解学生学习的进度和问题，并根据进度对教学活动进行修正，开展各种答疑活动，或者采用线上线下相结合的教学方式，以辅助学生的学习。

3. 教学资源管理

教师可通过课程中心平台搜索、编辑和设计各种有助于教学的资源，并上传至网络课程，便于学生学习。通过课程中心平台教师还可对作业、考试进行设计，以形成有专业特色的教学资源。

4. 教学互动管理

在传统的教育模式下，所有的学生都被动地在听老师讲，师生之间的互动空间有限，学生之间，教师之间的互动更是很少。利用课程中心可搭建学生和老师之间无障碍自由沟通平台。区别于传统的教育模式，没有学校和课堂的制度规范，没有其他同学的旁听，只有一个学生和一个老师之间最亲切、随意的沟通。教师通过对教学内容、课题、科目、讲义、教学大纲等教育内容的探讨，让他们加深以课程为基础的沟通和交流，积累更加丰富的网络教学经验。在学生与学生之间，趣味教学课程、视频、PPT等资料都是学生之间交流与探讨的话题；其中设置的好友推荐、好友动态、图片、日志分享等内容，更有利于学生之间的彼此熟悉。这种在互联网建立的沟通模式在进行课题探讨、知识反馈、作业批改等内容时更显便利和有效，使师生之间的互动频度、深度和广度都有所提高。

（三）课程中心的优化与管理

实现本地与云平台混合式部署，将教师自有资源镜像到本地，确保资源安全性问题；云平台的部署从根本上解决了校园网出口带宽不足的问题，保证流媒体等播放流畅。混合式部署模式实现了资源的多重备份，同时将教师上传的资源本地化，保护教师的教学内容安全性，确保资源的安全性，并从根本上解决校园网出口带宽不足的问题，保证流媒体等播放流畅。在混合式部署模式下，定期进行最新的版本升级，获取平台的最新功能，让师生有更好的体验。

定期对平台内容及功能进行优化与功能调整，从课程管理、资料上传、班级管理、学习统计、移动学习工具的应用等角度及时调整课程中心的功能模块，以更好地满足师生的使用体验感、提高应用效率。

第四节 移动学习空间

一、移动学习基础环境构建

在移动学习环境下，学生的学习不同于线下，没有空间上的限制，学生能够随时随地学习。

（一）校园无线网络建设方案选择

在新的时代背景下，校园有线网络已经不能满足学生的需求。为了能够有效扩展有线网络的覆盖范围，弥补有线网络使用不够灵活的缺陷，满足同学随时学、处处学、拿出手机就能学的需求，在校园中实现无线覆盖非常有必要。

校园无线网络设计应该遵循以下原则：

1. 实用原则

认真研究学校对于无线网络的需求，并站在适当超前的角度来确定无线网络规模。在经费预算之内，尽量多对比不同厂商的产品，选择技术相对成熟，管理和维护方便的产品。

2. 安全原则

为了确保信息安全，校园无线网络运行的协议、服务必须符合相关安全要求。

3. 可靠原则

对整个无线网络的架构设计、设备选择等方面都要充分考虑高可靠性和冗余性，不能因为某个节点或某条链路故障影响业务运行。

4. 易扩展原则

能够容易地进行网络的扩展和业务种类的扩充，在未来网络升级及更新时，能够保护现有投资。

5. 易管理原则

整个无线网络的运行状况能够被实时远程监控和管理。

校园无线网络宜采用 FIT AP 方案（AC+AP），由 AC 对全网 AP 实施集中式管理，简化无线组网和管理，提高网络安全性。AC 可以向 AP 提供相应的参数设置，实现动态的功率调整、信道调整、用户定位、AP 组配置、干扰监测和避免、QoS 保证等功能。

无线网络系统应该具有良好的安全性，在无线用户接入网络之前，必须经过认证，以确保只有通过认证的用户才能够访问无线网络资源，拒绝非法用户。

在无线接入方案和设备的选择上，AP 应连上 POE 交换机，使用网线对 AP 供电，减少电源布线成本。

（二）无线网络的安全

1. 多 SSID 互扰

为了满足校园网中不同用户的上网需求，可能会释放不同 SSID 的无线网络信号。如果不同的 SSID 之间没有做到严格隔离，会影响用户接入。

2. VLAN 内用户安全

连接到同一个 SSID 网络下的用户基本上都处于同一 VLAN 中，这样就存在遭受 ARP 攻击的风险，攻击者可以通过 ARP 欺骗等方式截获其他合法用户的上网权限。

3. DHCP 地址池资源耗尽

当用户设备连接到无线网络时，设备会发起 DHCP 请求，AC 作为 DHCP 服务器收到请求后将会分配 IP 地址。采用 Web 认证方式时，用户只要连接到无线网络就会获取到 IP 地址。如果有人发起攻击，将 DHCP 地址池资源耗尽，那么合法的用户就会因为获取不到 IP 地址而无法访问网络。

4. 设备及协议漏洞

无线网络设备中运行的软件及协议可能会存在安全漏洞，这些漏洞很容易被攻击者利用，从而威胁无线网络安全。

5. 管理方面存在的问题

人为因素从来都是一个不容忽视的安全隐患。弱口令的存在或者密码保存不善，都为攻击者提供了可乘之机。人为的疏忽或技术不过关导致安全策略配置不完整，都会导致网络安全问题。

（三）无线网络的管理

1. 加强访问控制和安全策略

释放出多个 SSID 的校园无线网，要做好连接到不同 SSID 下的用户之间的隔离措施。为了解决 DHCP 地址池耗尽的问题，一方面可以将 DHCP 地址池适度扩大，另一方面可以将 DHCP 的租期适度缩短，以便及时收回没有使用的 IP 地址。

2. 身份认证

在校园网中可以综合使用多种认证手段，禁止未经授权的人访问网络，保护网络资源。校园无线网中通常会使用 Web 认证，而近些年 Portal 无感知认证技术开始流行起来，既能保证认证的安全性，又能提升用户体验和管理的灵活性，适合高校的无线网管理。

3. 及时修复系统漏洞

必须随时留意网络上发布的漏洞信息，必要时可借助漏洞扫描系统发现系统漏洞，及时更新软件和固件，及时修复系统漏洞。

4. 强化安全审计和行为管理

安全审计日志记录了校园网用户的上网行为，为方便日后审计，必须妥善保存，一般要求保存 6 个月以上。查看网络系统日志可以发现网络中的异常情况，及时制止用户异常行为。

5.增强网络安全意识和管理力度

网络管理人员的安全意识直接影响着无线网络的安全性。网络安全事件的发生往往是由于网络管理人员安全意识淡薄，疏于防范。必须增强网络管理人员的安全意识，通过制定相关制度，把无线网络安全管理纳入日常网络管理工作中去。

二、移动学习终端构建

（一）移动学习终端的功能

面对"移动互联网时代原住民"的学习者，充分利用手机和移动智能终端的即时性和便捷性，使学习变被动为主动，极大地扩展教学空间，引导学生进行跨越时空的碎片化学习；创建全新的课堂模式，实现充分的师生互动；有效打通课内课外，完成流程的形成性考核评估。移动学习终端支持学生在移动设备上进行在线学习，满足学生利用空闲时间随时随地"碎片化"的非正式学习需求，实现线上学习与线下学习相互补充，移动终端与台式电脑无缝切换，以此推进泛在学习和终身学习的有效实践。移动学习终端的功能主要包括以下几个部分：

1.实现全流程教学管理

通过移动学习工具的智能签到、课堂管理系统、移动教务查询系统、大数据分析系统、教学评价系统、报名及考试系统，实现网络教学的全流程管理。

2.提升学生学习主动性

使用移动学习工具的课堂辅助教学系统、在线学分课程系统、信息查询系统、实名社交系统的种种激励措施提升学生学习主动性。

3.打通校内外资源共享通道

利用移动学习工具的移动阅读系统、图书馆系统，可以进行海量资源自由搜索与订阅，充分发挥校内外教学资源价值。

4.提高教学能力和研究水平

通过移动学习工具的大数据分析系统、课程自建系统、课堂辅助教学系统、作业自动处理及相似度分析系统等的功能大大减轻教师教学事务性工作负担，为教师节省时间和精力进行教学改善与科学研究，提高教师教学能力和研究水平。

（二）移动学习终端的管理

移动终端的设计实现了移动学习、传统课堂与网络教学等多种应用的深度融合。移动学习与传统课堂教学、网络教学平台之间相互补充，满足碎片化时间利用与系统性学习需求，为学习者提供无缝学习支持。支持多种教学模式和学习方式的相互补充应用，支持个性化学习与情境学习、在线学习与离线学习、线上学习与线下学习相结合的混合学习、微型化学习与碎片化学习、正式学习与非正式学习等多种学习方式的综合应用，最终推动泛在学习和终身学习的实现。支持多种现代学习理论与教学理论的深层次融合应用。基于联通主义学习理论、分布式认知、情境认知、活动理论等社交网络的学习理论，实现"人—资源—人"之间互联与生成性资源管理、滚动积累和共享，稳步提高教学质量，推进创新型人才培养。

移动学习终端实现了教学内容和教学活动的深层次融合，支持在学习单元的内容呈现过程中，伴随着交互式活动深入推进。移动学习终端实现了物理空间和虚拟空间的统一，支持数字化存储与随时随地学习，支持实践与情景教学。

课前，通过移动学习终端引导学生预习、学生掌握节奏、检测预习的效果、建立小组讨论及解疑。

课中，打造基于小组的互动式教学，教师对疑难点进行解释，学生练习已获知识的运用，教师对学生给予指导和反馈，课堂上可以进行多项互动，如签到、投票、抢答、弹幕等。

课后，学生利用移动学习终端提供的课外阅读、课程作业等，对学习内容进行深化理解、重点难点提高、知识内化顺应，教师根据学生反馈信息可以进行针对性指导。由于移动端与网络教学平台 PC 端进行了无缝对接，故学生可以在做作业时根据需求选择不同的方式。在移动端和 PC 端所做的作业都可以保留学习记录。

课外，学习者可以进行自主探究式学习、将课堂所获理论应用到实践中，实现理论实践一体化、个性化拓展、在线互动答疑、社交学习、学习社交。

第五节　社会拓展辐射空间

高等学校立足自身特点，从学科积淀和专业优势出发，着力提高教育质量，走特色发展之路，多管齐下，积极开展各种形式的培训，拓展社会服务空间。同时，大力开展非学历培训，不断提高其服务社会的能力，为地区培养更多的人才，拓展学校的辐射空间。

一、同行辐射

双一流大学建设为多元化网络教学空间构建带来了更多的机遇和挑战。在新一轮的学科发展机遇期中，信息化教学部门应该主动抢抓机遇，抢占双一流学科建设的制高点，从信息技术的角度助力学校的双一流学科建设。

以某大学为例，近年来，某大学网络与信息化中心加强与兄弟院校之间的业务交流，积极响应国家的号召，多次赴省内外其他高校调研考察，尝试基于国际一流学科评价标准探讨和开辟学科发展新路径，从信息技术的角度与其他高校互通资源、互助合作，利用网络和信息技术建立高等教育资源共建共享机制，利用信息技术手段来突破时间、地域和资源等的限制，使教师及时互动交流，实现课堂教学与科研的同步提高，有效促进教师教学与科研相结合的专业发展的形式。

二、社区辐射

社区教育是为了满足人民群众的终身学习和多元化学习需求而诞生的学习形式。多元化网络教学空间的构建对社区教育中的创新应用方式注入了新的资源，在社区教育教学过程中发挥着重要作用，为远程教育、在线交流及测评等活动的开展提供多元化的技术支持。

以计算机和网络为依托，构建覆盖范围更广的社区远程教育平台，能够突破以往单调的社区教育活动的局限性，拓宽社区教育的深度和广度，促进优质教育资源的共享。通过学校和社区教育机构的合作，共同构建远程教育平台，实现高等教育资源在社区教育中的共建和共用，利用信息技术的先进性，创设更加合适的教学情景，利用多媒体工具以文档、图片、音频、动画、视频等不同的形式向社区学习者呈现学习的内容、调动社区学习者的多维感官、创造更加生动的学习环境和更佳的学习体验，从而优化其认知过程。

多元化网络教学空间的渗入，向社区学习者提供了更加丰富的学习资源和个性化的学习方式，打破传统社区教育模式的时空局限性。对于社区而言，可以吸引更多的社会人群参与社区的教育学习，提升自身的文化素质水平。多元化的网络教学空间的介入可以有效提高社区的教学效率，并有效降低社区教育的成本投入。对于高校而言，通过社区辐射进一步将本校的优质教学资源用于社会服务中、促进优质资源的共享共用，提升高校的社会服务属性。

三、公司辐射

现代信息技术在当代社会中已经成为企业生产和发展必不可少的技术基础，不同的企业依据其业务特性不同，对信息技术有着不同的应用需求与依赖，但都离不开信息技术的支持。通过信息技术与公司、企业的深度合作，利用高等教育的信息技术优势，向企业输送技术创新和专业性人才，可以提高企业的软实力，帮助其在激烈的行业竞争中获得更多的机会，促进企业的经济增长，满足市场发展需求。

高等学校信息化工作人员可以深入公司，为其进行信息安全和信息技能培训。通过组织信息技术人员深入公司开展先进信息技术经验和技术的交流与传播，促进技术创新与高等教育相结合，实现技术创新与企业发展之间相互影响、相互促进。也为企业在日益激烈的市场竞争中拓展并占据更多的市场份额提供保障，为企业能够紧跟时代潮流、实现发展壮大提供了可行的办法。

四、学校社会工作空间下高校辅导员功能拓展与角色重塑的路径

（一）政治嵌入：为学校社会工作嵌入高校辅导员工作提供良好的政策环境

加强政府主导地位，制定嵌入政策。目前高校对于专业学校社会工作者的配备不够，学校社会工作嵌入高校辅导员工作需要政府和学校出台相关的政策给予指导。首先要制定完善的政策为学校社会工作嵌入高校辅导员工作提供政策环境，其次制定相关的法律

法规使学校社会工作视角下的高校辅导员工作有法可依，最后制定相关监督机制和评估体系，为高校辅导员工作提供反馈渠道，增加高校辅导员工作的满意度。

加大资金支持力度，保障工作顺利开展。在学校社会工作者提供服务的过程中，常常会遇到无法结案而需要转介或者链接校外资源的情况，这就需要政府和学校为学校社会工作提供持续的资金支持，还可以开设学校社会工作专用账户，保障学校社会工作的顺利开展。

（二）结构嵌入：促进学校社会工作者和高校辅导员的角色融合

高校辅导员拥有管理人员和教师的双重身份，是大学生思想政治的引领者、专业学习的指导者、人生发展的领航者、生活心理的守护者。社会工作者则是通过识别学生的需求为其提供针对性服务，学校社会工作者除了充当管理者和服务的提供者外，还是帮助学生自立自强的支持者、处理学生冲突的关系协调者；当学校社会工作者的能力和现有资源无法满足学生需求时，学校社会工作者会通过协调各方资源或者转介等方式来满足学生需求，这时学校社会工作者又充当资源筹措者的角色；当某些社会问题频繁发生时，学校社会工作者充当着政策影响者的角色，通过提出合理的政策建议去减缓此类社会问题的发生。从学校社会工作者和高校辅导员的角色来看，两者的角色有所重合，但学校社会工作者的角色更多样化。要想学校社会工作精准嵌入高校辅导员工作，则需要明确高校辅导员角色，推动高校辅导员专业化、职业化建设，从结构方面进行嵌入，促进学校社会工作者和高校辅导员的角色融合。

完善高校辅导员知识结构，促进两者角色融合。社会工作既是一个专业又是一个职业，两者的角色融合要求辅导员掌握教育学、社会学、心理学、哲学、管理学等科学知识，同时掌握最新的政策知识，在为学生提供服务时能正确运用社会工作通用模式开展个案、小组和社区工作。对于科学知识的完善，可以通过讲授、视频学习等方式完成，对于实务知识的讲解，除了要讲解理论部分外，还应更注重实践，通过案例模拟等方式提升辅导员实务能力。

聘用一批社会工作专业毕业生到辅导员岗位工作，促进两者角色融合。大多数高校在对辅导员岗进行人才招聘时是不限制专业的，这就导致辅导员只有学生干部经验，缺乏学生管理等相关知识，在开展工作时缺少理论支撑，可以通过人才引进、选取社会工作专业研究生兼职辅导员等方式聘用社会工作专业毕业生或者有社会工作经验的人员到辅导员岗位工作，可以更好地开展学生工作。

（三）认知嵌入：增加高校辅导员对学校社会工作的认同感

①加强高校辅导员社会工作价值理念的培育，增加高校辅导员对学校社会工作的认同感。学校社会工作重视识别学生需求，在服务中充分尊重、接纳学生，平等对待学生，注重学生潜能的发挥和自身价值的实现，遵循"助人自助"的价值理念。价值理念的培育在于营造一个社会工作氛围，通过采用聘用校、院两级社会工作"代言人"去进行理念宣讲的方式，来培育高校辅导员的社会工作理念，将社会工作理念根植于心，增加高

校辅导员对学校社会工作的认同感。

②加大学校社会工作宣传，增加高校辅导员对学校社会工作的认同感。在微博、微信等新媒体平台播放社会工作微电影和学校社会工作案例，通过真实案例让学生和老师都能切身体会到学校社会工作给学生带来的改变，鼓励学生出现困境时向学校社会工作者寻求帮助，同时指导高校辅导员在面对学生求助时秉持学校社会工作价值观，采用学校社会工作的方法为学生提供服务，增强学生对学校社会工作的信任，增加高校辅导员对学校社会工作的认同，推动学校社会工作嵌入高校辅导员工作，从而助力高校辅导员功能拓展与角色重塑。

第八章 基于云服务的教育综合大平台

第一节 平台总体架构

一、建设需求

（一）优化基础设施，降低成本，弱化校园机房建设

目标：将目前所有能迁移的应用系统都迁移到虚拟机上；核心应用与数据库采用实体机与虚拟机并存的方式；将部分需要安装客户端的应用系统做成虚拟化应用；学校的网站与资源所需要的服务器由教育局中心机房分配管理；逐步弱化学校的实体服务器的管理与维护，从而降低学校的建设与运维成本。

计划：购买两组刀片机，利用 VMware 虚拟软件，虚拟出 200 多台服务器，将现有应用进行迁移，闲置出的服务器采用集群管理，可以用来做师生云盘、虚拟应用和虚拟桌面以及学校的服务器。

（二）通过大数据建设理念实现教育管理与教学资源两平台建设

目标：将目前教育综合服务大平台按宣传、服务、政务管理与教学应用、资源建设等功能分离，建成教育网与教学网两个平台。

计划：利用大数据的管理与应用理念，基础层的数据中心共同建设，数据统一管理。在应用层，按照服务对象的需求，把各应用系统的不同功能模块分开集成与呈现，建设为一个服务于市民，发挥宣传、民生服务与政务管理作用的教育网；另一个服务于教师、学生与家长，发挥资源自主推送作用的教学网。

（三）搭建移动门户支撑平台，支持多种类型的终端应用

目标：将现有的教育综合服务大平台及其相关应用系统改版升级，并根据发展需求新增一些应用系统，要求支持 PC、平板和手机等多种终端访问。

计划：利用云存储技术，将底层数据集中存储，各应用系统前端升级改版，支持 PC 与智能终端，可以采用 App 或 Web 询问方式开展自主学习与工作。

（四）建设学习资源超市，推进学习变革

目标：建成一个集学习资源、学习软件、学习工具于一体的平台，学生根据自身需要，自主选择，实现个性化学习、自主测评、过程记录与跟踪评价。

计划：搭建一个集学生的学习电子资源（如电子图书、电子期刊、配套教学资源）、工具书（如电子字典、英汉词典等）、小软件（如在线口算、在线记单词等）、

小工具（如概念图、录音工具等）、测评软件（如自适应学习平台等）于一体的学习资源超市，学生可以根据自己的需求自主开展学习、测评等。

（五）构建教学云平台，优化课堂教学

目标：搭建一个泛在、智能、实用的教学云平台，支持师生开展学习、分享与互动，优化课堂教学，推进信息技术与学科教学的深度融合，实现教学的创新。

计划：搭建一个集教师教研、备课、课堂教学以及学生课前自学、课中互学、课后拓学于一体的教学云平台。

（六）引入社交网络理念，丰富网络学习空间人人通功能

目标：对目前的个人首页进行升级，建成一个集个人网络知识管理、网络社交、自主学习与教学互动于一体的网络学习空间。

计划：将整个教育云平台的所有应用系统以最小的功能为单位分成一个个小模块，再根据用户的类型、需求，将这些小功能模块以 Portal 的形式集成，生成不同类型的个人网络空间。

知识管理空间：网络硬盘、教育博客、电子邮箱、个人资源中心、学生成长档案袋等。

社交网络空间：好友圈、好友关联性、信息传递等。

教学互动空间：云端资源自主推送教学平台、资源库整合平台、仿真实验、网络课程、虚拟教研、名师课堂等。

自主学习空间：学习资源超市（包括电子期刊、电子图书、图片库、英语爱听说、自适应测评系统、小型的学习工具与软件、学习工具书等）。

（七）根据云服务的开放性，做好与粤教云、深圳教育云的整合

目标：将教育云与省、市两级教育云有效整合，既体现共性，又彰显特色。共性是教学优质资源互联互通，特色是平台区域的课堂教学模型与学生个性发展。

计划：将教育云平台的个人网络空间通过一套建设标准与规范（包括用户标准、数据标准、接口标准），与粤教云、深圳教育云无缝连接，实现数据传输与用户询问无障碍。

二、建设内容

该项目的建设内容包括教育云平台基础设施、教育云支撑平台、教学资源系统、用户中心、应用服务（学习类应用、教研类应用、管理类应用、服务类应用）、教育门户、原有应用系统升级、标准规范，具体见表 8-1。

表 8-1 项目建设内容

类 别	建设（升级）内容功能说明
教育云平台基础设施	新增两组刀片机，虚拟出 200 多台虚拟机，构建应用服务器集群
教育云支撑平台	服务器虚拟化软件、服务器虚拟化管理软件、云服务平台管理软件、云计算分布式存储软件、数据库软件、Portal 升级、服务器操作软件、数据交换与采集、大数据分析、用户中心、集成规范、统一用户服务
教学资源系统	教育资源云平台、电子图书、电子期刊、视频直播点播系统
用户中心	统一用户中心管理、用户权限的集中管理、角色的定义、用户的同步等
学习类应用	学习超市、师生阅读系统
教研类应用	网络知识系统、学科网群
管理类应用	移动办公系统、图书馆自动化系统、学生成长档案袋管理系统、学业成绩管理系统
服务类应用	教育微信平台、问卷调查
教育门户	Web 门户、移动门户，与其他系统的集成
原有应用系统升级	对目前没有升级的 20 多个应用系统须集成部署到新的教育云服务平台上
标准规范	教育云元数据标准、教育云数据共享标准、教育云互操作标准、教育云认证与授权标准、教育云应用规范

三、总体架构

（一）用户

用户层是所有访问系统的终端用户集合，根据用户类型的不同，将该项目的目标用户划分为五类，包括学生、教师、家长、教育管理人员和公众。

（二）终端

用户访问系统时使用的各类终端设备包括 PC、笔记本、平板电脑、移动手机设备以及物联网电视等。

（三）门户

门户层主要体现两个门户：教育资源公共服务平台、教育管理公共服务平台。这两个公共门户平台对外提供统一的教学与教育管理服务。

（四）应用

应用层是建立在云服务基础上的一个为用户提供直接使用界面的系统功能群组层，按照目标用户和应用场景不同，可以划分为：

1. 学习类应用

为学习者提供方便的应用系统，包括智慧课堂学习平台、开放课程选学平台、资源集成与推送平台、无缝学习支持系统、学习工具合集、增强现实学习系统。

2. 教研类应用

为教师教研、进修提供方便的应用系统，包括协同教研平台、协同备课平台和教师培训平台。

3. 管理类应用

为学校管理部门、教育局提供方便的应用系统。在原有协同办公平台的基础上进一步研发基于移动终端的移动办公平台、基于大数据分析的决策支持系统，在现有阅卷系统的基础上研发学生学业质量监测与评估系统，以及为科室间数据融合提供帮助的科室网站群系统。

4. 服务类应用

为家长、公众提供方便的公共服务和师生日常教学中所需的基础性服务，包括家校互联系统、人人通空间、教育地图系统和云盘、视频会议等云服务。

（五）公共云服务

基于 SOA 的公共云服务是在高性能计算设备群、大规模数据的基础上，利用先进的分布式计算技术，为上层应用提供教育服务的中间件系统。本次建设的云服务系统包括大数据分析云服务、数据交换与采集云服务、学习活动云服务、媒体内容云服务、数据存储云服务、学科知识本体云服务、语音识别云服务、增强现实云服务、智能搜索云服务、统一用户云服务。

（六）资源数据

存储由服务层、应用层产生的数据库及数据仓库，包括学生数据、媒体数据、教学资源数据、教研数据和管理数据。

（七）硬件平台

硬件平台是教育云的 IT 基础架构，包括硬件、网络和云管理系统。

硬件：包括服务器主机、存储等各计算机器材。

网络：包括交换机、路由器、无线节点等网络通信器材。

云管理系统：为云环境下的各类应用资源提供核心的基础设施资源分配、存储、计算等服务，支持基础设施的大规模计算资源、存储资源、网络资源虚拟化和统一的安全、监控、集群和备份管理。

四、系统业务模型

教师和学生围绕日常的学习活动、学习内容和社交活动开展业务。学习活动中需要用到各类学习工具、平台；学习内容需要用到各种资源、微课程、泛在学习资源等；社交活动主要服务于学生和教师，是实现人人通的重要支撑；学生可以有很多课外活动，包括"校园 No. 1"等。

教师除了与学生学习业务紧密联系外，还包括对学生的学业情况进行监测、日常行政办公、教研与进修培训等其他业务。

管理者需要对学生情况、教师情况、财物情况等进行管理，根据日常管理过程自然产生的数据进行决策，并为公众提供政务服务。

家长主要关心的是学生在校的学习情况，家校沟通显得非常重要。当然，家长也会参加一些社交活动和学生的课外活动。

五、物理架构

根据现有的资源建设改造门户虚拟资源池、应用虚拟资源池、虚拟应用资源池三类虚拟化资源，部署现有的业务系统。其中数据库和网关软件类部署在原有的物理机器上，不迁移到云架构上。

六、技术路线

（一）应用云服务层面

教育云平台将利用云服务的方式，通过互联网向全区学生、教师和数千万社会公众提供一系列示范性新型教育应用，支持其进行个性化的泛在学习和互动交流，充分利用虚拟化、云计算、大数据、门户、移动应用等技术。主要的业务系统采用 B/S 架构、Java 技术。针对这一需求，教育云平台需重点开发和应用以下一些技术：

1. 基于学习大数据的个性化服务

支持对每个用户的学习过程进行信息收集、行为模式识别、海量学习资料的检索与个性化推荐等操作。

2. 基于社交网络的互动交流机制

将对某门课程、某一领域知识感兴趣的学习者通过社交网络联系起来，支持学习过程中的互动交流，有利于解决师生之间、同学之间的地理间隔问题，实现相关知识的快速传播和学习资料的共享，也有利于提升学习者的学习兴趣和主动性。

3. 智能学习系统

学习者在学习过程中将遇到的难题、疑惑通过网络发布出来，系统根据学习者的背景和当前学习状态自动搜索相关的知识条目、相似问题的答案、相关知识学习资源等，并推荐给学习者。

4.移动终端支持

通过应用移动互联网技术，开发能在移动终端上运行并能支持完整教育云平台应用的移动终端，使"随时、随地、随需"的泛在教育真正成为可能。

5.LBS 技术

基于位置的服务（LBS）是当前移动互联网领域的热点应用之一。通过在各类教育应用服务中整合基础地理信息和移动定位技术，可以根据使用者的当前位置为其推荐、选择合适的服务方式、服务站点、服务路径与服务级别，这有助于提高服务响应质量与资源利用率，提高用户友好度，打造个性化的泛在学习空间。

（二）平台云服务层面

教育云平台主要是通过云服务模式向各类目标服务对象提供各种教育应用服务的，而目前实现云计算应用的主流软件架构是面向服务的体系结构（SOA），即将各种软件构件和数据资源封装成标准化、自治、松耦合、可聚合的服务，这些服务跨越不同物理站点和物理网络，相互交互、动态集成为特定的应用系统。为支持教育云平台内各类教育应用的开发和重构，该项目将重点开发和应用以下技术：

① SOA 架构。教育教学资源服务化技术。

②语义服务。教育本体与语义标记、语义检索技术。

③统一账户与身份管理。服务支撑平台将采用统一的用户账户、身份管理和认证服务，保障用户使用各种教育云平台服务无须注册不同的账户。

④统一应用管理和交易服务。对各种应用和服务提供统一的应用管理，包括上架、定价、下载、订单和支付管理，建立交易和结算服务，为教育云平台实现市场化的运营模式提供统一的平台支撑。

⑤分布式数据处理。为上层的应用提供统一的分布式数据处理的服务平台，包括 SQL 数据服务和 noSQL 的非结构化数据的处理服务。这样能够支持大规模的横向扩展的数据处理架构，满足大数据处理的要求。

（三）基础设施云服务层面

考虑到教育云平台是一个典型的分布式异构系统，且其 IT 基础设施广泛应用了虚拟化技术，为满足教育云平台集中管理、统一运营、降低日常运维成本、提供业务连续性和快速响应能力的运维需求，教育云平台运营平台将在传统的 IT 资产管理、基础设施与应用服务监控管理、流程管理、安全管理、外包管理、统计分析与决策支持、呼叫中心等功能的框架下，进一步整合现有的虚拟资源管理与调度系统、统一身份认证系统及统一数据交换系统，建立健全教育云平台运营管理制度、云服务质量指标体系和教育云平台运维响应规程等相关制度规程，着力解决有关虚拟化环境下 IT 运维的一系列问题，主要包括：

①大规模虚拟资源的自动化配置与重配置。

②虚拟资源状态可视化技术。

③虚拟／物理资源关联拓扑自动发现与优化。

④虚拟资源智能化调度与迁移。

⑤IT运维外包管理。

⑥基于策略的自动化安全配置。

（四）大数据云服务层面

1. 大数据服务教学

最近几年随着在线评测、网络教学、大规模开放课程、电子书、科技辅助教学设施的进步和发展，有关专家提出，对长期大量的学习行为数据进行搜集、分析、应用，将大幅提升学习成效，积极支持以大数据来改善教学模式及落实适性教学。

2. 大数据服务教育管理

从教育数据库中提取或挖掘有用的信息或知识，如学生学籍档案信息（包括新生注册、学生基本信息、学习成绩等）、教务管理信息（包括每学期教师任课情况、考试题库、学生成绩统计、试卷分析、教学评估、新生分班、实验室管理等）等，让教育参与者获得自己需要的教育信息，改善教育教学模式。

3. 其他

此外，大数据还能为教育决策提供支持服务，通过对大量的教育数据进行统计与分析，辅助教育决策部门评估、改善及预测教育发展，并进行决策。

（五）软件技术层面

教育云平台将利用App应用构建"学习无所不在、资源随手可得、信息便捷互动"的云时代教学和管理环境，推动教育和教学创新应用，建立完善的教学辅导和管理机制，打造移动互联时代的教学、资源、管理应用平台。联合区、校和社会力量共同推进教育App应用的建设，为教育提供丰富多样的教学资源、学习资源和教育数据服务。随着移动终端的普及和发展，教育教学可以不受时间、地点、形式的限制。教育App的不断发展完善，让教学能更好地获得服务和资源。

软件基础技术架构决定了一个系统或平台的功能、性能、稳定性、兼容性、扩展性、安全性等重要指标，同时，在技术先进性、技术开发难度、开发资源的选择空间、系统运营的维护成本等方面，软件基础技术架构也起着重要的作用。因此，本平台确定了以Java技术为基础，以J2EE规范为框架，整合多个成熟框架模式和应用开发技术的、面向服务（SOA）的软件技术总体方案。

该项目采用的技术方案是一个基于Java语言，遵循J2EE规范的多层次、组件化的软件基础架构及软件开发和运行平台，用于支持基于J2EE规范的应用系统的开发和运行。建设一个统一的面向服务（SOA）、符合J2EE规范的基础应用平台，该平台作为应急信息平台的基础，为上一层的应急综合业务系统提供统一认证、安全服务、文档服务、全文搜索、工作流、报表中心、查询服务、日志服务、数据管理服务、软件系统总集成及现有系统数据迁移与整合等。使用统一的基础应用平台的好处在于：一方面为本系统的开发提供一个符合业界流行标准的应用设计要求及技术路线的基础应用架构，满足业务的发展所带来的系统不断扩充的需求；另一方面为本平台的上层应用系统提供统一的安全管理服务、组织机构服务、日志管理服务、报表服务、查询服务等基础服务，从而实现系统的快速开发。

七、安全架构

（一）安全体系总体架构

教育云平台信息安全保障体系主要由安全技术体系、安全管理体系组成。安全技术体系依据信息安全等级保护，结合云计算安全技术形成保障体系，其中等级保护依照等级保护二级信息系统以及等级保护三级信息系统进行安全防护，从数据安全、应用安全、主机安全、网络安全、物理安全六大方面设计安全架构。安全管理体系由安全管理顶层设计、安全管理工作机制、信息安全管理工作平台构成。

（二）安全体系管理架构

教育云平台建议制定信息安全顶层设计参照《信息安全技术 云计算服务安全指南》（GB/T 31167—2023）、《信息安全技术 云计算服务安全能力要求》（GB/T 31168—2023）两项国家标准，建立信息安全工作机制以及部署信息安全管理工作平台的二级保障方式，来领导、指导和监督教育系统的信息安全建设。

（三）信息安全域划分

教育云平台主要分为如下几个安全域：核心云计算资源池域、云存储资源池域、IDC 数据中心网络接入域、网管运维域、门户接入域、互联网接入域、终端接入域。

（四）物理安全

在现行机房安全管理的基础上，建议参照公安部安全等级三级的要求，进一步改进有差距的部分。

（五）网络安全

网络安全管理采用软硬一体化的体系，通过与分散在各区域网络管控设备、不同业务网络上的各种安全设备、主机 / 服务器等网络元素形成一个有机的整体，实现信息采集、集中配置、有机整合、综合调度等功能，并基于自适应机制，采用渐进迭代逼近方式，对全网（包括使用者、节点、网络设备、安全设备在内）的各种网络元素的属性及行为实施综合监控与管理，达到网络安全管理与控制的目标。

在网络管理方面，杀毒软件网络版创立并实现了分布处理、集中控制技术，以系统中心、服务器、客户端、控制台为核心结构，成功地实现了远程自动安装、远程集中管控、远程病毒报警、远程卸载、远程配置、智能升级、全网查杀、日志管理、病毒溯源等功能，它将网络中的所有计算机有机地联系在一起，构筑成协调一致的立体防毒体系。

（六）终端安全

终端监控与审计系统是对网络监控与审计产品（如网络入侵检测、网络审计、防火墙等）的补充，主要解决内网终端节点的安全防护问题，如内网主机的非法外联、非认证主机的非法接入、主机安装运行软件的审计、主机外设的管理、主机信息泄露等。终端监控与审计系统可被纳入 SoC 系统进行集中管理。

（七）传输安全

签名服务系统以数字证书技术为核心，对外提供数字签名和数字信封功能，保障数据的完整性、秘密性及不可抵赖性。服务端的功能要求：数字签名、数字信封、证书验证、交叉验证；客户端的功能要求：数字签名、数字信封、证书扩展。

（八）应用安全

统一用户管理模块是对系统所涉及的单位和人员以及单位和人员之间的关系进行管理的平台，是为应用系统提供支撑的基础平台管理。它要实现对单位和人员的层次关系、隶属关系、相关岗位的定义，要实现一人多岗、权限及业务职能的继承关系。对所有信息的管理和维护行为都必须保留系统日志。单位和人员的基本信息必须独立管理、维护。机构和人员之间的关系以及业务信息，必须统一进行管理、维护。

统一权限管理系统管理和维护系统所需的权限管理信息和访问控制规则，为系统提供权限分配策略服务，主要信息包括权限整体分配策略以及具体的权限定义、授权访问信息对象及权限设置等，提供统一权限判断接口。

统一信息分类就是根据信息内容的属性或特征，将信息按一定的原则和方法进行区分和归类，并建立起一定的分类系统和排列顺序，以便管理和使用信息。信息分类将一个单位看作一个有机的整体，单位的所有信息，不管属于哪个部门、哪个系统，不管是公开信息还是限制存取信息，都将被纳入一个统一的分类体系，使一个单位或部门的所有信息形成有机的整体，实现单位所有信息资源的统一管理、统一使用，全面实现跨部门、跨系统的信息组织、共享与发布。信息分类管理也就是把系统所涉及的一些代码类、参数类、工具类的元素，借助科学的分类进行管理维护。

第二节　特色应用场景

一、课堂教学

在课堂教学中，教师和学生之间的互动关系不再局限于 PPT 的演示。利用学习平台的智慧课堂功能，学生可以自主探索教师准备好的学习资源，可以在课堂上进行互动问答、抢答，可以拍照上传课堂作品，可以进行练习，也可以对某个主题进行投票。并且上述所有活动的数据都被自动采集，存储在学生日常的行为数据和学业数据库中，为下一步大数据分析奠定基础。

高校教师可以从海量的数据中快速检索到自己想要的资料。授课界面配置实用有趣的课堂工具,增加课堂互动环节,扩大课堂的参与度,让更多的学生参与课堂的教学互动,在互动中帮助学生理解教学中的重点和难点,信息资源的共享可以使师生有效地获取知识,还能营造学习氛围浓厚的合作环境,为学习提供了便于交互的环境。

跨平台多终端连接系统,软件对硬件无特殊要求。利用手机 App 或平板电脑 App,遥控课件播放,调用课堂互动工具,学生也可以通过智能手机接入系统模拟实验操作过程,还可以让学生们各自组队进行操作竞赛,让师生享受更多互动带来的课堂气氛,从而提高教学水平。

通过课堂互动实时反馈的现场教学情况,教师能够及时掌握课堂学习效果,及时调整教学进度和教学难度,让教学更有针对性。在激励学生方面,教学系统可以增加送花、积分、抢答等功能,让课堂更热烈,让教学充满乐趣。

二、智慧板书系统

智能板书是一种全新的教学方式,它可以从"黑板""粉笔"到"电子板书"。智慧板书系统以一台电子白板或者是一台互动触摸屏电脑作为载体,其有很多优点,比如老师不用擦黑板,可以节约很多时间。同时,本系统还可以存储全部的教案资料,存储的形式可以是专用文档或者是 PPT,存储完毕后可以将其上传至网上,方便学生进行学习。老师上课时,学生可以在手机端看到板书,解决了后排无法看清板书的问题。面向常态化教学的混合式教学平台,适用于高等院校。UClass 智慧教学云平台深度融合先进的教学理念,让线上线下教学融会贯通,同时提供多种课堂工具助力互动教学,引导老师更有效地教学,致力于提高教学效率和提升教学质量。该系统中的视频、图片、文件有着多媒体材料的展示功能,可与板书一同打开,在展示时可任意拖拽放大,本系统可以和音频记录装置相配合,实现微型计算机的录制功能。智能板书系统也能对教师的板书进行数字化处理,使教师能对其进行编辑和管理。还可以与教室的录像相结合,还原整个课程教学过程,保证了整个教学步骤的完整性。为以后的教学做准备。

三、课后学习

智能手机已经成为大学生日常学习生活中的必需品之一,智能手机除了通信功能以外,也是大学生的学习宝器,在课前和课后,学生可以利用多种方式连接平台进行课程的预习和复习。目前大学生学习任务繁重,整块的学习时间不是很多,利用小块零碎时间进行学习就变得非常重要。学习时间碎片化已经是大学生学习的常态。比如利用课前几分钟,睡前几分钟,饭后几分钟都可以拿出手机登入平台进行自主学习。学习任务可以设置成通关环节,让学生在学习的过程中获得成功的喜悦,增加其学习的动力,随时随地的学习更好地培养了大学生学习的主动性,强调了学习的研究性和个性化,云平台的应用为学生自主学习创建了更加丰富多样的网络学习环境,有效促进了学生探究学习和自主学习,从而提高了学生的学习兴趣和学习的能力。

很多作业教师不再通过书本形式布置，这样可以节省教师大量的作业批改时间，也有利于分析学生的薄弱知识点。对于客观题作业，学生可以直接练习，系统即时反馈，对不足的知识点，系统可以为其提供更多的训练机会，弥补学困生知识的不足。对于一些主观作业，可以通过拍照、视频的方式提交，教师可以批阅一部分，学生也可以相互批阅。此外，对于英语朗读作业、语文朗读作业，还可以利用语音识别技术让系统自动判分。

此外，平台可以根据学生作业情况，个性化地推送一些学习资源。学生还可以利用增强现实技术、二维码扫描技术进行泛在学习。学习不一定非要在教室、家里完成，也可以在博物馆、野外完成。

四、备课与教研

教师进入备课系统后，选择需要准备的课程，与课程相关的经过整理的教案、教学资源、学案都可以自动呈现出来，教师只需要从资源库中把它们选出来，稍做修改即可完成备课工作。课件制作工具和资源库系统是无缝集成的，教师可以利用这些工具制作网络微课，并发布到学习平台上。

在教研方面，如果需要做一些教学改革和探索，教师可以参加教研室组织的教研活动，可以与多名教师一起进行协同教研，也可以观摩其他教师的备课成果。

五、学业分析

无论是学生、教师、家长还是学校管理者，都需要很清楚地了解学生的学业情况。学生需要了解自己对知识点掌握程度、与同学的差距和优势情况，教师需要了解整个班的学习情况、薄弱知识点等信息，家长需要了解孩子的日常状态、考试成绩，管理者需要了解全校、全区的整体学业情况，以便评估学校各班级乃至各学校之间的情况。

传统的学业分析是和测试紧密绑定的，这需要学生花费很多额外的时间去进行测试和练习。在智慧教育阶段，学业分析是和学生的日常行为联系在一起的，日常课堂中的提问情况、活动表现情况、日常作业情况都会被系统自动记录下来，作为学业分析的依据。

六、办公与管理

移动办公是该项目的一项重点工作。通过基于手机和平板的 App，公文收发、通知公告等原来需要在办公室内完成的工作，可以随时随地进行。

以数据为基础的管理决策也会逐步改变以往的决策习惯。系统中存在大量教师、学生、学校的日常信息，可以在决策之前对这些数据进行分析，找到最合适的决策方向。

七、公众服务

家校通升级后，家校沟通变得便捷而且更加丰富。除了原有的学校通知、考勤情况、作业情况以外，家长还可以利用家校通系统与教师进行直接沟通，可以在网上与其他家长进行沟通，可以更直观地了解孩子的学业情况。此外，公众服务还包括网上办事和政策查询等传统的项目，这些都会以 App 的形式更加方便地服务公众。

第三节 用户中心

一、资源管理

资源管理包括资源增加、资源编辑以及资源之间的关系设定等功能。资源包括系统的各类功能资源，在系统中注册的各类应用程序、软件工具、电子教材信息等。资源可以反向包含自身，即树状结构，每一个资源节点可以与若干指定权限类别相关，可定义是否将其权限应用于子节点。

二、权限管理

权限管理主要包括制定账号的编码格式、账号的设置方式、内外部账号的关系、内部账号编码规则等功能，基本上与第一代大平台处理方法一致，请参与第一代大平台的用户权限管理。

三、统一用户服务要求

（一）整体要求

教育网经过多年的信息化建设，已经形成了一大批比较成熟的应用系统，其涉及的应用面覆盖了大部分业务，由于历史原因这些系统是分开建设的，彼此之间的用户信息也是分割的，形成了一个个"信息孤岛"。一期项目已经初步实现了统一用户管理和统一身份认证（单点登录）的功能，本期项目在完善"师生卡"单点登录和统一认证的基础上，重点完善统一授权和统一审计功能。

（二）功能要求

1. 单点登录要求

用户只需登录一次就可访问其所有有权访问的系统。当用户持有 USB Key（师生卡）、数字证书或是静态密码通过统一认证平台的认证后，用户即可访问其有权限访问的所有应用系统，无须再输入原有系统的登录密码，后台各应用系统上的用户名和密码可以不相同。这样简化了用户的登录过程，节省了在各系统间切换浪费的时间，而且用户无须再记忆大量的密码，方便其对系统的访问。

2. 统一认证要求

单点登录是一次登录后就能访问所有的系统，因此对于用户的身份认证方式要求较高。

确保单点登录安全性的重要因素是对用户实行增强的身份认证方式，以免用户的密码被盗取后，所有的应用系统面临被他人非法访问的危险。因此，面对传统静态密码的各种不安全问题，平台应采用基于 PKI（公钥基础设施）技术的增强身份认证方式，支持数字证书认证，并可使用软证书或是 USB Key、电子钥匙等多种身份认证方式。结合 CA 数字证书认证系统，可以为用户分配数字证书，对用户密钥执行安全管理，并且系统也兼容第三方 CA 认证机构颁发的数字证书。除了数字证书认证方式之外，同时也保留静态密码认证，并且为其他认证方式（如动态密码认证、短信认证等）预留接口，以适应未来不同发展阶段的安全需求。

3. 统一授权要求

（1）访问资源管理

访问资源管理包括：①在平台上注册所有需要保护的应用系统，对其进行描述、管理；列出每一个应用系统下所具有的用户情况；②在每个系统下查询用户情况，以直观的方式显示每一个资源下有权访问的用户信息，并对所有用户进行统一的授权；③采用基于角色的授权机制，按照内部的组织结构划分角色，并为用户绑定角色；④对于不同的角色分配不同的应用系统，以决定其是否可以访问某个系统；⑤授权后，在单点登录平台上将只会显示其有权访问的系统。

（2）访问策略管理

访问策略管理主要是为不同的角色定制不同的访问策略。访问策略包括可以访问的资源和访问控制规则。访问规则设置灵活，如按时间段、网段等，能够根据不同的情况定制不同的策略，对各种不同的情况进行访问控制。针对不同类型的用户提供简单策略管理和高级策略管理两种模式，具有易用性和灵活性。

（3）分级授权管理

分级授权管理可对用户进行分级管理，设定不同级别的系统管理员，本级的管理员只能管理本级的用户，并为用户分配权限，不能管理其他组的用户。超级管理员可以管理所有的用户。这样既减轻了总部管理员的管理负担，又明确了管理职责，方便企业对用户的管理。

4. 统一审计要求

平台提供统一审计功能，审计用户访问应用系统的情况，为后续发生事故时提供了一个可追查的机制，为管理员提供了一个统一的监控平台。审计内容包括管理员对系统的管理行为、普通用户的访问行为、系统的运行情况。平台提供强大的查询功能，可以按异常事件查询，也可以按一般事件组合查询，并对审计信息进行分析统计，将结果以报表或图形的方式展现，以利于对安全事件进行快速、准确的把握。对保存的审计信息数据进行签名处理，可以防止人为地修改系统记录下来的审计内容。一旦发现审计内容被修改，审计信息将会出现特殊标识，以直观的方式呈现给管理人员。

四、统一身份认证系统建设

（一）系统概述

统一身份认证系统实现统一认证、单点登录，完成对用户账户的管理与服务集成。

用户登录教育云并经过其授权后，可直接访问用户权限范围内的应用系统。

（二）系统总体架构

用户账号管理与服务系统为教育云内各云应用提供目录服务、身份管理和认证授权管理，同时通过提供安全令牌服务来颁发安全令牌，支持平台层、应用层内不同服务之间的安全、受控互访。

1.目录服务

目录服务为教育云内各个云应用提供账号信息存储与管理服务，其管理的账号信息可以是用户名／登录密码、数字证书、USB Key 等多种形式，也可以是上述方式的混合。

2.身份管理

身份管理提供统一的用户身份信息存储与管理服务。用户身份信息主要包括用户的自然人信息、职业、所属学校与班级等，其各信息属性来源于教育基础数据库内的相关基础数据。对用户身份各信息属性的访问受到严格的分级权限控制，以保护个人隐私。通过授权访问相关信息属性，各云应用可以为用户提供个性化的专属服务。

3.认证授权管理

教育云内各个云应用具有不同的访问控制模型，如对内容资源的访问需区分创建、检索、引用、读、写、删除等，对服务接口的访问可能需要附加相应的角色参数；某些应用需提供用户转授权等功能。授权管理服务可对这些不同的授权类型进行统一管理。

4.安全令牌服务

安全令牌服务（STS）是整个教育业务统一用户管理、身份认证服务及与其他系统进行交互的核心。用户访问某个云应用时，相应的认证客户端需要访问STS获得安全令牌。STS 服务可由深圳电子政务安全认证中心提供。

（三）目录服务的建立

1.系统概述

目录服务器为教育云所有应用的用户信息提供公共服务，所以它不应具有某个应用的特性和限制，而是应该根据自己的组织架构和整体应用访问需要来确定。

2.功能设计

目录服务设计一般分成两项主要的工作：一项是目录树的设计，另外一项是目录数据结构的设计。

（四）统一身份管理

1.系统概述

教育云环境中会涉及多个现有后台应用的用户，同时在各个基础架构上还有操作系统用户、数据库管理员用户。就一个用户而言，其根据岗位，可能需要访问一个应用，也可能需要访问多个应用。要保证教育云内的账户资源得到集中、有效的管理，就需要建立一套集中用户管理系统，基于角色来给用户分配合适的账户资源。

统一身份管理服务是对用户目录数据库管理的一个补充，统一身份管理的目的就是完善整个用户管理、账号管理的机制，并且为目录数据库、管理人员以及最终用户提供一个统一的用户管理平台、用户信息展示平台，以实现复杂的用户管理需求。

在教育云内建立统一的身份管理服务，实现对用户生命周期的管理，包括用户的统一创建、维护、删除，统一的用户审批管理流程（添加、修改、禁用、启用、删除），制定人员信息导入的机制（与HR系统的集成），制定人员兼职、调动、离职的管理机制，定义组织架构和角色管理机制，制定密码安全管理策略，等等。

2. 功能设计

（1）统一用户管理范围涵盖两个方面

一是基础架构系统用户，包括各种服务器系统、数据库管理员、网络系统、云管理系统等，这些都是基础架构部分的用户，一般仅限于特定的一些部门，可以通过统一身份管理服务来集中管理这些用户。因此，可以定义特定的"IT管理员"角色来管理基础架构资源的用户。二是应用系统的用户，这些用户可以存在于数据库表中、目录服务器中，或者文件中。

（2）与人事系统、应用系统接口的联系

对于统一用户管理而言，虽然在管理界面上直接输入用户的相关信息可以作为一个用户信息的入口，但在实际的管理环境中，IT部门是不会主动知道这些信息的，这些信息是人事管理部门掌握的。所以，人事（HR）管理系统往往就是一个现成的用户信息入口，它的部分信息作为统一用户管理的数据源，实现人员变动和账户身份变更的联动。

人事管理系统和教育云目录服务、统一身份管理系统集成有两个原则：一是所有人事管理和教育云目录共用的信息先进入HR系统，再复制到教育云目录；二是专用信息直接进入教育云目录。

（3）用户信息的批量导入

用户信息的导入可以采用批量导入或者手工录入等多种方式。手工录入方式非常简单，只需要在统一用户管理平台中按照界面中的要求录入用户信息就可以了。而在批量导入的过程中，需要有很严格的用户信息格式。

（4）与资源和应用账户系统的集成

统一身份管理系统在进行用户管理的时候，是直接和用户库建立连接来管理存放在其中的用户数据的，因此不会直接和应用系统建立连接。针对可能遇到的各种应用，可通过Agent集成、关系数据表单、目录同步工具等方法进行集中账户管理。

（5）组织、角色和策略管理

驱动集中身份管理系统的核心是基于角色的管理，特定的角色有自己可以访问的账户资源，有特定的账户属性设置。账户管理策略将用户、角色、账户资源联系起来，对于集中身份管理系统而言，重要的不是它能减少账户管理所需的工作量，而是能够以角色驱动的方式来实现账户资源的自动配给。管理权限定义则是将现有的每个账户资源管理员的工作在统一身份管理平台中进行对应的定义，使不同机构、不同应用的账户资源有不同的管理员，相互之间不会混淆。

（6）口令管理

统一认证平台需要对后台应用的访问实行单点登录机制，但在实际环境中，后台应用可能需要定期进行口令修改，或者是用户忘记了口令需要重新设置。在过去，这种情况仅仅修改应用中的用户口令即可，现在有了集中认证后，集中认证系统中保留的后台应用的口令也需要做相应修改，所以统一的用户口令管理变得非常重要。

（7）身份管理流程

统一身份管理平台改变了原来的手工账户管理流程，将手工劳动自动化，将纸面处理变成了计算机流程，包括用户账号创建流程、用户调动流程、用户兼职管理等。

（五）统一认证服务

统一认证服务为教育云架构了一个应用访问安全控制平台来负责提供应用访问的集中认证，以及应用访问的统一授权配置、访问检查，同时为合法访问提供单点登录的工作模式。

1. 逻辑架构

教育云统一认证服务将采用如下的体系架构，包括客户端、安全层和应用层。

2. 功能设计

统一认证服务的功能包括基于表单的认证、HTTP基本认证与数字证书（X.509v3）等，可与多种公钥基础架构（PKI）解决方案集成，支持证书的签名及撤销检查，支持将公钥证书映射为访问许可，支持 USB Key 方式，还包括 RSASecurlD Token、WAP 身份认证机制与其他客户化的方法。

资源敏感的认证：对于特殊的资源，需要额外的用户认证机制。例如，在访问一般资源时，只需要使用 HTTP 的基本认证机制，但当这个用户访问其他更为机密的信息时，还会提示用户提供数字证书，以再次确定身份。

（六）整体部署架构

教育云用户账户管理与服务系统物理部署在考虑高可用性的同时，需要考虑防火墙配置等多个安全因素，以保证整个系统的安全防护能力。

从整体架构设计中可以看出，任何一个节点都可以实现冗余设计，不存在单点。

第四节 云平台数据中心

一、数据中心建设背景

随着第一代"互联网＋教育"大平台的集成应用，各个学校、教育机构里面的各类数据、信息急剧增长，给数据的传输、存储带来了许多新的问题，特别是不同事务产生大量不同类型的数据，这些数据分别被具有不同功能的应用系统所使用。

尽管第一代"互联网＋教育"大平台已经建设了数据中心，但是没有很好地解决数据互联互通问题。造成这样的情况实际上是有一定的历史原因的，信息化建设是一个全新的发展过程，对信息化建设的规律认识也是在不断提升的，同时各部门和学校的信息化程度各不相同，所用的开发环境和数据库也各不相同，给数据中心的建设带来了很多困难。这些问题在区域教育系统中或多或少地存在，作为教育信息化建设中亟须解决的问题之一，如何来解决它，这是大家共同关心的问题。我们认为第一代"互联网＋教育"大平台在门户层针对界面做了一些集成，但第二代"互联网＋教育"大平台主要是在数据层，通过建设共享数据中心平台来解决这些问题。

二、数据中心规划要求

数据中心收集、处理和存储各类共享数据，为实现系统的集成和各个系统之间的数据共享提供有效的决策支持数据，需要建立基于数据管理和应用的综合性技术方案。数据中心作为教育局内基本数据的共享平台，对各个业务部门的基本数据进行集中整理，实现统一管理，保证数据的权威性和准确性，为各个业务应用系统和各类服务系统提供数据支持，承载着教育网内的大量数据、信息、流程以及处理结果。

（一）数据的采集更新

所有数据来源于各个业务系统，通过通用的数据抽取或同步方法将数据采集到共享数据中心，同时做出数据更新报告。

（二）数据的组织整理

按照教育部门的信息标准对各个部门和学校更新的数据进行整理，需报告数据异常情况，保证数据的一致性和准确性，保留历史数据。

（三）数据的生成共享

经过标准化的组织整合，将有效数据归入共享数据中心存储库，并通过授权，用户可以共享数据中心的部分或全部资源。共享数据中心实时做出数据使用情况报告。

（四）数据的挖掘利用

通过对共享数据和历史数据的 OLAP（联机分析处理）分析，形成各种报表或根据需要展现分析结果，为用户查询和领导决策提供参考。

三、数据中心标准规划要求

为保证数据的及时性、完整性和一致性，数据中心的建设必须依照标准进行。遵循的标准见表 8-2。

表 8-2　数据标准

序号	标准	制定部门
1	教育管理信息化	标准教育部
2	基础代码标准	国标
3	市级基础教育管理信息化技术规范	上级有关部门
4	省级教委相关标准	上级有关部门
5	其他标准	自行制定

四、数据中心功能规划

（一）数据中心主题规划

数据中心的主题按教育体系来分，可以分为教师、学生、学校和资源等，每一个主题为了在数据中心有更清晰的标识，又要进行细化分类。

数据中心建立之后，应当具备相应的主题库，这些主题库是大平台中各系统共同需要的数据模型。表 8-3 是对教师、学生、学校和资源四个主题库进行的二级分类。

表 8-3　主题库分类

序号	主题库	分类	备注
1		职工类	
2		职务类	
3		工作类	
4		工资类	
5		专家类	
6		兼职类	
7		进修学习类	
8		考核类	
9	教师主题库	住房类	
10		教学管理类	
11		科研管理类	
12		科技著作类	
13		论文类	
14		成果类	
15		专利类	
16		获奖类	
17		课件类	

续表

18	学生主题库	学生类	
19		学籍类	
20		毕、结业类	
21		综合素质评价类	
22		德育类	
23		体育卫生类	
24	学校主题库	学校概况类	
25		房地产设施类	
26		仪器设备与实验室类	
27		图书类	
28		期刊类	
29		文件类	
30		安全类	
31	资源主题库	软件资源类	
32		使用管理类	
33		信息化类	

（二）数据中心结构规划

第二代大平台的数据中心结构只是在第一代的基础上进行优化，因此还是保证"谁产生，谁维护"，保证提供反映整个教育局情况的全面信息，共享数据中心系统设计架构图。

数据源是共享数据中心的数据抽取来源，我们把教育网所有应用系统的数据库称为数据源，其中包括两个方面的内容：一是现在已有的应用系统的数据库；二是后续建设的各个应用系统的数据库。

根据行业特点分析，教育数据源将主要包括教师数据、学生数据、管理数据、教务数据等。其中，教师数据来源于教师人事管理系统（教育局自己开发的），而学生数据来源于学籍管理系统（全市公共的）。

共享数据中心库是所有共享数据的集成地，所有应用系统的共享数据在这里集成。它向下从数据源集成数据并保持更新同步，成为各个应用系统之间的共享数据通道；向上作为统计分析服务的数据源，向统计分析服务提供从各个应用系统集成过来的共享数据。共享数据中心库的数据来源于数据源，它通过数据集成工具从数据源的各个应用系统数据库抽取数据，并根据数据类型分类存储。另外，共享数据库与数据源的各个应用系统数据库保持同步更新。共享数据库的数据同步分为自动同步和手动同步两种，自动同步主要针对后续建设的应用系统数据，其同步工作通过数据访问层实现；手动同步主要针对原有应用系统数据，其同步工作通过数据同步工具实现。

共享数据中心数据抽取的应用特点，主要体现在以下几个方面：

第一，教育数据统一采集，与交换平台实现了学生信息管理系统、智慧课堂学习平台、开放课程选学平台与学业质量监测与测评系统之间，协同教研平台、协同备课平台、教师培训平台与移动办公系统之间的互联互通，通过实时、自动地、一次性采集学生和教师电子信息，减少了工作环节，提高了工作效率，保证了服务质量。

第二，教育数据统一采集，与交换平台实现了学生信息与教师信息、教育管理机构服务信息之间的互通互联，利用电子档案、学业档案、教学档案等信息，实现一次采集、多方利用的效果，并且提供数据异地存放、全区查询的信息共享模式。

第三，教育数据统一采集，与交换平台实现了资源库系统与协同备课系统、课件制作系统、课堂教学系统、教师培训系统等的资源内容数据和元数据交换。

（三）数据虚拟化管理

数据虚拟化系统由工具、组件和服务构成，用于创建和执行双向数据服务。虚拟数据库执行查询功能时，数据虚拟化系统使应用程序能够使用来自多个异构存储的数据，通过抽象和联邦技术，实现分布式数据源的实时数据访问和集成，无须从记录系统中复制或移动数据。

数据虚拟化系统包含以下功能：

①查询引擎：高性能查询引擎，处理来自各种数据源的关系型、XML、XQuery 和过程型查询，支持同构、异构、事务和用户定义函数。

②虚拟数据库：对数据进行有效的集成管理。

③连接器框架：包括转换器和资源适配器。转换器提供了查询引擎和物理数据源之间的抽象层，它可以把数据虚拟化系统发出的查询命令转换成数据源特定的命令，并通过资源适配器执行这些命令。

④控制台：提供 Web 界面让用户监控系统的运行。

⑤管理：支持命令行或图形化管理界面，实现脚本的配置和调用，达到全自动管理和任务测试的目的。

⑥相关工具：用于定义虚拟数据库的工具，包含视图、存储过程，甚至动态的 XML 文档等。

五、教育基础数据库

教育基础数据库为各类教育云应用／云服务提供了公共数据支持，避免了"信息孤岛"和数据不一致的问题。

（一）需求分析

1. 教育基础数据库设计需求

教育基础数据包括学生、教师、学校和资产信息，建设教育基础数据库，一方面能满足公众方便地通过信息化手段获取教育资源以及教育服务的需求，另一方面能满足各类教育机构、管理部门便捷地获得各种基础信息的需求，便于及时完成准确的教育分析，为教育的科学决策提供服务，促进全区教育服务公平和均衡发展。

2. 教育基础数据采集与整合需求

构建教育基础数据库，旨在实现全区教育数据的及时、精准与全面覆盖。为此，主要采取三种数据获取策略：一是线上采集，通过专门构建的网络平台，便捷地收集来自学校、教师、学生及家长的第一手资料；二是网上实时抓取，利用先进技术自动搜集互联网上公开的教育动态与资源；三是应用系统数据交换，特别是与市级教育平台无缝对接，通过标准化的数据交换机制，将区级与校级的数据实时整合至市级教育基础数据库中，确保信息的连贯性和全局视角。这种方式不仅提高了数据收集的效率，也增强了数据库的实用价值与决策支持能力。

3. 教育基础数据库安全等级保护需求

教育基础数据库的安全体系建设工作将严格遵循《信息系统安全等级保护基本要求》的核心原则，建立教育基础数据库系统的身份鉴别、数据完整性、数据保密性、自主访问控制、强制访问控制、审计、剩余信息保护、标记等安全机制，并将这些机制在物理、网络、主机系统、应用、数据五大安全方面进行细化与明确。

（二）整体架构设计

教育基础数据库的整体架构包括数据源、数据整合层、数据层、数据挖掘层和数据服务层。教育基础数据库的数据来源有深圳市教育局、学校信息系统、家长和学生的信息以及来自社区和公众的反馈信息。数据整合层包括数据关联、数据融合、数据标准、数据评估、数据清洗五种数据整合模块。数据层除了包括学校、学生、教师和资产的信息外，还包括对这些数据的历史变动情况进行管理形成的历史数据库。数据挖掘层对学校、学生、教师和资产的信息进行挖掘分析，形成关系图和位置图。数据服务层对外提供全息查询服务、数据碰撞服务、基础数据服务、基于关系的服务、基于位置的服务五大数据服务。数据管控体系用于保证数据质量和数据安全。

1. 数据整合功能

数据整合功能包括数据关联、数据融合、数据标准、数据评估、数据清洗几个方面。

（1）数据关联

通过数据交换平台对内部、外部的数据进行采集、转换、加载，根据相应的关联主键对数据进行数据关联，形成学校、学生、教师和资产相关联的完整的信息视图。在处理过程中部分信息主键缺失或无效，导致数据无法进行有效关联，可对数据进行关联比对，补充缺失的关联主键信息后，再进行关联操作。

（2）数据融合

从教育局、学校等各生产系统收集的数据中存在大量重复的数据，可通过数据匹配算法对相关信息进行相似性比较，从大量数据中识别出可能重复的记录，通过提供自动融合策略、人工干预等多种手段对重复的记录进行整合，形成唯一的、正确的记录。

（3）数据标准

目前各教育数据来源的系统建设更多的是以功能为核心，体现的是部门级的管理要求和管理水平，缺乏数据标准，难以提供与业务协同的数据支撑。数据标准可分为数据实体标准、数据关系标准。持续执行数据标准，及时识别不符合标准的数据，并制定相应的解决措施，确保数据平台中各项数据标准统一，同时对标准进行持续评估，及时纠正数据标准已过期的问题。

（4）数据评估

从多个角度分析及理解数据，主动对数据进行评估，发现数据中隐藏较深的问题，辅助数据标准或规则的制定。同时，在充分了解数据当前质量的情况下，为有效制订数据清洗方案和提高质量的计划提供参考。

（5）数据清洗

对抽取的源数据根据公共资源基础数据库系统模型的要求，进行数据的转换、清洗、拆分、汇总等，结合自动或人工的方式对已识别的错误数据进行修复，将不完整的数据补全或增强，对缺失的数据进行自动填充，对不规范的数据进行归一化处理。结合数据相关人员，形成发现问题、修复问题、数据审核等完整的处理流程，持续提升数据质量，保证来自不同系统、不同格式的数据和信息模型具有一致性和完整性。数据清洗模块的主要作用是根据数据的真实性、有效性验证规则，过滤无效数据、冗余数据，对数据进行转换清洗。该模块的主要功能有清洗规则定义，接收清洗请求，按照清洗规则执行清洗操作，将清洗完毕后的数据存放在临时库中。

2. 教育大数据库

通过对来源数据进行数据关联、数据融合、数据标准、数据评估、数据清洗之后，建立一个包含时间维度的教育云大数据库，包括学校、学生、教师、资产的基础主题库及历史库。

（1）基础主题库

基础主题库主要包括学校、学生、教师、资产的基础信息。

（2）历史库

历史库中主要存放历史数据，历史数据主要是指学校、学生、教师、资产相关维度的历史变迁信息，对这些信息的完整记录和存储，能有效还原学校、学生、教师、资产的各种经历变迁过程。

3. 基础图功能

该项目的大量应用都基于大量数据的收集和对这些数据的处理能力，因此要求数据平台提供基于实体关系和位置的图，归纳为关系图和位置图。

（1）关系图

将学校、学生、教师、资产等基础信息及各种内外部信息进行关联，形成社会关系图信息。数据的存储方式采用图数据库相关技术，确保在百万级别数据节点查询情况下的响应性能，为上层应用提供有效的基于关系的服务。

（2）位置图

集成 GIS 地理信息平台、各种分析的主题数据，对外提供数据基于位置的信息服务，包括动态位置图和静态位置图。

（3）动态位置图

基于大数据的动态轨迹图和教育云图。

（4）静态位置图

基于二维或三维地图的静态标注。

4. 数据服务功能

该项目的五个数据服务包括基础数据服务、数据碰撞服务、全息查询服务、基于关系的服务（RBS）、基于位置的服务（LBS）。

（1）基础数据服务

基础数据服务可以提供多种数据服务，包括数据查询、数据对比、数据轨迹等。

（2）数据碰撞服务

数据碰撞服务能够提供指定的数据关联、比对分析（碰撞）服务，通过比对分析（碰撞）发现不同来源数据之间的逻辑冲突，从而主动、智能、及时地发现数据问题，系统可以对诸如此类的数据进行碰撞，并将结果反馈给应用，从而协助用户发现数据背后隐藏的问题。

（3）全息查询服务

全息查询服务用于向外部提供学校、学生、教师、资产的综合信息的查询服务，外部应用可以传入特定号码（身份证、学号）和查询范围，本服务将返回该实体的对应信息，从而提供给应用，全面展示学校、学生、教师、资产信息的服务。

（4）基于关系的服务

大数据库中存在学校、学生、教师、资产四大主要实体，现实世界中这些实体之间存在着相互关系。例如，学生与学生之间可以是同学、校友关系，教师与教师之间可能有师生关系，学校与学生之间有就读关系，等等，需要基于数据挖掘技术，自动、智能地把这些关系挖掘出来，存储到关系库中，并通过数据服务接口提供给外部的应用程序使用。

（5）基于位置的服务

地理信息 GIS 系统提供基于位置的 API 服务，可以提供根据地址返回 GPS 坐标以及邻近查询、地理分析等位置服务。

5. 数据管控体系

（1）数据质量管理

该项目的数据来源比较多，且各个来源的数据没有统一规划，因此在把这些数据加载到大数据库之前必须全面了解其情况和特点，并形成统计报告和细节报告。经过对各个数据源系统的数据质量评估服务，可以找出这些数据源中数据重复、不正确、不完整、不标准、不一致的问题。接下来需要对这些问题数据进行标识与隔离，结合参考数据和数据管控流程，进行数据清洗操作，实现数据质量的提升。

（2）数据安全管理

整个数据平台建立在底层的基础安全服务平台之上，基础安全服务平台作为基本的应用安全服务平台，主要包括四大安全机制：数据访问权限、数据脱敏、数据留痕、数据世系。

①数据访问权限。采用在大数据平台下，基于主体和角色统一的权限控制机制，将大数据的内部权限与外部权限、空间数据权限和属性数据权限统一起来。

②数据脱敏。为降低敏感数据泄露的风险，通过不可逆的过程，用虚构数据替代原始敏感数据，让开发人员或外包业务合作伙伴安全地共享生产数据。该功能可通过数据共享接口访问，它提供端到端安全的自动化，实现生产环境自动供应测试数据库，并满足合规性要求。

③数据留痕。通过日志完成数据留痕，日志可记录用户对数据的所有操作，包括访问、插入、更新、删除等。

④数据世系。不同数据源间和同一数据源内部数据的演化过程需要追踪，同时数据演化过程不可避免地存在不确定性，数据世系可追踪数据以及不确定的来源和演化过程。

异构数据源间的数据共享问题一直是数据集成的核心问题之一。不同模式的数据源间进行的数据演化过程是数据集成的关键部分，由于不知道数据的具体形式从而无法标注数据项的世系，只能利用模式级数据间的对应关系，追踪数据在不同模式间的演化过程。通过 Perm 查询重写技术和模式映射方法，可以解决模式级数据世系问题。

6. 数据流程

（1）数据源

采集各数据来源系统的数据和互联网上的数据放置于数据缓冲区。

（2）数据平台

放置于数据缓冲区的数据通过整合加载到数据平台的基础主题库中；对数据平台的基础主题库做压缩归档，便于追溯数据处理过程；对基础主题库进行数据质量评估和数据质量稽查；输出问题数据和对低劣数据进行质量提升（提升的方式有数据融合、数据清洗、数据标准化等）；对质量提升后的数据进行再加工、汇总和关联，形成大数据库。

（3）应用层

通过专门的业务主题库对外提供应用和数据共享。

（三）数据库安全保护

如何对基础数据库中的敏感和隐私数据进行保护，防止对数据库的破坏、恶意访问、偷窃数据，是教育云安全体系建设需要重点考虑的问题。

采用网络旁路和探针两种防护模式，其中探针方式可监视特权用户，控制其对数据库中敏感数据的访问。以下是对教育基础数据库进行安全防护的具体思路：

①通过对网络数据的采集、分析、识别，实时监控网络中数据库的所有访问操作。

②支持自定义内容关键字库，实现对数据库操作内容的监测识别，发现各种违规数据库操作行为，及时报警响应、阻断访问、全过程操作还原。

③实现对安全事件的准确全程跟踪定位，全面保证数据库系统的安全。

六、数据采集模型

（一）学习者数据模型

针对采集的数据，可以从学习情境、知识建构、学习行为与学习结果四个维度对数据进行归类分析。其中学习情境信息主要用于帮助用户建模，形成对用户偏好与知识结构的分析，用户模型即学习者特征模型。知识建构主要用于表征用户在学习过程中对云平台的贡献情况，包括创建内容、编辑内容、修改内容、上传资源、回答问题、好友分享与传播等。学习行为主要用于记录用户在学习过程中所产生的行为信息，辅助过程性评估，包括页面浏览、资源下载、学习活动。学习结果主要用于存储所取得的学习成果，包括学习活动结果、学习勋章、测评成绩等。

（二）学习者特征模型

学习者特征模型主要是从学习者基本信息、知识结构、能力水平和学习偏好四个方面来描述。

为了辅助学习者特征建模，需要下表数据的支撑（表8-4）。

表8-4　学习者特征模型

类型	记录信息	说明
基本信息	ID、姓名、年龄、性别、籍贯、专业、学历、职业	用户注册时填写、后续修改均可
学习偏好	感兴趣的领域、学习时段和时长、使用终端、偏好多媒体类型	感兴趣的领域可在注册后选填，后续根据用户历史行为记录进行定期动态修改，学习时段和时长、使用终端和偏好的多媒体类型需要从用户的历史行为记录中挖掘
知识结构	已掌握的知识 知识缺陷	已掌握的知识：用户通过的测试或练习所关联的知识 知识缺陷：用户测试或练习中错误的题目所关联的知识

能力水平	已有能力 能力缺陷	已有能力：根据一定的能力模型，结合用户所掌握的知识推断得出 能力缺陷：若对某学习者有一定的学习能力要求，可根据学习者已有的能力推断其能力缺陷

同时，为了提高个性化推荐的准确性，需要利用学习者的行为数据进行学习风格建模，具体可参考学习行为与学习风格对照表（表 8-5）。

表 8-5　学习者的学习行为与学习风格对照表

维度	学习风格			网络学习行为
社会性	交互学习	参与、回避	参与	交互行为频繁：经常登录系统、提问、答疑、讨论等
			回避	交互行为较少：偶尔登录系统，不提问，不使用学习交流工具等
		独立、依赖	独立	独立学习、独立思考、主动寻求问题解答、习惯个案研究、经常使用搜索引擎
			依赖	对学习平台不熟悉，指定任务才学习，需要其他人帮助完成学习任务等
		协作、竞争	协作	参与小组活动、参与同伴反馈、互相评价学习等
			竞争	参与在线辩论和比赛等
情感	自我约束激励型			坚持学完课程内容、主动搜索辅助信息等
	他人管制激励型			容易放弃，较少登录平台，需要他人激励和帮助，易受 QQ 等干扰
环境	环境温和型			偏爱色彩温和的学习平台，喜欢在学习时听节奏柔和的音乐等
	环境强烈型			偏爱色彩强烈的学习平台，喜欢在学习时听节奏欢快的音乐等
	环境单一型			不对学习环境进行选择

（三）学习活动数据模型

一般而言，云平台中的每个学习活动都包括学习目标、学习资源、学习工具、学习服务、学习过程信息、学习结果信息与学习评价输出七个要素。

为了更加有效地评价各类学习活动，需针对具体学习活动的功能与内容设计相应的数据采集项目，下表列举了 13 种学习活动的采集项目说明（表 8-6）。

表 8-6 学习活动采集项目说明

学习活动名称	数据采集项
讨论交流	发帖数、回帖数、回帖被顶次数、回帖被踩次数、置顶数量、加为精华数、被举报次数
投票调查	是否投票、投票时间、所投项的占比
在线交流	在线时长、发言次数
发布作品	发布时间、作品评论情况、作品评分情况、作品评价量规
"六项思考帽"	参与时间、思考的顺序、思考结论的质量
概念图	开始时间、完成时间、节点数、关键节点数
学习反思	撰写时间、字数、反思质量
练习测试	开始时间、完成时间、错题情况、得分情况
辩论活动	发言次数、言论被引用（攻击、反驳、补充等）情况、参与次数
策展活动	发起时间、响应时间、策展集质量
操练活动	操练次数、操练得分、操练错题情况
SWOT 分析图	维度贡献、内容贡献、评论他人言论
同伴互评	互评任务完成情况、辅助部分活动的质量评价

对于每一种活动，系统可以提供默认的评价方式，并允许教师进行活动质量评估方法的设置，主要可以从活动参与态度、活动参与质量与借助第三方标准来进行评估。

七、数据分析架构

教育大数据分析主要是针对当前在线学习中教师、学生产生的数据进行分析。在传统方式，教育机构、学校获得学生学习数据的主要方式为问卷调查及访谈等。这些方式有如花费大、耗时长、规模小等诸多方面的限制。数据挖掘可以追踪用户的电子信息使用记录，并且自动分析整体数据，而不需要选样。因此教育大数据分析浪潮使得学校在数据收集方面不再需要花费大量人力和财力，并且获得的数据反映了所有用户的全部信息，并非选取的一部分，同时，数据在自然状态下获得，不需要利用访谈、观察等方式，使得数据更加真实可靠。

教育大数据分析基于数据采集服务以及外部相关数据库来获取数据，利用社会网络分析、话语分析、内容分析、数据挖掘、情感分析等数据挖掘方法，得出相应的分析结果，并借助统一的数据可视化中心形成针对不同层面的可视化分析结果报告。

对分析结果进行可视化报告呈现，具体体现在两方面：一是指分析结果面向的用户是多样的，系统能够根据用户的实际角色，如学生、教师、研究者、管理者来动态调整可视化呈现的指标和界面；二是指分析结果的呈现方式是多样的，系统允许用户进行样式选择和自定义，如图形、表格、动画等。分析结果中应包含学生基本信息、总体评价、知识结构、访问情况、学习情况、作品集、自我评价、试题评价、试卷评价等多方面信息，以及基于上述信息得出的活动完成报告、学习轨迹报告等。基于多样化的分析报告，各层面用户能获取相应的反馈信息，包括警示或者鼓励。

八、数据挖掘方法

（一）统计分析与可视化

数据挖掘将描述性数据分析技术本身视为目标，而正式的统计趋向于将基于假设的检验作为最终目标。可视化是将数据信息转化为有意义的、易于理解的图像的过程。可视化数据分析是一种通过可视化解释、发现并理解大型数据库中存在的规律的方法。它主要用于对复杂过程的科学分析，用来协助发现大型异构和动态数据集中的规律、趋势和异常。随着解释和呈现数据的工具变得越来越复杂，模型可以被实时操控，并且研究人员能够以过去不可能的方式浏览和探索数据。可视化数据分析是一个新兴的领域，它融合了统计、数据挖掘和可视化技术，并承诺让每个人都能够筛选、展示并理解复杂的概念和关系。在该项目中，可视化数据的形式有很多种，应该根据具体业务场景灵活定义。

（二）聚类（聚类、分类、离群点分析）

聚类是一个将物理或者抽象对象的集合分组成由类似的对象组成的多个类或簇的过程；分类是基于挖掘数据中的某些共同特性来对数据项进行分类的过程；离群点分析是对一些异常或孤立的数据对象进行分析的过程。

（三）预测（决策树、回归分析、时序分析）

预测往往需要开发模型，模型从数据其他几个方面的组合信息来推测数据的其中一个方面（要预测的变量）。

（四）关系挖掘（关联规则挖掘、序列模式挖掘）

关联规则挖掘用于从用户访问序列数据库的序列项中挖掘出相关的规则；而序列模式挖掘则试图找出页面依照时间顺序出现的内在模式。

（五）文本挖掘

文本挖掘主要是对 Web 上大量文本集合的内容进行总结、分类、聚类、关联分析以及运用 Web 文档进行趋势预测等，针对非结构化或半结构化的数据集。

九、统一数据交换系统

统一数据交换系统是教育云的组成部分，为教育云中的各类组织、机构的数据共享与交换提供支撑，通过使用稳定可靠的技术，建立统一、安全、可监管的数据共享模式，解决教育行业信息化建设面临的问题。

数据交换系统的作用体现在横向和纵向两个方面：横向数据交换将在现有各业务系统之间实现连通，提供灵活的消息传递功能；纵向数据交换将完成数据上传和数据下发功能，同时实现对外网、市电子政务交换平台交换数据的统一处理。

数据交换平台建设，将分散在不同教育机构的业务系统连接起来，并提供各业务系统之间进行数据交换的功能，消除"信息孤岛"，实现不同应用系统之间和异构数据库之间的互通互联，保证数据交换和共享的自动化。

（一）应用需求

1. 数据采集需求

数据采集实现对全区各校应用系统数据信息的采集，通过定制统一的、标准的信息采集接口规范信息采集过程，将采集到的数据经过清洗、比对和整理，导入教育基础主数据库。

2. 数据上报需求

（1）上报教育部需求

教师资格认定等业务需要直接上报教育部，该项目将开发接口，实现市区教育基础数据库数据直接上报教育部。

（2）基础数据上报省厅需求

按照广东省教育厅要求，每年需按时上报教育基础数据至省教育厅基础数据库，为此，需开发接口，实现教育基础数据自动上报。

3. 数据共享交换需求

提供服务接口满足数据交换中心的各种数据访问需求，既包括基于共享数据的横向业务系统和各种教育云应用访问，也包括数据管理以及数据决策支持分析等，为全区教师和教育管理者提供有效网上办公、信息互通共享的一站式服务，拓宽教育管理信息发布渠道，提升社会公众教育信息服务水平。

该项目除了实现全区教育数据共享交换外，还将与区电子政务交换平台对接，实现与政府机构的信息交换。

（二）系统总体架构图

1. 前置节点

各部门、业务组织、架构业务系统不直接与中心交换系统对接，双方通过前置节点实现数据共享。这些系统的数据通过前置节点交换系统的中间件，与对接业务系统存储的资源（包含数据库或文件资源）进行数据交换，并通过稳定的消息中间件传输到中心交换系统。对于大批量、非实时、非结构化的数据资源可采用前置节点模式。

2. 数据交换子系统

数据交换子系统负责中转各前置交换节点的数据信息，并记录前置节点的交换日志。数据交换子系统通过分析交换记录，提供业务组织、业务域、节点等纬度的交换报表，为上级组织的管理与监控提供便利。

3. 数据处理子系统

数据处理子系统主要负责解决数据标准化与一致性问题。数据处理子系统能够帮助教育基础数据库进行数据的校验、清洗、处理与加工，将上报的数据进行标准化处理后，经过数据所属部门的校验或核准，从临时交换区转入正式业务库，降低因数据质量问题引起的风险。

4. 服务交换子系统

服务交换子系统以服务目录的形式整合所有遗留系统、云应用、独立应用、第三方应用暴露的所有服务，并为其建立统一的认证与安全体系，保证所有服务交换在安全、可监控的条件下进行。服务交换子系统适用于数据量较小、实时性要求较高的数据交换业务。

（三）数据交换体系

数据交换服务依托教育专网，采用一致的交换协议，实现跨地区、跨部门和跨机构应用系统之间的数据交换。数据交换体系主要由数据交换子系统和前置节点组成。

数据交换体系可采用直连或桥接两种方式。桥接方式可引入 ETL（数据仓库）或 ESB（企业服务总线）等成熟的中间件产品作为业务桥接的载体。此种方式可以为业务系统的提供商开发接口提供便利，也有助于提升其规范程度。

（四）数据处理体系

根据数据处理的业务流程，数据处理系统需要完成数据的验证、核准与入库工作。数据被上报汇总后，数据处理系统通过已定义的标准数据流程进行校验、清洗、补全、融合等操作。数据处理子系统应采用主流成熟的 ETL 产品作为支撑，以便在短时间内快速、有效地处理大量数据，并能够以可视化的方式对数据过程进行定义和修改。数据处理系统应提供数据审批功能，将处理好的数据提供给某个权威部门进行校准与核准，确保数据的准确性。

（五）服务交换体系

服务交换体系提供整体的服务管理，对遗留系统、教育基础数据库、云平台和第三方的所有服务进行组织，并对其进行安全封装，保证服务在可控范围内使用。服务交换体系通过对服务调用记录的监控，使业务管理方能够对业务整体运行情况进行管理、监控与审计。

参考文献

[1] 谭义东. "互联网+"的高校教育信息化 [M]. 北京：九州出版社，2020.

[2] 吕村，谭笑风. 高校教育管理与教学研究 [M]. 长春：吉林文史出版社，2020.

[3] 陈晔. 新时期高校教育管理实践研究 [M]. 北京：现代出版社，2020.

[4] 支岭. 高校信息素养教育体系构建研究 [M]. 延吉：延边大学出版社，2020.

[5] 潘子松. 创新创业教育与高校思政教育的融合研究 [M]. 北京：北京工业大学出版社，2020.

[6] 陈金平. 多媒体时代高校的思政教育研究 [M]. 北京：北京工业大学出版社，2020.

[7] 王旭，刘小毛，王华. 高校大学生素质教育工作实效与方法 [M]. 长春：吉林出版集团股份有限公司，2020.

[8] 李春晖. 高校思想政治教育的心理理论模式研究 [M]. 北京：九州出版社，2020.

[9] 沧桑. "微时代"高校社会主义核心价值观教育研究 [M]. 北京：九州出版社，2020.

[10] 阮青松. 高校一流人才培养教育教学改革研究 [M]. 上海：同济大学出版社，2020.

[11] 谢如欢. 民办高校教育创新与实践研究 [M]. 长春：吉林人民出版社，2021.

[12] 刘思延. 高校教育教学管理实践与创新发展 [M]. 哈尔滨：哈尔滨出版社，2021.

[13] 郭晓雯. 高校教育教学管理创新发展研究 [M]. 北京：北京工业大学出版社，2021.

[14] 李晓雯. 高校教育管理的理论探索与探究 [M]. 长春：吉林人民出版社，2021.

[15] 孟猛，宗美娟. 应用型本科高校教育教学理论与实践 [M]. 长春：吉林出版集团股份有限公司，2021.

[16] 卢保娣. 大数据时代高校教育管理及其信息化建设 [M]. 长春：吉林大学出版社，2021.

[17] 姚丹，孙洪波. 高校教育信息化管理与学生管理工作 [M]. 北京：中国纺织出版社，2021.

[18] 刘萍萍，何莹. 现代高校教育教学管理现状与创新发展 [M]. 北京：中国原子能出版社，2021.

[19] 刘鑫军，孙亚东．互联网时代高校教育管理模式改革与实践研究［M］．长春：吉林人民出版社，2021．

[20] 戴月舟．新时代高校教育管理与创新研究［M］．汕头：汕头大学出版社，2022．

[21] 蔡永明．互联网时代下高校教育创新发展［M］．哈尔滨：北方文艺出版社，2022．

[22] 姜海洋．高校教育体制改革和师资队伍建设［M］．长春：吉林出版集团股份有限公司，2022．

[23] 李康．互联网背景下高校教育创新发展［M］．北京：经济日报出版社，2022．

[24] 单林波．高校教育管理体系构建研究［M］．北京：首都师范大学出版社，2022．

[25] 朱松华，张颖．高校师资队伍建设与教育质量管理创新［M］．长春：吉林出版集团股份有限公司，2022．

[26] 余志娟．现代教育理念下高校教育教学创新与实践［M］．长春：吉林出版集团股份有限公司，2022．

[27] 程宇欢．高校教育供给侧改革与人才培养模式创新［M］．北京：中国纺织出版社，2022．

[28] 郭云．信息化背景下高校教育模式之创新研究［M］．北京：中国原子能出版社，2022．

[29] 郝福锦．大数据技术在高校教育管理中的应用研究［M］．北京：中国原子能出版社，2022．

[30] 洪剑锋，屈先蓉，杨芳．互联网时代下高校教育管理与评价创新［M］．延吉：延边大学出版社，2022．

[31] 范良辰．大数据环境下高校教育管理信息化改革研究［M］．北京：中国原子能出版社，2022．

[32] 张燕，安欣，胡均法．现代高校教育管理与教学创新研究［M］．天津：天津科学技术出版社；天津出版传媒集团，2023．

[33] 冯程，李瑞海．高校教育教学模式创新研究［M］．成都：四川大学出版社，2023．

[34] 陈东梅．新时代高校教育发展路径的研究［M］．北京：北京工业大学出版社，2023．

[35] 崔金辉．高校教育管理创新与发展研究［M］．天津：天津科学技术出版社，2023．

[36] 张雪霞，李娟，崔冬雪．网络时代高校思政教育教学创新实践探索［M］．北京：中国纺织出版社，2023．

[37] 黄丽娟．新时代高校思政教育理论与实践创新发展研究［M］．长春：吉林大学出版社，2023．